中國學術思想 研究輯刊

四 編

林慶彰 主編

第 **27** 冊

讖緯學研究

林政言 著

花木蘭文化出版社

國家圖書館出版品預行編目資料

讖緯學研究／林政言 著 — 初版 — 台北縣永和市：花木蘭文
化出版社，2009〔民98〕

目 4+220 面；19×26 公分

（中國學術思想研究輯刊 四編：第 27 冊）

ISBN：978-986-6449-26-0（精裝）

1. 讖緯

296.5   98001853

ISBN - 978-986-6449-26-0

中國學術思想研究輯刊
四 編 第二七冊   ISBN：978-986-6449-26-0

讖緯學研究

作 者 林政言
主 編 林慶彰
總 編 輯 杜潔祥
出 版 花木蘭文化出版社
發 行 所 花木蘭文化出版社
發 行 人 高小娟
聯絡地址 台北縣永和市中正路五九五號七樓之三
電話：02-2923-1455／傳真：02-2923-1452
網 址 http://www.huamulan.tw 信箱 sut81518@ms59.hinet.net
印 刷 普羅文化出版廣告事業
封面設計 劉開工作室
初 版 2009 年 3 月
定 價 四編 28 冊（精裝）新台幣 46,000 元

讖緯學研究

林政言　著

作者簡介

林政言，台灣宜蘭人，中國文化大學中國文學研究所博士。求學歷程中受多位老師啟迪教誨，走上中文研究之路，大學時受教於曾榮汾老師，識見中文之寬闊領域，並以民俗學及社會語言學為主要發展領域。現任教於台中朝陽科技大學。

提　　要

　　中國是一個可以把文學史當成政治史來閱讀的國家，幾乎所有中文領域可研究的現象，都與政治有或多或少的牽涉，甚至於以政治的發展來引領文化及文學的發展。春秋以來，中國思想在多家爭鳴的思想時空裡綻放絢麗的花朵，各人皆自成一家之言，使得整個文化思想多采並呈，並發展成為數千年來的思想基礎。

　　但就社會學的角度來看，思想的發展只是在為社會的前進作為註腳，在人類以代議制或是君主制作為基本的社會管理組織之前提下，政治行為不可避免地成為思想發展中的主體，政治正確之後，思想才能有發展空間，儒墨道法皆如是。

　　兩漢在武帝獨尊儒術之前，其實早已將讖緯預決吉凶的概念，落實於政治的操作行為上，政策上的宣示，只是將過去某些不能公開討論的秘密具體化，並且以不同的形式落實於政治權謀與鬥爭之中而已。

　　本書以歷史為橫軸，以讖緯思想的發展現象為縱軸，討論讖緯思想在學術面與文化面的交錯關係，並在此關係中，尋覓出讖緯繼承先秦思想與影響後代政治發展的事實，同時進一步以此基礎勾勒出整個讖緯概念，深化中國文化與政治行為的全貌。唯作者學力有限，但是此領域的層面影響既深且廣，容有論述未逮或謬誤之處，願以就教方家。

目

次

第一章 導 論

　　中國是一個歷史悠久的文化古國，在長遠的歷史中，蘊積了無數的思想理則，同時以各種不同的方式影響著每個中國人的心靈與生活，這些影響可見或不可見，但卻都同樣真實地存在於文化發展的過程中，也因此在進行以文化現象為目標之研究過程時，對於這些思想理則，都應投注以絕對的關心，以作為切入文化內涵的起始點；研究者於此多有一致的體認，然而有時因為無法正確地掌握文化理則及其外延發展的血脈，且常以微觀的角度針對少數文化現象加以剖析，因而缺乏宏觀的視野以尋求這些理則與整體文化間的互動關係，秋毫輿薪之間，令人實難評量。

　　讖緯是一個很好的例子：在多數人的認知中，讖緯現象只是政治鬥爭或是生活的需求下所發生的迷信產物，但如果以這樣的觀點出發，則不免失之膚淺，用「一言以蔽之」的方法來加以處理——諸如稱之為「迷信」、「爭權」、「動亂」之類——從而導致真理被湮沒於現象之下，而所謂的「文化研究」，變成只是為已存在的現象尋找一不需深究的解釋，只要表面合理便可以被認同，至於真實的成因則不再有討論的空間。但是面對讖緯這一個複雜的文化現象，我們可以看到它的本質極其多元，不管在內容或是流傳的過程中，它都有著遠比表面現象豐富的事實存在，所以對於讖緯的研究絕不應只是就現象加以分析而已，更應對其內在文化意涵方面加以關注，如此才能掌握其思想內涵的真相，進而使學術體系完整補足。

第一節　文化及文化研究之意義

　　文化是人類與其他動物最大的區別，就自然界而言，所有的動物都有生

理與心理雙方面的需求，而文化基本上就是對生理與心理需求加以滿足所建立的產物，但事實上並不是所有的動物都能夠因此而創造文化。有學者曾大致將文化區分爲三大類，分別爲一、物質文化；二、習俗、制度文化；三、精神文化，[註1]這種分類大致是依文化的物理性質來作區隔；若自形成之心理方面來分別，則有以下八大學派，[註2]分別爲：

（一）古典進化論學派：此學派認爲「文化是人類適應環境的方式」，他們以爲「不僅應當根據藝術和精神文明成就去考察文化，還應當根各個發展階段的技術和道德的完善程度去考察文化。」同時此學派否認物質文化是文化的一種，而認爲「只是文化行爲的產物」。

（二）傳播學派：此學派將文化視爲「個體心理的抽象物」，並且「認爲文化是人類創造的不斷的傳播著的信息系統。而文化傳播則正是人類聯合發展的創造力，是人類社會關係賴以存在和發展的機制。」

（三）歷史地理學派：此學派以爲「所謂文化，是由各個文化特質共同構成的整合體、任何一個單項文化物質，都是一套特殊的行爲模式。這些文化物質，基本上受——歷史、地理因素的塑造。」

（四）文化形態史觀學派：此學派將人類的文明歷史分爲二十六個文明階段，「各個文明在哲學意義上是平行的；同時代的，是可資比較的。每個文明都有起源、生長、衰落、解體和滅亡五個階段。」

（五）功能學派：此學派認爲「器物和習慣構成文化的兩大方面——物質的方面和精神的方面，它們互相形成、互相決定，共同實現文化的功能。」

（六）結構學派：此學派以爲「社會結構的某些模式根植於人類的心靈中，所謂文化便是人類內在結構的縮影；文化系統中的普遍模式是人類思想中恒定結構的產物，文化是由此關聯，彼此互相依賴的習慣性反應方式所組成的系統。」

（七）新進化論學派：此學派認爲「文化是肉體之外的基於象徵系統的事物和行爲在時間上的連續統一體，是人區別於其他動物的主要標誌。」

[註1]《語言與文化多學科研究》，頁34。

[註2]以下關於「文化」的分類及定義說明，詳見《中華文化史》，頁15至24。

（八）符號文化學派：此學派主張人類是「符號的動物」，所有一切的活動行為，都是符號系統的反映，而「文化無非是人的外化、對象化，無非是符號活動的現實化和具體化。」因此「文化是包括各種外顯或內隱的行為模式」。

基本上這八大學派的觀點都各有其可取及疏漏之處，而文化現象的複雜性是不容否認的，有「人類學之父」之稱的英國學者泰勒曾指出：

> 文化是一個複雜的總體，包括知識、信仰、藝術、道德、法律、風俗，以及人類在社會裡所得一切能力與習慣。〔註3〕

事實上即使是如此的多重定義仍不足以包含「文化」一詞的全部事實，而與其要一一指明文化之構成基礎，倒不如用最簡單的總體現象來加以澄清，因此筆者認為「文化是人類面對生活時的行為與思考模式之整體反映」，這樣的定義或許表面看來籠統，但卻能提供研究者一條無限思考的路；因為在此種認知的前提下，研究者便不會也不能遺漏各個知識領域中相關於某種文化現象所形成的元素，雖然方向龐雜，但畢竟不會再有「能見秋毫之末，而不見輿薪」的缺憾；當然如果資料掌握不當而流於浮濫，也不是正確的研究方法，因此如何一方面擴展研究者取用資料的視界，另一方面又能擷取資料中正確的要素，就益形重要了。

有關於文化或文化史的研究，是近來很受重視的研討方向，但是對於文化研究的目標，則並不十分明確，基本上筆者認為除了學術性的知識討論之外，從事文化研究應該要能達到以下三個目標：

首先是藉由對於文化的探討以釐清人與動物的社會性之差別。我們觀察自然界動物的活動之中，可以發現到一個事實，也就是社會性並不是只有人類才具有的特性，人懂得分工合作，會使用工具，有社會組織，但許多的動物如螞蟻蜜蜂也有社會組織和分工，許多的動物如食蟻獸、水獺也都得使用簡單的工具，所以社會性不足以成為人類文化成立的理由；但人類文明究竟是因何而起呢？簡而言之，是人對於外在自然界的自覺思考能力，舉例而言，人與動物都會發聲，但是人類能夠自覺地將一般的發聲轉換為有意義的語言，甚且記錄為文字；但是一般的動物最多只能在某種情況下發出某種聲音，這只是一種動物性的制約反射動作而已；所以當我們進行文化研究時，對於人類自覺的行為才可以認知為一種文化模式，而只具動物性的生理行為現象

〔註3〕同註2，頁16，引《原始文化》。

則不足以稱爲文化。

　　第二是歸納文化與現實生活的互動關係。研究文化的目的並不僅止於了解文化形成的原因，其目標應是深入文化現象的內涵之中，去找出文化之所以形成的眞正心理因素，同時也要對於文化空間中的眞實生活有所體悟，如此才可以呈現出文化研究的眞正意義。我們雖不認同動物單純的社會性反應可以稱之爲文化，但是我們卻不能否認，生物界的刺激卻是構成社會反應的基石，因此在研究的過程中，掌握自然與社會反應的紐帶，理解生活與文化的鏈結，並進而掌握其互動的脈絡與方法，使文化與人的結合關係能明白呈現，這才是研究文化現象的意義所在。

　　第三是培養對於異質文化現象之包容與尊重。我們研究文化現象，除了要區別人與動物的不同、理解文化和現實生活的互動之外，更重要的是將二者分析以後所得的知識，正確地去看待不同的文化模式。不容諱言的，文化現象確實有強有弱，但這種強弱其實並不應該依據文明實力，如經濟力、軍力等來加以區別，但是在現實的文明社會中，弱勢文化的存在價值認定卻都是由強勢文化來執行，這早已是個不爭的事實。當然這並非說強勢文化就一定扮演以強凌弱的角色，而是各個文化的形成，其實都有極其複雜的人文、自然等因素，如果只以文明實力來處理文化現象，除了造成現實上的打擊之外，更往往會崩潰某一文化的自信心；早期日本統治臺灣之時，對於臺灣進行了非常徹底的文化研究，其目的就是要完全消滅本土文化，這樣的文化研究心態，其實正是「率獸食人」，絲毫不可取。也因此當我們對各種文化現象進行研究之際，不論是跨民族的文化研究，或是對新舊文化現象加以比較，如何以所得的知識，使自我能夠更寬容也更尊重異質文化的存在與價值，應是文化研究的最終目標。

　　文化的研究其實是一個頗爲有趣的主題，因爲它本身是一個眞實生活的呈現，而理解文化也就等於理解人性，《易經》上曾說：「觀乎天文，以察時變；觀乎人文，以化成天下」，這裡談到的目標──「察時變，化天下」，也正是文化研究的意義所在。而讖緯思想作爲影響中國傳統文化以及學術思想的重要部分，「察時變，化天下」則是其中的重要方法，亦即研究文化與研究讖緯有著相同的方向，如果想要深入此二者之中，則建立對於文化研究的基本認識，以及確認「文化」一詞的界定標準，便成爲研究時不可或缺的基礎；在本書中，確立或評斷讖緯思想的價值與定位，都將依照它與整體文化

結構的互動關係進行，如此不但能夠突顯出讖緯思想的特色，以及展現其豐富的文化內涵及包容性，同時也能更完整地呈現整體文化的全貌。

第二節　讖緯學研究的背景與範圍

讖緯思想的存在遠早於其書面記載之流傳，大致而言，讖緯現象最盛的漢代，其學說雖然多數託附於經書之上，但就其發展的早期脈絡來看，類似讖緯以「預知」或「先驗」為目的，以隱晦的符號、文字及神秘的儀式為媒介的「咒詛」、「祈求」則早已在古籍中屢見不鮮，對於人們而言，這種透過語言、文字或是圖象符號以表現心中願望的行為，其實與先民們受原始宗教的巫術觀念影響，有著不可分割的血緣關係，學者指出：

> 從社會學的角度看，巫術之所以能夠使人相信，並且獲得了想像的成功，這主要源於人們對語言文字的的靈物崇拜，認為其有一種神聖的力量，可以施展神力，從而完成人們所期待的目的。〔註4〕

這個說法雖不完整，但大體可以說明巫術與語言、文字及符號的關係；也因此在分析讖緯學的發展過程時，掌握並了解先秦及更早期的原始巫術現象，以及當時人們的生活條件與背景，並且對於各種相關的符號系統加以分析，將是踏入此一主題的重要階梯。

除了巫術心理以及符號系統運用的起因外，政治上的推波助瀾更是不能忽略：若以今日的科學能力來反省有關讖緯的種種說法時，我們不禁要懷疑：這些君主大臣或是知識份子難道真的是一點判斷力都沒有嗎？為什麼這麼容易為偽造者所欺騙而且深信不疑，甚至於推波助瀾呢？這樣的現象是否可以有一個合理的解釋呢？其實對於讖緯運用於政治之上，與其認知它是運用者真正相信讖緯的真實性，倒不如說是有意的自我蒙蔽：在一開始時，在位者為了政治上鞏固政權的目的，因而有此需求，而讖緯之說又恰能夠「創造」出「天命所歸」的影響力，則在位者又何樂而不為呢？更何況「上有好者，下必有甚焉者」，〔註5〕自然會有忖度上位者意圖的臣下或知識份子予以配合，久而久之，甚至連偽造或運用讖緯的人自己都陷入一種不確定的迷思之中。如果在位者對此種現象又意引導，加以眾多有心人的推波助瀾之下，這

〔註4〕《符號與神聖世界的建構 —— 宗教語言學導論》，頁170。
〔註5〕《孟子·滕文公》上。

些原本明知其僞的人，也會開始變得半信半疑，甚至以爲心誠動天，從將錯就錯的心理變成天命所歸的崇拜，落入自我催眠的意識模糊之中而無法自拔，加之上下交相征，情況自然愈演愈烈；在心理治療的療程中有所謂的「自我暗示」及「自我催眠」，可以爲此說法提供佐證。當領導階層的高知識份子都陷入這種現象中時，更遑論多數的低知識平民階層了。

　　就心理學之分析，另一個造成讖緯發展的可能原因，則是當某些人發現自己被蒙騙時，由於一時無法接受遭到欺騙的事實，因而轉化爲一種自我保護的心理，反而高度強化所深信的某種現象，在近日社會上的許多宗教騙局中，可以得到佐證，有許多信徒──尤其是高知識份子──都有這樣的反應出現，更適足以說明讖緯現象之流行，有相當程度是由於心理調適不良所發生的；心理學者曾經指出：

> 一個人對其機體感覺或感受有所留意，這個事實並不意味著他的這些感覺或感受不會有誤，他完全可能對它們的原因和位置產生錯誤的認識。此外，他對這些東西是實在的還是虛幻的也會得出錯誤的結論。〔註6〕

> 其實衆所週知，人們時常是這樣。他們錯誤地認爲自己認識了某些其實是虛幻的東西；他們故意掩飾自己的動機；……他們作夢時不知道自己在做夢，而當他們醒著時，有時卻不能肯定自己沒在做夢；當他們被激怒或異常興奮時，卻矢口否認已被激怒或異常興奮。〔註7〕

這兩段話可以作爲人們在有意識或無意識地蒙蔽自我，以作爲應用讖緯觀念的最佳寫照，也足以說明在讖緯發展過程中，某種程度上的心理因素。

　　除了前述幾點外，漢代獨尊儒術的政策也是形成讖緯盛行的一個要素：基本而言，漢代由於以八年的楚漢相爭來結束秦王朝的苛政統治，君民在心態上都希望能省政儉事以求安養生息，因此在文、景之時以道家的清靜無爲作爲政策的主軸，但既然是一個領土統一的王朝，就必然要求政治思想的統一，因此到了好大喜功的武帝後，一變保守爲進取，以儒家的天下觀爲主導思想，因此孔門一派便成爲當時主要的顯學，而孔子及其門徒更是備受尊崇，此一情況終有漢一代而未變，而隨著時代的推演，挾古以自重的情況越來越多，許許多多假藉孔子名義的說法紛紛出爐，其中緯書更是明目張膽地

────────────

〔註6〕《心的概念》，頁163。
〔註7〕《心的概念》，頁167、168。

依附於以聖人名號所作的經書之上，以聖人背書爲號召，將緯書的地位由草莽抬高至廟堂，並與正統儒學分庭抗禮，號爲「內學」。而由於儒家思想在團結國家方面有著重要的指標作用，加以前述領導者又有運用讖緯思想之心態，因而有白虎觀經學論爭的產生，再加上董仲舒等大儒的有意推動，讖緯之說遂大爲興盛，而且由於讖緯的運用在政治鬥爭上頗見成效，更使得漢代儒學逐步由經世致用，一變而與「詭爲隱語，預決吉凶」的緯書產生了盤根錯節的難解關係。同時這種現象更予以後進者不少啓示：亦即只要與儒學掛鉤，自然就有飛黃騰達的機會，所以此後歷代都有不少託名於聖人的讖緯書籍出現，雖然並非都是假託在孔子名上，但大體上仍然是依附於重要的經書或是託名於名人身上，以彰顯其內容之重要性與可信度。

談到讖緯的發展就不能不討論巫術行爲，基本上讖緯與這些巫術行爲是互爲表裡的，就心理學而言，觀念的發展大致晚於行爲的產生，行爲的產生才是觀念生根茁壯的泥土，但是當觀念建立後，則行爲便成爲一種具可創造性的手段，讖緯現象便是依附於後期的巫術行爲而發揚光大的，而當讖緯觀念已深入人心後，更後期的巫術行爲又依附於讖緯之上而發展，兩者成爲一個相互循環；中國傳統的巫術行爲有許多種，不論是測字、占卜、預言、起乩等，都對於民眾的心理有著極大的影響力，而且常能左右現實生活，這當然並不是因爲巫術的靈驗，只要有少數非必然的巧合，便已足夠使人深信不疑，更不要說是那些有意製造的「神蹟」了，也因此對於這些巫術行爲的發展與變化過程，及其給予讖緯發展的助力，更是研究過程中不可忽略的。而這些巫術行爲與讖緯結合的實效，也使各種宗教紛紛加以採用，無論是佛教、道教，或是其他宗教，都有運用讖緯現象來推廣宗教信仰的事實，使讖緯在外延發展過程上更加多采多姿；至於讖緯所牽涉到的各種民俗文化現也是不勝枚舉，這些都將成爲本書討論之要點。

讖緯由於總結了早期中國文化中的多面特性，也因此其形式雖以「預示未來」爲主，但其內容所記錄者，卻包含了遠古的科學知識以及古人的心理層面等，各種的自然觀測現象以及爲人處世的生活態度，事實上都記錄在讖緯思想之中，只是被蓋上了一層神祕的面紗，但在掀去面紗之後，它所呈現的豐富內容，卻是繽紛多彩美不勝收的燦爛文化。

同時在前文中曾提出，解析符號系統與精神心理的發展，其實是研究讖緯現象的一個重要指標，由於讖緯不是一個單獨存在的事實，它依據人性的

需求，配合當政者的需要，不斷修正與改良自身的存在與傳播方法，以求更能適應真實生活所需，因此它一方面必須與現實結合，另一方面又要兼及人性，在這個折衝的過程中，讖緯現象背後所呈現的思考模式，事實上是頗值得玩味以及探討的。

而對於讖緯發展助益最大，卻也是最大阻力的，自然非政治莫屬，這個看似矛盾的事實，但其本質卻是一體兩面的共存：由於讖緯以廟堂爲其發展之濫觴，所以與政治的互動最爲密切，它不僅僅只是提供簡單的天命預示，同時更進一步地爲有心人所用，成爲政權爭奪中的心理作戰手段，而且往往都能收到實效，所以除了宮闈之中的鬥爭外，民間起兵對抗官府時，也多會運用讖緯的特性來收攬人心，但不管是宮廷的鬥爭，或是民間的起兵，由於讖緯所獨具的不確定性，所以敵我雙方都各依己意來加以改造應用，反而使得讖緯思想部分正面的意義蕩然無存，甚且造成當權者的疑慮，而遭到查禁的命運；所以今日觀察這些利用讖緯爭奪政權的事實時，其重點應是在於重新檢視政治鬥爭背後的讖緯現象及其運用的背景及觀念，如此才具有尋找文化根源的積極意義。

讖緯的內容除了政治上預言式的文字、精神心理現象以及科學知識等等的記錄外，其中有相當大的部分，牽涉到人性的分析以及呈現中國人獨特的哲學觀點，而且由於讖緯以依附經典爲始，所以對於經書中思想的闡釋與發揚，便成爲不可或缺的內容，尤其是在「天」、「人」、「數」、「陰陽五行」等重要哲學觀念上，讖緯繼承並總結了許多先秦經典及諸子的重要思想，這也是在它神祕面紗背後一個重要的文化事實，更不應爲研究者所忽略。

讖緯的發展由於以文字爲主要媒介，再加上與儒學的結合，歷來研究與批判的學者很多，而政治力量的壓抑或是扶持，更使得它時常形成崩解與大盛的兩極化，這也是研究讖緯思想不可忽略的重要週邊問題，本書將針對此一現象，盡力呈現出讖緯思想發展過程中所遭遇到的助力與反動之真實面貌，以爲讖緯思想在學術上的價值建立定位。

讖緯現象其實並不是屬於中國文化所特有獨享的，在其他文明的發展過程中，與其相似的現象不在少數，例如西方的預言、占星等都是。不過即使是再類似的文化現象，終究只是「類似」而已，如果硬要套成同一個發展的邏輯過程，則未免失之牽強；事實上由於中國文化發源於內陸，對於外界探索的慾望原就不如西方強烈，所以在發展初期，自然呈現出封閉

文化的特色，也就是以自我爲中心的世界觀，雖然與西方的外顯式文明有所不同，但最後西方也曾發展出類似讖緯的預言現象，就正面而言，除了說明人們對於未來生活的憧憬之外，另一方面也表明了先民面對眞實生活世界時心中的不確定感，所以雖然時空有所阻隔，但如同讖緯此類以預示能力爲特徵的文化現象，卻都能夠同樣地跨越地域國界，發展並興盛於背景不同的文化之中。

　　總而言之，讖緯雖然只是一個文化現象，但在其發展的過程中，卻與宗教信仰、文化語言、民俗信仰、精神分析以及正統學術思想等，屢屢有重複、衝突、或互借運用的地方，在解讀讖緯思想的過程中，這些都是不容忽視的，因此我們可以說讖緯學之研究是一個牽涉極廣的文化研究課題，並非三言兩語就能簡單帶過的，但也由於它的複雜，更能呈現出它的重要性，而這也是今後科際整合研究的一個重要方向。

第三節　前人的研究成果

　　讖緯的發生雖早，但是進入學術殿堂卻已晚至兩漢，東漢鄭玄首先以緯注經，足見其承認並重視讖緯之價値，但是他在運用心態上，認爲緯書乃是聖人爲輔翼經典所作，且鄭氏並未針對讖緯內容有完整成篇之討論，因此並不屬於研究性的作品。其後學者對於讖緯觀念或有批判或有繼承，但多爲片段式的論述，雖然提供了不同的見解，但由於彙聚不易，只能隨文徵引，在此節中主要爲敘述由元代迄今，有關於讖緯思想研究之相關著作，並略述其內容以見其要。

　　讖緯之研究主要以輯佚爲開端，元代陶宗儀編輯《說郛》一書，其中所收緯書計四十種，〔註8〕雖然所收多爲常見，亦足資考，況其時代最早，自有其價値，唯此書並非以蒐集緯書爲主。故讖緯輯佚之風當首屬明代孫瑴，其《古微書》三十六卷計收《尚書緯》八種，《中候》十一種，《春秋緯》十五種，《易緯》十一種，《禮緯》、《樂緯》、《詩緯》各三種，《論語緯》五種，《孝經緯》七種，《河圖》十八種，《洛（雒）書》七種，〔註9〕根據《四庫全書·

〔註8〕此合併計算明代委宛山堂本及民國排印本總數。
〔註9〕關於《古微書》所輯佚之緯書數目，有幾種不同說法，以下以表列之。

古微書提要》所說：此書之疏漏、錯列多有，但「其採摭編綴，使學者生於千百年後，猶見東京以上之遺文，以資考證，其功亦不可沒。」這是頗爲中肯之評斷。

讖緯眞正受重視且能蔚爲研究風氣，當自清代開始，由於有清一代文網太密，所以碩學之士多數都轉向古籍之字句章法的校勘之上，避免研究思想性的作品，以免遭不測，也因此讖緯書之研究在此階段進入高峰，讖緯輯佚之風大盛，康熙時朱彝尊著《經義考》一書，其中〈毖緯〉所收讖緯書目眾多，計收緯書達一百七十七種，〔註10〕今日可見之緯書幾乎都羅列其中，並且收有部分未見於其他輯佚書之已佚緯書，但此書爲考證經義之作，故並未收入緯書原文，其內容僅爲書名、存佚及作者考釋。其後輯佚學愈多，如乾隆時代編輯四庫時所輯出的《易緯》八種，林春溥之《古書拾遺》，趙在翰之《七緯》，馬國翰之《玉函山房輯佚書》，喬松年之《緯攟》及黃奭之《黃氏逸書考》，以及王仁俊之《玉函山房輯佚書續編》，這些輯佚作品的出現，可說已將歷代散失的緯書資料恢復大半。

近代有關緯書的蒐集，其功則首推日本學者安居香山與中村璋八，他們二人以三十年時間所輯佚之《重修緯書集成》，可謂近代對於緯書輯佚之重要著作，其特色約有以下四點：一、蒐羅完備，計收緯書輯佚書九種，兼及中

出處 數量 緯書	《四庫全書·古微書提要》	《古籍知識手冊》	《緯書集成·前言》	筆者實際計算《緯書集成》內容
尚書緯	11	20	11	20
中　候	無	無	無	11
春秋緯	16	15	16	15
易　緯	8	13	6	10
詩　緯	3	3	3	3
禮　緯	3	3	3	3
樂　緯	3	3	3	3
論語緯	4	5	4	5
孝經緯	9	7	9	7
河　圖	10	19	10	18
洛　書	5	8	5	7

〔註10〕一百七十七種中，含《古微書》在內，故若只計算屬於緯書者，則爲一百七十六種。

日兩國零散古籍中之讖緯資料；二、替緯書內容加上斷句標點；三、書後有筆畫索引可供查對頁碼；四、每條緯書之文下皆加出處，並於文字之同異略有校勘。不過大陸學者鍾肇鵬也指出此書的一些缺點，如句讀、校對錯誤及偶有錯引等現象，但若就輯佚之功而言，畢竟瑕不掩瑜。

　　而目前有關讖緯輯佚書的最新資料，則以大陸上海古籍出版社所編之《緯書集成》最爲完備，此書使用十三種緯書輯佚書，前列清代諸家皆見收，並加收殷元正之《緯書》，〔註11〕及劉學寵之《諸經緯遺》，劉氏之書依《說郛》爲底本，計收緯書四十種；另收顧觀光輯《七緯拾遺》，根據書名可看出此書爲補趙在翰《七緯》之缺，因爲趙氏以爲讖雜緯醇，所以不收讖書，而顧氏之書恰補此憾，其餘尚有陳喬樅的《詩緯集證》，對於諸家輯佚有所疏漏之《詩緯》頗多復原。

　　另值得一提的是，《緯書集成》中收有王仁俊所輯之《玉函山房輯佚書續編》，此書臺灣不得見，大陸亦僅上海圖書館有一稿本，故雖然所收讖緯資料數量不多，但彌足珍貴。此外本書中並附有編者自古籍中另行輯佚之文，數量亦多，於重現讖緯原文之眞貌頗有助益。書末另附有張惠言《易緯略義》、孫詒讓《札迻》、姚振宗〈隋書經籍志考證〉、朱彝尊《經義考・彣緯》及陳槃〈讖緯書錄解題〉等五篇附錄。此書僅有緯書書名索引，無逐字索引，檢索頗爲不易，但此因該書除附錄外，皆以原刻本印刷出版，無從訾議。

　　《緯書集成》之編輯雖在日本《重修緯書集成》之後，但有些輯佚書則仍未收入，如楊喬嶽《緯書》，因書藏日本內閣文庫，故未見收；整體而言，此書的主要優點在於以原刻本印刷出版，故可以避免校對排版上的錯誤，但也因此有些文字漫滅，較難辨視，而其中所收之某些輯佚書孤本，則是對於緯書輯佚上的重要貢獻。

　　至於在有關讖緯思想本身之研究上，則以近代爲主，前引兩位日本學者安居香山、中村璋八畢生致力緯書之研究，其著作不少，計有兩人合著的《緯書の基礎研究》，安居香山獨作的《緯書思想の綜合研究》、《緯書の成立とその展開》、《緯書》、《緯書と中國の神秘思想》（此書已譯爲中文出版），以及中村璋八所著《緯書研究論叢：安居香山博士追悼》等書，這兩位日本學者

〔註11〕此書目前爲上海圖書館所藏，但爲闕本，《緯書集成》編纂者說明其餘闕文藏於日本京都大學圖書館，而《重修緯書集成》凡例說明已有引用，應已補其所未見。

對於讖緯之研究不餘遺力，對於讖緯學研究的開展可以記上首功，但如《緯書と中國の神秘思想》一書，文中的討論多數是點到為止，並未深入，唯其解釋讖緯發展的觀念對於各種學科都有所照顧，尤其其中論及如中醫學等知識，亦可見其徵引之廣，雖然其中的某些見解仍有爭議，但這一系列的相關著作，確為研讀讖緯思想時所應具備。

在我國近代學者中，研究讖緯可以中央研究院院士陳槃為代表，根據他的作品《古讖緯研討及其書錄解題》一書自序所言，他自民國二十六年即已開始研究讖緯之學，而此書印行於七十九年，已歷經半世紀矣。此書分為五大部分，其中以〈論早期讖緯及其與鄒衍書說之關係〉一文，詳瞻精實，確能發人所未見，並提供更多的思考空間；其餘諸文中，也提出有關讖緯命名諸問題，及方士、符瑞等現象之分析，足可為讖緯研究之佐據。而其書錄解題部分，更可見其心血，計為八十八種讖緯書作詳明之解題與考辨，其功不小。其中他將敦煌所出的《瑞應圖》、《白澤圖》等書亦置入讖緯之類，並為之解題，這幾本書是否可歸為讖緯之流，抑或只是後人仿作，尚有疑義，但若只論讖緯「詭為隱語、預決吉凶」之精神，及其中多稱引古讖緯書之內容來看，這可能是目前唯一可見有圖文並存的古緯書資料，此亦為陳氏此書之特殊價值所在。

其餘近代作品有呂凱先生之博士論文《鄭玄之讖緯學》，此書內容精實，可為研究漢代經學者之輔翼；另外如王令樾所著之《緯學探原》，及近幾年的研究生論文如黃復山的《漢代尚書讖緯學述》（輔大博士論文）殷善培的《讖緯思想研究》（政大博士論文）等都有個人獨到之見解。大陸學者之作品如李中華的《神秘文化的啟示——緯書與漢代文化》、王步貴的《神秘文化——讖緯文化新探》、冷德熙《超越神話：緯書政治神話研究》等都是相關的重要書籍。最後要介紹的則是大陸學者鍾肇鵬的《讖緯論略》一書，此書可以說是近年來對於讖緯學研究最重要的一部著作，書中分為十一章，自讖緯的起源和形成談起，一直到讖緯的輯佚和研究概況為止，搜集資料極其完備，可以說已將多數的讖緯資料加以處理，而其對於讖緯的發展與影響，見解中肯平實，並能言之有據，確實為研究讖緯思想的巨著。本書部分章節之安排及討論方向，即受該書之啟發，但此書較著重於典籍資料之整理，以及歷來學者意見之羅列，而對於讖緯思想中的文化現象之關注顯然不足，此亦為本書所欲加強之重點。

　　事實上對於讖緯的研究與關心，早在筆者就讀碩士時便已開始，只是因爲學惰不勤，一直到如今才著手寫作，但如前引多位學者於讖緯之輯佚、整理、比對、分析都各有所長，不才乃敢以續貂之筆，意圖於前人之卓言外，另關蹊徑，自文化學之觀點上著手，並釐清讖緯思想與各種文化現象間的錯雜關係，進一步說明讖緯現象的文化意義，以爲此一議題略盡綿薄之力。

第二章 「讖」、「緯」名目及發展背景與表現媒介

第一節 讖緯名義之探討

　　歷來對於「讖」、「緯」二字，在其含義與實質上之爭議眾說紛云，然而究竟孰是孰非，或許就是起古人於地下，也難有定論，不過今日多數人都偏向視二者名異實同，亦即認知二者為具備同類性質之作品，以下將對於「讖」、「緯」二字之本義、衍生義，及其所以被套用來稱呼這類型作品的可能原因加以討論。

　　「讖」字未見於十三經中，在許慎的《說文解字》中釋為：「讖，驗也，有徵驗之書，河洛所出書曰讖。」就語法上來看，許慎認為「讖」字本意應為動詞或形容詞，從言韱聲。劉熙《釋名・釋典藝》云：「讖，纖也。其義纖微而有效驗也。」朱駿聲《說文通訓定聲》說：「纖，注皆訓少也。」又據段玉裁《注》云：「讖、驗，疊韻。」查《六書音韻表》，此二字同屬第七部，音近意同，但究竟是由「讖」轉「驗」，或是因「驗」轉「讖」，則還有待討論。陳槃先生以讖緯之書出自鄒衍之學，以為鄒氏「欲以其說行於世，使時君信之不疑，自不能捨此（筆者案：驗也）不論」〔註1〕，故『『驗』旋又轉作『讖』」，〔註2〕唯陳氏所舉《內經》、《漢書》、《論衡》等書皆為後出之書，

〔註 1〕 《古讖緯研討及其書錄解題》，頁 138。
〔註 2〕 同註 1。

且在十三經中，不惟未見「驗」字，連字義相關，時予連用的「證」字都未見，反是「徵」字則屢見，且時有「驗證」意，陳氏舉緯書中有《易經‧運期讖》為例，以「期驗」為「讖緯常辭也」，似未足以證明「驗」字必能轉為「讖」字，而緯書中多有以「徵」字為名者，如《禮緯‧稽命徵》、《樂緯‧叶圖徵》、《河圖‧稽命徵》等，「徵」、「讖」二字古韻亦近，則亦不無可能由「徵」轉「讖」，故於此點不得定論必然如此。

　　因此若綜合「讖」字之相關字義如「纖微」、「少」、「驗」、「徵」等旁衍之意，筆者以為「讖」字較早時應是指一種語義隱晦不明，字數不多而有預示能力的文字，後來詞性轉為名詞，而解釋為記錄這些文字的書。玄應《一切經音義》引《三蒼》說：「讖，祕密書也，出河洛。」賈誼的〈鵬鳥賦〉也說：「發書占之兮，讖言其度。」張衡也認為：「立言於前，有徵於後，故智者貴焉，謂之讖書。」〔註3〕這些都說明了「讖」字的意義應是指記錄神祕難解的文字或書籍的稱呼。在可見之載籍中，明白以此名稱來記錄讖語者，應是首見於《史記‧趙世家》所記秦穆公事：

> 趙簡子疾，五日不知人，大夫皆懼。醫扁鵲視之，出，董安于問。
> 扁鵲曰：「血脈治也，而何怪。在昔秦穆公嘗如此，七日而寤。寤之
> 日，告公孫支與子輿曰：『或之帝所，甚樂，吾所以久者，適有學也，
> 帝告我：「晉國將大亂，五世不安，其後將霸，未老而死。霸者之子
> 且令而國男女無別。」』公孫支書而藏之，秦讖於是出矣。」

此段史事並見於〈封禪書〉與〈扁鵲倉公列傳〉，後者「讖」字作「策」，〔註4〕趙簡子醒後，作了類似的預言，同時董安于也「受命而書藏之」，這說明了在此時，這些預言式的文字，是屬於國之大事，而且都為史官錄於史策之上，可見其重要性。而此事之後續果然應驗於晉獻公之亂，與其後晉文公之霸，至於言「霸者之子且令而國男女無別」一事，〈扁鵲列傳〉言：「而（晉）襄公敗秦師

〔註3〕　《後漢書‧張衡傳》。
〔註4〕　「策」字據《說文解字》的解釋，其本義為「馬箠也」，意指用以鞭馬，使馬前進的工具，《儀禮‧聘禮》則說：「百名以上書於策」，策變為書寫所用之竹簡，而《史記‧五帝本紀》有：「獲寶鼎，迎日推策」、〈封禪書〉有：「黃帝得寶鼎神策，於是迎日推策」、《戰國策‧秦策》有：「錯龜數策」，根據注家之說，此三處之「策」字都解釋為「蓍」也，由「策」字字義的演變來看，在《史記》中的「策」字，應該是指某種具有預言能力的物品，甚或便是史遷時代，「讖」字的另一別稱，但其後此字的意義並未朝向「預言」方向發展，而由「讖」字取得代表地位。

於殷，而歸縱淫。」此事考諸於《左傳》未見，或史遷所見別有不同，但無論此讖語之驗證性如何，這應是目前可見以「讖」爲名的最早書面資料，且就其用法來看，「讖」字確實已有「預言」的成份在內，但此字此時只是語言中一個習用詞，並未有以此命名的專書出現。

而「緯」字在十三經中凡五見，〔註5〕但就用法上看，並無與「讖」字類似的含意，在《說文解字》中釋「緯」爲：「織衡（橫）絲也，從糸韋聲。」與後代習用之性質並無指涉，以號稱「五經無雙」的許慎而言，對於經書相關之資料必然極爲熟悉，但《說文》中「讖」字有相關「預言、預示」之語義，而「緯」字卻無，相信應非疏漏所致，因此可以證明至遲在許慎《說文》成書之時（約西元 100 年），以「緯」名書的習慣尚未成熟，甚至以此字指涉至「預言、預示」的習用語法都尚未出現，但這並不是說此時絕無集合預言文字之專書出現，只是尚未有專以「緯」字以爲書名而已。而多數學者認同的說法爲：「經」是指布之縱絲，而「緯」則爲布之橫絲，既然讖緯書籍所依附者爲經，就如織布上橫絲與縱絲之交互依賴，因此直接以相對於「經」的「緯」字來命名。

至於究竟是誰先以「緯」字爲預言專書命名，或可以推斷爲東漢經學大師鄭玄，〔註6〕鄭玄因爲罹遭黨禍，於是閉門注經十餘年，由於鄭玄篤信圖讖之文爲經傳之始，所以其注解之經典多有引用讖緯書處，在鄭氏〈六藝論〉中嘗云：「六藝者，圖生也。」《易緯是類謀》注亦云：「圖未由者，聖人未興，此軌未盡者；圖書之出，皆當其軌，然後聖人起而奉行之。」足見在其心目中，圖讖就是繼承先聖先賢思想的注腳，也因此他在注經時屢引圖讖之文爲解，同時也時有以「緯」字來稱呼圖讖之書處，如其《周易注疏》便曾引用《春秋說題辭》之文字，而稱該書爲《春秋緯》，又如其晚年之〈戒子益恩書〉中也自道：「博稽六藝，粗覽傳記，時睹秘書、緯術之奧。」因此我們大致可以認定將讖緯之書稱爲「緯」者，當以鄭玄爲先，但是爲何鄭氏會以此字來稱說圖讖之書呢？據《禮記‧王制》注引：

> 鄭玄釋之云，……，孔子雖有聖德，不敢顯然改先王之法，以教授
> 於世。若其所欲改，其陰書於緯藏之，以傳後王。

這段話首先說明：鄭玄以爲緯書乃是孔子因爲欲改先王之法，以教授於世，

〔註5〕 「緯」字分別見於《周禮‧冬官考工記匠人》、《左傳‧昭公》四見。
〔註6〕 參見〈「讖」「緯」異名同實考辨〉、〈論緯書〉二文。

但又「不敢顯然改」，所以只好「陰書於緯藏之，以傳後王」，於是乃有緯書之發生，這應是他之所以如此尊崇緯書的原因；其次他以爲孔子所寫下改動處，乃是「陰書於緯」，或許這也是他以「緯」名書的原因之一。前面提到，在許慎的《說文》中釋「緯」字爲：「織衡（橫）絲也」，即是指織布的橫線部份，在《莊子‧列禦寇》中有：「河上有家貧恃緯蕭而食」，郭象《注》以爲「緯，織也；蕭，狄蒿也。統蕭以爲畚而賣之。」因此「緯」字應該是一種布織的動作，或許因而轉爲布織品的代稱，即如《論語‧衛靈公》篇所言：「子張書諸紳」的「紳」，兩者是同一類型的書寫媒介，也許就因爲如此，所以鄭玄才會因勢而將圖讖又以「緯」稱之。

鄭氏另一個可能以「緯」名書的原因，在《周禮‧冬官‧匠人》中記錄：「國中九經九緯」之說，就《孔疏》的解釋：「南北之道爲經，東西之道爲緯」，作「方向」解；《史記‧天官書》則有：「天之五官坐位也，爲經，不徙移；……五星者，天之五佐也，爲緯，見伏有時。」就語義上看，乃是指星宿運行的方向。後來班固《漢書‧李尋傳》中，李尋自言：「五經六緯，尊術顯士；翼張舒布，獨臨四海；少微處士，爲比爲輔；故次帝廷，女宮在後。」後世學者對於此處所稱引之「五經六緯」一詞多以「星象」釋之。〔註7〕可見「緯」字的用法由大體以「方向」爲其主要字義，逐步變化轉爲「星象」之意。在後起的緯書中則多數襲用後者的意義，而以「緯」爲「星」之代稱，如：

《春秋緯‧命歷序》：「日月五緯，俱起牽牛，四萬五千年，日月五緯一輪轉，天皇出焉。」《尚書考靈耀》類同作：「日月五星，俱起牽牛初。」是以爲星也。

《中候‧合符后》：「孟春五緯聚房，鳳皇銜書曰：『殷帝無道，虐亂天下，世命已移，不得復久。靈祇遺離，百神繇去，五星聚房，昭理四海。』」文中以「緯」、「星」同詞互文，可以證明此二字在此語義相同。

《詩緯‧含神霧》：「五緯合，王更紀。」

《春秋內事》：「自開闢後，五緯各居其方，至伏犧，乃消息禍福，以制吉凶，始合之以爲元。」

〔註7〕〈「讖」「緯」異名同實考辨〉，頁99至102。

根據以上的例證，再尋繹今日緯書的內容則可以發現，有許多緯書都是以描繪天文星象的變化並預言其吉凶，或是以記載天象運行之觀測記錄等爲主要內容，例如《尚書緯‧考靈曜》、《河圖稽耀鈎》等書都是；這除了說明緯書的發展與古代星占術有密切的關係之外，另一方面或許也可以說明：當學者閱讀這一類多以星象變化爲主題的緯書時，是否有可能因爲其內容，而以相關的語詞──「緯」──作爲其異名。此一推論雖無確證，但若就古人讀書徵引的方式而言，或亦不無可能。

而在鄭玄使用「緯」字之後，同時代相近的學者並未完全接受此一稱呼，仍然有各種不同的稱引出現，但其後逐漸有人加以襲用，到建安年間劉熙的《釋名‧釋典藝》中並列「經、緯、圖、讖」四者，並且解爲：「緯，圍也，反覆圍繞，以成經也。」至此，「緯書」、「圖緯」、「讖緯」等詞便開始爲後人所習見運用，並被專門指爲這一種預言式的作品之代稱了。關於讖緯圖錄又名爲「緯」書之可能原因，暫時討論至此；而「緯」字在爲人所習用之後，其語義便不能再脫離「預言」之列了，前述劉熙《釋名》解釋「緯」字之意義，其實並非其眞正造字本意，但他以音爲訓，卻頗能得到緯書之實：就今日現存的讖緯文獻來看，主要內容也都集中於依附七經之說，正是所謂的「反覆圍繞，以成經也」，而這也正是緯書的一大特色。但要說明的是：鄭玄只是以「緯」字代稱「圖讖」之書，但並未將其一分爲二，至《隋書‧經籍志》始將「讖」、「緯」分立，自此亦啓後世於此二者不同之爭端所在。

在對「讖」、「緯」二字作過名義及運用意義之起源探討後，以下略表列歷來學者對於「讖」、「緯」之分合看法於下：

見解	主張者	出　　處	說　　明
同實異名	王鳴盛	《蛾術編》卷二〈讖緯〉條	緯者，經之緯也，亦稱讖。
	俞正燮	《癸巳類稿》卷十四〈緯書論〉	緯固在讖，讖舊名也。
	姜忠奎	《緯史論微》卷一	緯其名也，圖讖符錄皆別名，猶易、書、詩、禮，統稱爲經也。
	顧頡剛	《秦漢的方士與儒生‧讖緯的造作》	讖是預言，緯是對經而立的。……這兩種在名稱上好像不同，其實內容並沒有什麼大分別。實在說來，不過讖是先起之名，緯是後起的罷了。

名實皆異	胡應麟	《四部正訛上》	世率以讖緯並論，二者雖相表裡而實不同。緯之名所以配經，故自《六經》、《語》、《孝》而外，無復別出。《河圖》、《洛書》等緯皆《易》也。讖之依附《六經》者，但《論語讖》八卷，餘不概見，以為僅此一種偶閱《隋經籍志》注，附見十餘家，乃知古讖皆託古聖賢之名，其書與緯體迥別，蓋其說尤誕妄，故隋禁後永絕。
	紀昀	《四庫全書總目提要》《易》類六附錄《易緯》案語	儒者多稱讖緯，其實讖自讖，緯自緯，非一類也。讖者詭為隱語，預決吉凶。……緯者經之支流，衍及旁義。……右《乾鑿度》等七書，皆《易緯》之文，與圖讖之熒惑民志，悖禮傷教者不同。
	趙在翰	《七緯·總序》	經闡其理，緯繹其象。經陳其常，緯究其類。……緯自緯，讖自讖，詭號亂流，邃義懸遠。

在上表中「同實異名」部份，王鳴盛是以劉熙的觀念為本，亦即以「緯」為經文的附屬品；俞正燮則以為兩者實同名異；姜忠奎的結論雖與他人一致，但實際上卻是本末倒置的論證：「緯」字作「預言書」之解釋明顯晚於「讖」，其說明有因果上的錯置問題；至於顧頡剛的說法則與俞氏雷同，應是較為符合事實發展的看法。

而在「名實皆異」部份，以紀昀之說影響最大，因為《四庫全書總目提要》是皇帝敕令所撰，在有清一代文網緊籟的情況下，之後多數文人都遵循不改，《提要》認為「讖」是：「詭為隱語，預決吉凶」，但這種形式的文字在他所謂「經之支流，衍及旁義」的緯書中也不在少數，無遑多舉，所以只以此點來分別讖緯，其實未盡合理。

而胡應麟《四部正訛》的說法亦有問題，首先胡氏以為：「緯之名所以配經，故自《六經》、《語》、《孝》而外，無復別出。《河圖》、《洛書》等緯皆《易》也。」他已有先「尊經」成見，認為緯書之名必以配附經典，因此連《河圖》、《洛書》等多記鬼神迂怪，子所不言的讖緯圖書也歸於六經之支流，但若仔細考察讖緯書目，則可知他以為屬正統的緯書，其內容仍然與他指為「其說尤妄誕」的讖語無所分別，故以配經者為緯書，而以「託古聖賢之名」者為讖，則互為矛盾。

　　至於趙在翰以爲：「經闡其理，緯繹其象。經陳其常，緯究其類。」只是純粹以「緯必附於經」的觀念出發，認爲經爲主，緯爲輔，與胡應麟之說並無不同，我們自然不否認緯書中有許多解釋經文的說法，但是緯書中卻並非全然以發揚經文大義爲主，而相同地，讖書中也不乏以解說經文爲主的證明，所以以此強要將讖、緯一分爲二，有其事實認定上的困難。

　　綜合以上所引諸家之說，在此爲此一爭議性之問題，試加論斷：大約在東漢中期之時，「讖」字已有「驗證」、「預言」之意，而其來源可能與「徵」、「驗」之意有關。而「緯」字在古籍中初始則未有「驗證」、「預言」等意，大致至東漢時鄭玄始以「緯」名之，其或以讖書多記星象天文之事；或純以「經緯」並稱爲當時習用之語因而加以引用；或以爲孔子書其意於「緯」故而名之；或以爲「經」「緯」爲布之共同結構，故用爲「經」之對詞。其後劉熙將「經、緯、圖、讖」併以「反覆圍繞，以成經也」爲解釋，此亦爲多數學者之共同看法。至《隋書・經籍志》將讖緯之書，部以甲乙高低，遂啓後世於讖駁緯醇之爭，唯覈以名義，則讖緯似乎確有不同，然若校以文字內容，則其實讖、緯往往相混，不能分也。而至有清一代，又因強調緯以附經，讖爲詭論，故於二者是否有所不同頗有爭議，然而若以現存之讖緯書籍考核，則其實難將二者強分以高低正庶之別。

　　而關於讖緯之學的起源究竟爲何？更是學者歷來爭論不休的問題，大陸學者鍾肇鵬將歷來對於此一問題的各家學者之說，完整匯集於其作品中，並有所評論，見解確爲深入，足供參考。其搜羅之主張大致有如下十二家說法，〔註8〕而根據其討論切入點之不同，筆者將其分爲以下三大類：

一、以古經書爲來源者

1. 主張讖緯源於古代之《河圖》、《洛書》。持此種意見的有劉勰、胡應麟、蔣清翊、孫瑴等人。
2. 認爲讖緯源出於《易經》。持此種看法的有胡寅、胡玉縉、姜忠奎等人。

二、以古聖人爲創作者

1. 認爲讖緯源出於孔子。此爲造作緯書者之說，亦爲漢儒之一般看法。

〔註8〕　參見《讖緯論略》，頁 11 至 26。

2. 認爲讖緯源出於七十子之徒。主張此者說包含錢大昕、王鳴盛、趙在
　　翰、張惠言、李富孫等人。

3. 認爲讖緯淵源於鄒衍。此說起自金鶚,而劉師培、陳槃繼之。

4. 認爲讖緯源之於古之太史。持此種看法的爲俞正燮。

三、以時代爲畫分者

1. 認爲讖緯源於太古。此爲劉師培之說。

2. 認爲讖緯起於周代。此爲任道鎔之說。

3. 認爲讖緯起於春秋之世。此說爲顧炎武、全祖望、迮鶴壽主張之。

4. 認爲讖緯起於戰國之末。此爲朱彝尊、胡渭、汪繼培、姚振宗等人之
　　說。

5. 認爲讖緯起於秦代。主此說者爲張九韶、王鳴盛等。

6. 認爲讖緯起於西漢之末。主此說者有桓譚、張衡、朱載堉、王禕、顧
　　起元、王夫之、閻若璩等人。

　　這十二種說法都各自有其佐證,但也有些許之漏洞,事實上在第一章中
已談到,讖緯思想是一個多元文化基礎的結合產品,它的思想包容寬闊,其
目的也不僅僅只是爲了政權上的爭奪而已,它記錄了許多不同於正統思想的
觀點,也保存了許多遠古時代的風俗、哲學、科學、文學等等文化中的重要
元素,如果一定要找出它發生於那個朝代,或是由誰創作出來,對於其真實
內涵的追求並無多大意義,相反地,這些各家各派的說法,其實都有可能正
是讖緯思想構成的一個重要條件,只是沒有任何一種文化現象,可以用「一
言以蔽之」的方法加以解決,真果如此,必將如盲人摸象,只能得其一斑,
而無法窺其全豹了。所以對於這一議題,不妨改換角度來加以理解,尋繹讖
緯思想在這些條件下可能發生的因素以及其後產生的作用,以分解與重組的
手段相結合,並與類似的文化現象相比對,如此才能真正重現讖緯思想的原
貌,也才是文化研究的真正目標。

第二節　讖緯之發展背景

　　文化模式是構成文明的基點,而文明的發展過程則是漫長艱辛的一段演
化史,眾多的文化模式在組合成爲文明的過程中,絕不可能不與其他的文化

模式交會互動，亦即當探索一個經由歸納所得的文化模式時，往往必須討論更多相關的前衍文化因素，才能有一較清楚的脈絡可尋。讖緯現象除了前節談到歷代學者以典籍傳承觀代所認知的發展過程外，它真正的發展因素仍必須自歷史、社會、心理、政治等多方向來探求：因為典籍的傳承只說明了學術的流變，但它並不足以說明文化現象真正的整體發展過程。在此觀點下首先要討論的是讖緯與神話、原始宗教、巫術的關係。

一、讖緯與神話、原始宗教、巫術

（一）神 話

有關神話的理論，在眾多學者的研究中已多有闡發，在此無庸續貂，不過對於神話的定義部份，則還有可以補充處：就今日一般神話學者的觀念，神話是人們為解釋不明自然現象所作出的解釋，例如顧頡剛等多位學者多持此種看法，不過這樣的解釋稍欠完整，其實就文化整體發展的過程來看，僅只是為了解釋一些不能理解的現象，是否就足以構成一個完整龐大的神話體系，不無疑問。筆者以為前人在討論神話組織的結合過程中，少了一個極其重要的心理因素，也就是「信仰」，信仰其實是神話得以組織並且組合成形的黏著劑，單純只有不解的現象以及解釋的意圖，則所製造的應該只是一些片段式的說法，即使是有人逐步加以結合並且合理化，但一定需要有一個心理基礎作為背景，這個背景有人以「恐懼」、「好奇」，或是「要求傳述的合理性」等觀點來代入，但這些並無法完整地解釋神話體系龐大複雜的事實，唯有以「信仰」來加以說明時，整個神話文化模式的真義才能有所體現。也就是說，先民們由於「信仰」自己用來解釋自然現象的觀念，才能夠有逐步合理化、英雄化、複雜化的神話出現，亦即神話的成形與被「信仰」，都是由於「信仰」而結合在一起的，因此筆者以為，若將神話的片段結構比喻為磚頭泥沙，則「信抑」正是使神話大廈建築成形的水泥。

同時我們知道，任何一種自然或非自然現象都可以給予一個神話性的解釋，只是，是否每一個現象都需要有一個這樣的解釋呢？這答案自然是否定的，就此出發，則「必需性」，又成為神話發展的另一個重要因素：如果神話其實非屬於必需性的，則事實上它應不會成為神話，因為原始先民並不具有足夠的美學構成觀念來組織神話，神話之所以形成都是由於不可或缺的需要，而這裡所謂的「必需性」，則基本上與生活所需難脫關係，在以生存為主

要目標的蒙昧時代中，所有的行為指標都與生活不離關係，也因此在面對自我創造出對於自然現象的解釋時，如果發現這些解釋不具實用性時，則多數便不再流傳下去，當然以今日所見的神話來加以分析時，並非所有的神話都可以與維持生活需要此理論來結合，不過這可能是因為這些神話由口傳到書面成形，其中有部分後起的思想混淆於其中，這可由某些神話中參雜有晚出的社會現象或是事物得到證明，因此目前所見的神話難免會與其構成之原始思維有所出入，但從今日尚遺存的一些原始岩壁壁畫，或是少數與世隔絕的民族神話來看，就能明顯地呈現神話與生活必需性的緊密結合情況。總而言之，以謀求對於自然現象的合理解釋為出發，再以信仰與生活需求為主要精神的組合，正是神話發展的一個重要條件。

而讖緯書中對於神話的運用非常地多，我們甚至於可以說：運用神話的內容正是組成讖緯書的重要基調，由於讖緯的早期發展與政治需要有不可或缺的互賴性，而一些早期的感生神話或是聖人受命於天的神話，對於後代的君主而言，其可加以利用的地方不少，因此在有意造作的讖緯書中，神話便成為其內容的第一個來源。因此在討論神話與讖緯的關係時，我們不應認為是由於神話而發生讖緯，較為公允的說法應是：由於神話的性質，所以在有意造作讖緯的過程中，神話成為被採用的一個重要主題。例如《詩緯》：

> 北極天皇大帝，其精生人。

> 大跡出雷澤，華胥履之，生宓犧；大電光繞北斗，樞星照野，感附寶而生黃帝，瑤光如蜺貫月，感女樞生顓頊，慶都以赤龍合昏（婚），生赤帝；伊祈堯握，登見大虹，意感而生舜於堯墟，大禹之興，黑風會紀，玄鳥翔水，遺卵流娥，簡狄吞之，生契封。

又如《河圖・稽耀鉤》：

> 扶都見白氣貫星，感生黑帝湯。

> 姜原履大人之跡生后稷，大姒夢大人死而生文王。

這些內容在早期的神話中多有流傳，雖然字句人名或有不同。這些感生神話發生的原因，明顯是為了政權之領導者，取得受命於天的藉口，而緯書作者引用這些神話的目的，更是為了要替現今帝王的地位，尋求一個合理且古已有之的解釋，尤其在漢代此種狀況最為明顯，例如《詩緯》就載明了漢高祖的出生情況為：

> 執嘉妻含始生劉季，含始吞赤珠，刻曰：「玉英生」，後赤龍感女媼，

劉季興，始吞旁珠，刻曰：「玉英生漢皇」。

藉由與古聖先賢並列的神異情況，以君主受命於天的觀點建立基礎；同時緯書作者除了引述古聖先王的誕生異兆外，也說明了這些古帝王聖人的特殊狀貌，如《孝經緯·援神契》說：

> 伏羲大目山準日角而連珠衡。神農長八尺有七寸，弘身而牛頭，龍顏而大唇，懷成鈴，戴玉理。黃帝身逾九尺，附函挺朵，修髯花瘤，河目龍顙，日角龍顏。堯火精鳥庭，荷勝八眉。舜龍顏重瞳大口，手握褒。禹虎鼻。孔子海口，言若含澤。

而在《河圖·提劉篇》中，漢高祖的長相則是：

> 帝季日角、戴勝、斗胸、龜背、龍股，長七尺八寸，明聖寬仁，好士主軫。

這種長相其實頗為怪異，但由於「君子上達，與天合符」（《論語緯·比考》），所以長得怪異些也就有其道理了。而且由於「帝王將興，必察八部，觀卦之符，物之應動」（《易緯·乾鑿度》），所以在楚漢相爭中註定要失敗的便是「怪目勇敢，兩瞳，天雨刀於楚之邦」（《河圖·握矩記》）的項羽，而「劉受紀昌，光出軫，五星聚井。」（同前書）自然是真正的真命天子了，而且這些君主受命於天時，往往都會有一些佳瑞祥兆同時出現，《春秋緯·演孔圖》便說：

> 天子皆五帝精寶，各有題序，以次運相，據起必有神靈符紀，諸神扶助，使開階立遂，王者常置圖錄於旁以自正。

《春秋緯·命歷序》也說：

> 河圖，帝王之階。圖載江河山川州界之分也，後堯壇於河，龍圖作握河紀，逮虞舜夏商，咸亦受焉。

而這也就是歷來讖緯所依據發展的主要表現方法，也就是所謂的預兆或是預言，只是在其表現形式上未必僅限於書籍而已，而包含了天象、異兆、石刻、出土古物等。

由此我們可以看出，神話的運用是讖緯思想中的重要成份，作者從遠古神話中取材，先從古代帝王的誕生異象說起，然後據以引申出目前帝王受位的合理性，再以各先聖先王特殊的造型，引申出當代帝王的長相也能配合，並且加以說明各種不同的異兆為受命的正統依據；同時也以一些神異事物的出現，來證明政治地位的合理性。在這樣完整的體系配合之下，一個縝密的政治神話正在逐步建構完成之中。

（二）原始宗教

在原始宗教方面，讖緯所運用的部份主要是認為世間萬物都各有靈存在，即所謂的「萬物有靈」觀，基於此一觀念，讖緯中常有的各類事物異兆，都成為一種靈的觀念的呈現，也就是所有的事物對於人世的變化都具有某些特殊的感應，因此能在天下將亂之時，出現一些不同的行為或反應，以預示吉凶，例如《禮緯·斗威儀》說：

> 日青中外黃，是為一不可。……時則常雨不休，水則海濱河溢，民多溺水死，乘舟者多，蛇入都邑，雞雉同宿。

《易緯·乾鑿度》說：

> 紂行酷虐，天地反；文王下呂，九尾見。

《河圖·帝覽嬉》說：

> 流星入星辰，犯守之十五日以上，陰人內亂，婦女狂病，牝雞司晨，貓欺犬子。

在《淮南子·說山》篇中也曾指出：「六畜生多耳目者不祥，讖書著之。」證明在許多的讖緯作者之觀念中，物類的各種奇特行為或是造型，根本都是由於天下將有亂事發生的徵兆，所以這些物類感應後自然而生出一些特殊不同的現象，以警惕世人或是君主大臣，應修正自己的行為以配合天命。由這個現象我們可以推測出，這種觀念之所以能夠進入讖緯的載籍中，大概不離兩個原始宗教發展的背景，一是哲學上的「天」與人的關係，一是科學上的「天」與人的關係。

原始宗教的發展歷程包含了許多的觀點，有哲學的也有科學的，而雖然原始宗教並非是一個有體系的自覺性組織，但是它卻是早期先民們在對於自然生活與社會現象進行綜合觀察後，所作出的一種心理反映，拋開儀式性的技巧不談，在心理層面的建構上，原始宗教的一些觀點，往往都能深刻地反映出先民對於外在社會的衝擊予以心理上的影響。讖緯雖然不能僅是單純地定位在原始宗教層面上，但它的發展歷程卻與原始宗教有著密不可分的關係，尤其是原始宗教中對於天與人的關係的看法，更是明顯地影響到後期發展的讖緯：在原始宗教的哲學天人觀中，強調人是萬物的靈性所聚，而天意則是高於一切的主宰，所以雖然人類有能力控制許多事物的發展與否，但是如果不能取得天意的配合，則終究只是倒行逆施而不可能持久，也不會得到天意支持，最後必然走向毀滅，《墨子·天志》篇說：

> 昔三代聖王禹湯文武，此順天意而得賞也。昔三代之暴王桀紂幽厲，
> 此反天意而得罰者也。

墨子是我國重要的哲學思想家，對於天命與天人關係的看法，具有一定的代表性，在他的觀念裡，天意雖未必能夠主動地主導一切人事的發展過程，但是被動地反應出人事的現實則是很容易的，這樣的觀念發展可以明確地定位於追求人的平等觀念之上：由於社會結構制度的漸趨複雜，階級制度也因此產生，但是封建思想中「大人世及以爲禮」的觀念，根深蒂固地留存在統治與統治階層的心中，成爲一個難以抹滅的思考原則，但是統治階層並不可能毫無缺點，只是這些人行爲上的過失，由於地位階級的差異，往往不會得到應有的懲罰，所以自然引起佔多數的被統治階層的不滿，但是受限於主客觀現實的不能配合，於是只有相對地透過思考上的勝利來求取內心的平衡，因而創造出一個高於統治階層的「天意」來自我麻痺。同時，統治階層也藉力使力，在此一觀念上加以衍伸，雙方各取所需：一邊取用天意能代表被統治階層來懲罰不良的統治者，而另一邊則是採用本身的地位取得是天意所爲，這樣的一種思考上的平衡方式，雖然在現實上並不能眞正解決問題，但是在平衡兩個對立階級的思考模式方面，確實是有著莫大的助益。而且讖緯發生的部分原因就是爲了要替執政者鞏固地位，或是尋求執政的合理藉口，所以大量地運用「天意」觀念來作爲辯解，就極其正常了。史載楚子問鼎之事可以說是對於「天意」、「天命」觀念的最佳闡釋了：

> 楚子伐陸渾之戎，遂至於雒，觀兵于周疆。定王使王孫滿勞楚子。
> 楚子問鼎之大小、輕重焉。對曰：「在德不在鼎。昔夏之方有德也，
> 遠方圖物，貢金九牧，鑄鼎象物，百物而爲之備，使民知神、姦。
> 故民入川澤、山林，不逢不若。螭魅罔兩，莫能逢之。用能協于上
> 下，以承天休。桀有昏德，鼎遷于商，載祀六百。商紂暴虐，鼎遷
> 于周。德之休明，雖小，重也。其姦回昏亂，雖大，輕也。天祚明
> 德，有所底止。成王定鼎于郟鄏，卜世三十，卜年七百，天所命也。
> 周德雖衰，天命未改。鼎之輕重，未可問也。」〔註9〕

所謂「周德雖衰，天命未改」，明確地勾勒出讖緯書引用天命思想的邏輯思考，也由此引申出在讖緯書中以「天意」爲思考基礎的合理性。

除了原始宗教裡哲學上天人關係的觀念影響外，原始宗教對於自然的理性

〔註9〕《左傳・宣公三年》。

觀察，也是影響讖緯發展的一個重要指標，就科學而言，天（自然）與人的關係是屬於物質性的因素，我們可以看到在讖緯中凡是出現有異常形的動物或是天象，原本都是人們生活中的常見動物，或與生活環境需求有關，這些動物即使不是為人們所豢養，但也是生活中所常遇到的，因此當這些動物或人們賴以維生的自然環境有所變動時，自然也就象徵著某一種厄運將要來臨；而自然界天象或是氣候地理等的變化，也是上天所以警示人們的警訊，《易經・繫辭上》所言的「天垂象，見吉凶」，就是這種觀念。這些尚未發生的厄運透過前述兩種思考原則上的無限衍伸，因而造就了一種預先感應的觀點，所以大量地反映在以神異詭言為主的讖緯書中，可說是其來有自的。而這些類似先驗、預知的現象，正是讖緯發展過程中，借用自原始宗教的一個重要觀念。

（三）巫　術

　　與原始宗教互為表裡的巫術，也是讖緯書中的主要資料來源，藉由運用這些神秘的巫術行為，讖緯的思想得以由顯示異象到傳達觀念，再更進一步到可以由巫術儀式來表現對於天意的體認，或是改變一些不好的厄運，這對於讖緯的流行具有極其正面的意義：因為如果讖緯只能讓人先掌握到一些未來將發生事件的先兆，但是卻沒有辦法去改變這些事實的話，那麼在心態上只是徒增人們的恐懼，但是當這些可以趨吉避凶的巫術方法加入後，則人們雖然對於所預知的事物仍有恐懼，至少已知道有避免的可能性；同時就另一方面來說，也可以加強人們對於讖緯的好奇心，因此對於讖緯的流行是絕對有幫助的。我們甚至可以說：由於在讖緯之中有許多這一方面的記載，所以使得讖緯的傳播更為迅速，而且為人們所喜聞樂見的，因為趨吉避凶，正是人性的基本心態。在緯書中，有許多關於巫術行為的記錄，如《尚書緯・中候》所言：

> 周公攝政七年，制禮作樂。成王觀於洛，沉璧，禮畢王退，有玄龜，
>
> 青純蒼光，背甲刻書，上躋於壇，赤文成字，周公寫之。

此處所謂的「刻書」、「寫之」的動作，就是我們今日所繼承自前人的占卜方法之先聲。舉例而言，中國古人以龜為四靈之一，認為龜壽長，故有能夠預示未來的能力，《管子・水地》篇說：

> 伏闇能存而能亡者，蓍龜與龍是也。龜生於水，發之於火，於是為
>
> 萬物先，為禍福正。

《禮記・曲禮上》也說：

> 龜爲卜，筴爲筮，卜筮者，先聖王之所以使民信時日、敬鬼神、畏
> 法令也；所以使民決嫌疑、定猶與（豫）也。

所以當在祭祀或是有疑事不能決時，就以龜來預決吉凶，而周公此時的角色就如同後代之扶乩者，藉由他的手，將顯示於龜背的天意寫下，在這段文字中，我們若省略時代和人名，事實上就是一幅遠古扶乩圖的寫照，由此也可以看出讖緯中所記錄的許多祭祀行爲，都與巫術有著相當直接且密切的關係。

綜合以上所提出的幾個觀點之後，可以得到如下結論：亦即讖緯的思想發展背景，由於其早期與政治結合的特色影響，所以運用神話的現象頗爲明顯，這些神話中包含了感生神話、聖人傳說，或是戰國階段所發展出來的星野、陰陽五行等觀念，其次由於讖緯講求事件的預知，所以一些表達異象的事物都被賦與了某一程度的靈性，這是繼承自原始宗教的「萬物有靈」觀念，殆無疑問，而且再加上人性心理上的需求，所以趨吉避凶的神秘巫術也踏入了讖緯的範疇中，這三個方向正是讖緯思想發展技術層次面的重要元素。

二、讖緯與政權爭奪

雖然說讖緯的思想本質是來自於神話、原始宗教以及巫術的遺緒，但是無可諱言的，由於政治的現實因素，才使得讖緯思想得以眞正的推展發揚並且進而光大，因此可以說政治的因素才是讖緯眞正爲人們所重視的主因。

中國向來對於帝位的傳承或是侵犯他國，都強調是由天意所授的，所有的在位者往往都以天命、天意作爲藉口，以爲其行爲尋求合理的解釋，（此處的天命、天意，並非如前面所提到的屬於哲學性質或是科學性質的「天」，而是政治上的「天」。）例如《墨子·非攻》下說：

> 昔者三苗大亂，天命殛之，日妖宵出，雨血三朝，龍生於廟，犬哭
> 乎市，夏冰，地坼及泉，五穀變化，民乃大振。

《尚書·大誥》曰：

> 已！予惟小子，不敢替上帝命。天休于寧王，與我小邦周；寧王惟
> 卜用，克綏受茲命。今天其相民，矧亦惟卜用。嗚呼！天明畏，弼
> 我丕丕基。

《尚書·召誥》曰：

> 嗚呼！皇天上帝，改厥元子茲大國殷之命。惟王受命，無疆惟休，
> 亦無疆惟恤。嗚呼！曷其奈何弗敬！天既遐終大邦殷之命。茲殷多

> 先哲王在天，越厥後王後民，茲服厥命；厥終智藏瘝在。夫知保抱
> 攜持厥婦子，以哀籲天；徂厥亡出執。

《詩緯‧推度災》則繼承之而指出：

> 上出號令而化天下，震雷起而驚蟄睹，鼓動三軍，駭觀其前，動化
> 而天情可見矣。

這一種「底天之罰」的觀念，成為不論是藉大亂攻伐他國，或是想要取而代之的最佳藉口，而且預言了由於有「政治天意」的指示，所有的攻伐必然成功，是一件水到渠成的事；但是這種簡單的「受命於天」的觀念，自然不能輕易說服人民，所以必須要再找出其他事實來加以佐證，而此時讖緯的特殊形式，正是最適合當政者的要求，也自此開始了政治與讖緯互相利用之濫觴。

就目前可見的文獻資料來看，雖然早在春秋戰國階段已有類似讖語預言出現，但大體上並未有「詭為隱語」的形式，雖然是「預決吉凶」，但嚴格來說，只能看成是說者由對目前現實的觀察所得出對於未來的推測而已，尚不能完全符合讖語的特性。「亡秦者胡也」則可以算是史有明證的首例，它已具有「詭為隱語」（「胡」字明指胡人，暗指胡亥），以及「預決吉凶」（亡秦）兩大部分，而此後的讖語不論是以何種形式呈現，也多依循此種思考模式發展，同時這些讖語幾乎毫無例外的，都是為了政治上的目的而產生，雖然後期讖語的發展有多樣的變化，但是政治上的作用卻是使深入人心，並進而影響階段性中國政治發展的走向。關於此點在第四章中將有更明確的研究。

三、儒學神學化

自孔子以來，儒家一直強調天下一統的觀念，雖然說在技術上，儒學學者反對以霸道立國，而以仁義為治國平天下的不二法門；但思想本質上的一統觀念，卻與政治上當權者的要求不謀而合。由於政權的鞏固極其困難，「居馬上得之，寧可以馬上治之乎？」，所以尋求外在思想性的支持是非常重要的。儒學在春秋以迄秦代，雖然已漸漸生根立足，但是終究由於技術上的問題，一直不能為君主所重用，但到了漢代以後，一個安定統一的王朝建立，基於長久的征戰分裂後「天下苦秦久矣」，所以以無為清靜為號召的黃老之學成為西漢初年的顯學，當時：

> 漢初，黃老之學極盛。君如文、景，宮闈如竇太后，宗室如劉德，將
> 相如曹參、陳平，名臣如張良、汲黯、鄭當時、直不疑、班嗣，處士

如蓋公，鄧章、王生、黃子、楊王孫、安丘望之等皆宗之。〔註10〕

天下初定，悼惠王富於春秋，（曹）參盡召長老諸生，問所以安集百姓，如齊故俗，諸儒以百數，言人人殊，參未知所定。聞膠西蓋公，善治黃老言，使人厚幣請之。既見蓋公，蓋公為言治道，貴清靜而民自定，推類具言之。參於是避正堂，舍蓋公焉。其治要用黃老術，故相齊九年，齊國安樂，大稱賢相。〔註11〕

由此可以看到漢代初年黃老之道盛行的概況，但在經歷了高、惠、文、景四代的修養生息之後，漢代的國力已漸達巔峰，強調清靜無為的黃老思想已不合時代需求，此時武帝嗣位，亟思在文治武功上有一番作為，因此他一方面在內政上加強中央集權的專制政體，在對外方面則對北方的匈奴採主動出擊之勢，一時之間漢朝天威遠播，國力之盛遠超前人，而在經濟繁榮，政治統一的時代背景條件下，給當代的學界、思想界也有所啟示：亦即在思想方面也應該步向統一，而不能允許人們有「師異道，人異論，百家殊方，指意不同」〔註12〕的情形出現，如此國家才能步向長治久安的局面，但正如前所言及的，儒家的君國思想與武帝所想要的專制獨裁，在技術上是正面的衝突，也因此在一方面要配合儒學，一方面又要能為統治階層合用的兩個前提下，董仲舒的天人感應學說便應運而生，而這也是儒學神學化的開始，嗣後東漢的白虎觀經學論爭，也有著推波助瀾的效果。〔註13〕

而到了西漢末年，讖緯之說開始盛行，由於此時儒學已成正統，所以許多符籙讖語紛紛藉聖人之名行世，依附於儒家的經典之上，同時也不忘宣揚儒家的觀念，二者互為表裡，雖然說傳統儒家學者對於讖緯之說多抱持鄙夷的態度，但是也由於讖緯的神祕性，使得儒學在某種程度上，增加了一些信徒，姑且不論其影響良窳，儒學逐步走向神學化，同時提供讖緯思想發展的溫床，卻是不個不爭的事實。

關於讖緯思想發展的主因，追根究底似乎都與政治有所牽連，這可以說是中國文化上的一個重要特色，整部的中國文化史（或學術史）可以說就是

〔註10〕《十七史商榷》卷六。
〔註11〕《史記・高祖本紀》。
〔註12〕《漢書・董仲舒傳》。
〔註13〕 參見本文第六章第一節〈董仲舒與讖緯思想〉、第二節〈白虎觀經學論爭〉、《中國思想通史》第二卷第三章〈董仲舒公羊春秋學的中世紀神學正宗思想〉、第七章〈漢代白虎觀宗教會議與神學思想〉。

一部中國政治史，雖然讖緯的早期發展，是出自於對於外在自然的理解以及美好生活的追尋，但在步入文明社會後，這些行為不免由量變而導致質變，亦即由神話走向政治，參雜了眾多因素的讖緯思想，也由此開始正式的走入文明社會，而與中國的文化結構緊密連繫並且影響深遠。

第三節　讖緯之表現媒介

讖緯的發展由來已久，早在商周時代就已有讖語形式的卜辭文字在流傳，至於漢代依附於緯書的文字形式，則已是讖緯思想發展成熟的階段。但如果仔細檢讀緯書的內容時，不難發現其中所敘述讖語的表現媒介，並不全然只是以分合文字來作預測的敘述而已，讖語還以事件、物品、天象或是謠諺、詩詞圖讖等不同形態流傳。而在形式上雖然有許多不同，但其「預決吉凶」的本質則未嘗改變。同時在許多的文獻記錄中，也可以發現還有許多與讖語精神類似的預言流存，其形式上也具有多種變化；雖說基本上讖語必須有「立言於前，有徵於後」的條件方可成立，也就是要有隱語式的文字出現，但真實運用時，條件則可稍微放寬些，如此就不難發現有些不同形式媒介，也都是讖語精神的反映。扣除本文的主旨讖緯書籍而外，以下羅列幾種讖語的表現形式，以供互相對比。

一、卜　辭

讖語的發展極早，在商周階段的文獻中已有不少的記錄留下，當然最初的這些讖語形式都是單獨散布於各類文獻中，本身並未如後世的緯書或是預言書一般，組合成為一個有意識的整體作品，同時記錄這些讖語資料的人（並不一定是指創作讖語者），也不像後人是以有意識有目的的政治鬥爭，或是以宗教、學術理由為出發點，而純粹是以記錄所聽聞的事實之心態下筆，所以雖然其說之誕妄夸飾一如後代，但其基本心態卻與後世的預言書性質顯著不同，這是必須要明確指出的一點。

在文獻中以占卜結果出現的文獻記錄不少，以下略舉幾例加以說明：

> 初，晉獻公欲以驪姬為夫人，卜之，不吉；筮之，吉。公曰：「從筮。」
> 卜人曰：「筮短龜長，不如從長。且其繇曰：『專之渝，攘公之羭。
> 一薰一蕕，十年尚猶有臭。』必不可！弗聽，立之。生奚齊，其娣

> 生卓子。及將立奚齊，既與中大夫成謀，姬謂太子曰：「君夢齊姜，
> 必速祭之！」太子祭于曲沃，歸胙于公。公田，姬寘諸宮六日。公
> 至，毒而獻之。公祭之地，地墳。與犬，犬斃。與小臣，小臣亦斃。
> 姬泣曰：「賊由太子。」太子奔新城。公殺其傅杜原款。〔註14〕

在這則史料中，晉獻公欲另娶驪姬爲妻，結果經過卜與筮兩種方法的占卜，結果是爲筮吉龜凶，卜人認爲筮短龜長，應從龜卜之結果，並引用龜卜所得之繇辭來加以解釋：如果獻公專寵驪姬，就如將香臭之草同置一處，終究臭味將延續難絕，以暗示此後之後患無窮，但是獻公不從，結果最後驪姬設計陷害太子，太子不得已出奔新城，並自縊於此，證明了龜卜預言的結果是正確的。

> 晉侯作二軍，公將上軍，太子申生將下軍。趙夙御戎，畢萬爲右，
> 以滅耿、滅霍、滅魏。還，爲太子城曲沃，賜趙夙耿，賜畢萬魏，
> 以爲大夫。士蔿曰：「太子不得立矣。分之都城，而位以卿，先爲之
> 極，又焉得立？不如逃之，無使罪至。爲吳大伯，不亦可乎？猶有
> 令名，與其及也。且諺曰：『心苟無瑕，何恤乎無家？』天若祚大子，
> 其無晉乎！」卜偃曰：「畢萬之後必大。萬，盈數也；魏，大名也。
> 以是始賞，天啓之矣。天子曰兆民，諸侯曰萬民。今名之大，以從
> 盈數，其必有衆。」初畢萬筮仕於晉，遇屯䷂之比䷇，辛廖占之
> 曰：「吉，屯固比入吉，孰大焉，其必蕃昌。震爲土，車從馬，足居
> 之，兄長之，母覆之，衆歸之，六體不易，合而能固，安而能殺，
> 公侯之卦也。公侯之子孫，必復其始。」〔註15〕

在此兩位卜者都認爲畢萬其後將大有成就，卜偃是從畢萬的名字來加以解釋：認爲「萬」是數字之極致，而被封於魏，「魏」者「巍」也，高大之名也，所以既有「萬民」之衆，又有「大名」爲輔，所以其後人必有所成；而辛廖則以卦象釋之，以爲「屯卦險難，所以爲堅固」，而「比合屯固、坤安、震殺」三卦象，所以畢萬之後必爲諸侯，此事後來在春秋之後三家分晉，而魏爲諸侯一事上得到驗證〔註16〕

　　這一則卜辭，有一些特殊的意義，首先它解釋未來時，已使用到對於文

〔註14〕《左傳・僖公四年》。
〔註15〕《左傳・閔公元年》。
〔註16〕《左傳・文公十三年》孔穎達《疏》。

字意義的聯想法（萬者，萬民也），也使用到音訓法（魏者，巍也），這種解釋方式，相信給後代造作讖緯的人相當程度的啓示，亦即預測未來並不能只是鐵口直斷說出未來之結果，而必須有個合理的推演過程，而這個過程最主要的方式即是將文字的意義加以闡釋，才能得到最好的效果，至於辛廖以卦辭及卦象來解讀未來，則是延續《易》之卜法。

> 邾文公卜遷于繹。史曰：「利於民而不利於君。」邾子曰：「苟利於民，孤之利也。天生民而樹之君，以利之也。民既利矣，孤必與焉。」
> 左右曰：「命可長也，君何弗爲？」邾子曰：「命在養民。死之短長，時也。民苟利矣，遷也，吉莫如之！」遂遷于繹。五月，邾文公卒。
> 君子曰：「知命。」〔註17〕

這又是一則預卜未來發生事件的史料，邾文公欲遷都，卜人認爲占卜結果利民不利於君，而反對遷都，但文公以爲「命在養民。死之短長，時也。苟利矣，遷也，吉莫如之！」最後果然如卜人所預料，文公於遷都後兩個月過世，由以上這兩個例子可以看到，早在周代之時，卜筮的風氣已非常盛行，幾乎可說是「每事卜」，這些讖語或預言都是根據龜卜或是卜筮的方法而來，其所預示的事件內容則多與國家或君主之禍福相關，當然這並非代表當時之人沒有其他疑問會進行卜筮，只是一方面由於統治階層的生活是當時文獻記錄的唯一對象，一般人民的資料很難被列入；其次則是因爲此時民智未開，所以能夠掌握讖語占卜能力的除了貴族之外，一般人民其實很難有所接觸，在民間或也應有屬於民眾自身的占卜法則，但由於文獻資料的不足，只能作爲一個推測而已。總而言之，史料中的卜辭形式，可以說是後期讖語發展的先聲，只不過此時尚未進步到拆解文字，或是向壁虛造的程度，卜者都依著占卜的結果來作卜辭，與後代讖語的寫作心態是不同的。

二、銘　文

根據《禮記・祭統》的說法：「銘者，自名也。自名以稱揚其先祖之美，而明著之後世者也。」這是從表揚功勳的角度來說，而所謂的「明著之後世」，就有先行預示的語意存在。最有名的銘文讖語之例就是《史記・秦始皇本紀》中所言的「始皇帝死而地分」，據《史記》所言，這是「黔首」刻隄石

〔註17〕《左傳・文公十三年》。

所爲，這種讖語明顯地是爲了政治的目的所造作的，但秦始皇仍舊十分在意，於是「遣御史逐問，莫服，盡取石旁居人誅之，因燔燒其石。」而雖然殺盡附近民眾，但是最後此讖語果然應驗，在始皇死後天下分崩。當然對於此讖語的應驗只能看作是經驗法則的證明，不足以認知爲讖語的靈驗，但它卻是以銘文示讖的先聲。另舉一例：

> 仲尼問於大史大弢、伯常騫、狶韋曰：「夫衛靈公飲酒湛樂，不聽國家之政；田獵畢弋，不應諸侯之際；其所以爲靈公者何邪？」大弢曰：「是因是也。」伯常騫曰：「夫靈公有妻三人，同濫而浴。史魚奉御而進所，搏幣而扶翼。其慢若彼之甚也，見賢人若此其肅也，是其所以爲靈公也。」狶韋曰：「夫靈公也死，卜葬於故墓不吉，卜葬於沙丘而吉。掘之數仞，得石槨焉，洗而視之，有銘焉，曰：『不馮其子，靈公奪而里之。』夫靈公之爲靈也久矣，之二人何足以識之！」〔註18〕

這也是一則在銘文上出現讖語的例子，孔子詢問太史大弢等人，爲何淫佚無道的衛靈公死後，諡號仍可以爲「靈」？大弢、伯常騫二人，一個以爲「靈」是無道者的諡號，一個則以爲靈公雖好女色，但是卻重賢人，所以諡爲「靈」；獨狶韋持不同看法，他舉靈公埋葬時卜地之事爲由，說明在挖掘墳地時，得到一上刻有銘文「不馮其子，靈公奪而里之」（意爲「子孫無能，不能保護此地，終將被靈公奪去埋葬於此」）的石槨，是天意早已顯示埋葬於此者，諡號必然爲「靈」，這也是預示未來的一種讖語形式。而在其後讖語的黃金時代漢朝，這一種刻讖語於物的形式頗爲盛行，一般造假讖語者多以此法行之，一方面可以顯示天命早有依歸，二方面也較書面資料容易僞造。

三、謠　諺

　　根據《爾雅・釋樂》的說法：「徒歌謂之謠」，而「諺」字據《說文》的看法是「傳言也」，段玉裁加以解釋：「傳言者，古語也。……經傳所稱之諺，無非前代故訓，而宋人作注，乃以俗語俗論當之，誤矣。」段氏此說僅以正統學術出發，其實大可不必，所謂的徒歌、傳言，原就不一定是聖人所作，但因其具有一定之思想意義或是啓發作用，所以被引用於典籍之中，更何況

〔註18〕《莊子・則陽》篇。

古代早有木鐸探詩之官，證明其價值並不會因爲本身爲「俗語俗論」而減低。韓非也曾指出「古無虛諺，不可不察也」，〔註19〕可見學者對於謠諺價值之肯定。

由於謠諺爲人性心聲之反映，且在傳播上佔有簡潔、音韻和諧等有利條件，所以往往爲讖語襲用其形式，同時謠諺本身又有意在言外的特性，正符合讖語「詭爲隱語」的需求，所以成爲歷代讖語傳播媒介之大宗，其數量極多，而且一般民間謠諺在許多次起兵造反的政權爭奪之中，都成爲心理戰的主要手段。古書中謠諺形式的讖語很多，以下略舉數例：

> 堯治天下五十年，不知天下治歟？不治歟？不知億兆之願戴已歟？不願戴已歟？顧問左右，左右不知。問外朝，外朝不知，問在野，在野不知。堯乃微服，游於康衢，聞兒童謠曰：「立我烝民，莫匪爾極。不識不知，順帝之則。」堯喜，問曰：「誰教爾爲此言？」童兒曰：「我聞之大夫。」問大夫。大夫曰：「古詩也。」堯還宮，召舜，因禪以天下，舜不辭而受之。〔註20〕

在此例中，堯原先以爲兒童所唱之童謠，爲民眾所自創，所以非常高興，但繼而發現只是大夫所教古已有之的古詩，於是心灰意冷，乃決定禪位於舜。姑且不論這與正史所載的禪位原因是否相符，但當政者對於謠諺反映民心的在意程度由此可見一斑。一般而言，歌謠與俗諺的區分可就其流傳方式來看，能歌者爲謠，不可歌者爲諺。諺通常只反映直接的感受，而謠則多隱有言外之意。

> 八月甲午，晉侯圍上揚。問於卜偃曰：「吾其濟乎？」對曰：「克之。」公曰：「何時？」對曰：「童謠云：『丙之晨，龍尾伏辰；均服振振，取虢之旂。鶉之賁賁，天策焞焞，火中成軍，虢公其奔。』其九月、十月之交乎！丙子旦，日在尾，月在策，鶉火中，必是時也。」冬，十二月丙子，朔，晉滅虢。虢公醜奔京師。師還，館于虞，遂襲虞，滅之。執虞公及其大夫井伯，以媵秦穆姬，而修虞祀，且歸其職貢於王。故書曰「晉人執虞公」，罪虞，公言易也。〔註21〕

卜偃在此根據當時民間兒童所唱的一首童謠預測未來，他以歌謠中所言之日期，預測晉軍大約在日月合朔之際，丙子日的清晨之時，可以擊敗虢國，後

〔註19〕《韓非子・姦劫弒臣》篇。
〔註20〕《列子・仲尼》篇。
〔註21〕《左傳・僖公五年》。

來果如其所預言。在這一則以童謠爲預測的讖語中，可以發現到其預言的形式及技巧上皆有所不同：首先是利用一則早已存在的歌謠進行預測，而非再有另外的占卜儀式或過程，以取得預言，這可以說是預言方法上的一大進步，它意味著讖語可以自行創作，並不需要再有什麼額外的技巧；第二則是運用到星象觀測的天文知識，在後期的緯書之中，以星象的運行來預測人事，已是緯書中的主要部分，而其濫觴或已早在春秋戰國階段，雖然此處的記載純粹是以天體運行的事實來推斷時間，與後世類似以「分野說」的勝剋之法不同，但運用到天文知識的預測方式，仍是讖緯思想發展的一個重要里程碑。到了後期秦漢之際，便出現了依星野思想所造作的讖語：

> 天鼓動，玉弩發，驚天下，賤類出，高將下。〔註22〕

天鼓是星名，在許多星占書中都指出它的出現主將有兵戎之災，而玉弩爲枉矢星座，正處於秦國的分野之中，被稱爲「兵精」，此段讖語意即預測天鼓、玉弩二星出現，天下將有戰爭，而其中的「賤類」是暗指秦始皇之出身不正，「高」則是指始皇的黨羽趙高將要下台，這些預言最後都得到了事實的驗證，但是若仔細考察則不難發現，這應該都是後見之明，因爲它的預測性質是建立在必然的事實之上：天體的運行有常，即使是明君在位，天鼓、玉弩星仍會運行出現，而至於希望早日消滅嬴政、趙高，則更是一般六國遺民的共同心願，談不上什麼預言成眞的性質，但是話說回來，讖緯的目的就是希望能達成眼前未能達成的目標，而只是受限於現實的環境，所以只能暫時托以迂怪的方法而已。

四、異 象

　　異象式的讖語形式，基本上只有讖的精神，但是卻沒有讖的實質，這一類型的預言大都需要另外由卜者來加以解釋，一般人是無法自行理解的，但也因爲如此，所以自由心證的程度極高，也因此許多造作的預兆，都是以此種方法爲主。大體而言，歷史上一些明君聖人出生時的異兆，已可算是讖語預示精神的一種反映，如商的始祖契、周的始祖棄等等都是，預言著這些人將來必有不同於凡人的成就，如《史記·周本紀》中記載武王首次出師伐紂時：

〔註22〕《尚書緯·帝命驗》。

> 武王渡河，中流白魚躍入王舟中，武王俯取以祭。既渡，有火自上
> 復于下，至于王屋，流爲烏，其色赤，其聲迫云。

這則記錄學者多有所爭議，有信者有不信者，姑且不論其是真是僞，但是記錄中的象徵及預示的意義濃厚，則是不容置疑的，而且其中已參雜有五行五色的思想，相信應是戰國階段的觀念滲入所致。其後歷來之起兵者，受到這種象徵類型的啓發，也多期待能有這種預兆出現，以鼓動人心，但如果預兆不至，則自創也無妨，《史記‧陳涉世家》中便有一個非常明確的例子，當時陳勝、吳廣決意以扶蘇、項燕之名爲號召起義，起義前兩人先行前往卜者處預卜吉凶：

> 卜者知其指意，曰：「足下事皆成有功，然足下卜之鬼乎？」陳勝、
> 吳廣喜念鬼，曰：「此教我先威衆耳。」乃丹書帛曰：「陳勝王」，置
> 入所罾魚腹中。卒買魚烹食，得魚腹中書，固以怪之矣。又間令吳
> 廣之次近所旁叢祠中，夜篝火，狐鳴呼曰：「陳勝王」，卒皆夜驚恐，
> 旦日，卒中往往語，皆指目陳勝。

至此陳勝的心理作戰已經成功，部卒都相信魚書狐鳴是真正的天意所示，因此兩人一呼百應，都隨之起兵造反。這一種自造預示讖語異兆的方法，陸續爲後人所襲用，在技巧上有時會加上文字，有時則只是一些特殊異象，如之後的劉邦斬白蛇起義，或是王莽篡漢自造銅符圖之類都是。總結來說，這種異象雖然不一定有文字的存在，但由於其目的也是要表現預示未來，仍可視爲讖語流傳的媒介之一。

五、圖讖、詩讖、詞讖

讖語的形式大都是透過文字，但是文字的記載有時需要使人推敲許久，而且較早期的讖語有時過於通俗，有時又過於艱澀，所以又有人想出以圖爲讖的方法來作讖語，這種圖讖最有名的即是《河圖》與《洛書》，據緯書中的記載，《河》《洛》二書都是由上天垂象所頒下的神意：

> 黃帝軒提象，配永循機，天地休通，五行期化，河出龍圖，洛出龜
> 書，曰戚（此二字疑衍）赤文象字，以授軒轅。〔註23〕

類似的說法還有：

〔註23〕 《尚書緯‧中候》。

黃帝（此二字疑衍）負圖，麟甲成字，從河中出付黃帝，令侍臣圖寫，以示天下。〔註24〕

黃帝得龍圖，中有璽章，文曰：「天皇符璽」。黃帝坐玄滬，與大司馬容光觀鳳凰銜圖，置黃帝前。

舜以太尉之號即天子，五年二月東巡狩至於中州，與三公諸侯臨觀于河，黃龍五采負圖出，至置舜前去，入水而前去。黃玉爲匣，長三尺，廣八寸，有戶，白玉爲檢，黃金爲繩，紫芝爲泥，封兩端曰：「天皇帝符璽」，鳥文。舜與大司空禹、臨侯博望等三十人集發圖，玄色，綈長三十二尺，中有七十二帝、地形之制、天文位度之差，藏之大麓。〔註25〕

這幾則記錄基本上都類似，說明了《河》《洛》出現的經過，其中文字或有雷同，或有互襲，證明緯書造作時彼此之間的延用性，但其中都共同提到有圖的存在，唯說明並非極其詳細，但未則所言其中很明顯地提到有古帝王的圖象、地圖、天文位置圖等三種內容，恰與今日我們所見的緯書書名有吻合之處，現存緯書有《河圖括地象》、《河圖始開圖》等，從書名看來都是有可能附圖的，但如今圖已亡失，而只存文字部分，我們雖然無法證明《春秋緯·運斗樞》中所指的圖書必然即爲這幾本緯書，但至少可證明在早期的緯書之中，確實是圖文並存的，只是今已不得見，而若大膽猜測其形制，則可能與《山海經》類似，事實上緯書之中即有與《山海經》類似之記錄，根據劉秀校《山海經》時所上之文來看，他認爲：

《山海經》者，出於唐堯之際，昔洪水洋溢，漫衍中國，民人失據，崎嶇於邱陵，巢於樹木。鯀既無功，而帝堯使禹繼之。禹乘四載，隨山刊木，定高山大川。益與伯夷主驅禽獸，命山川、類草木、別水土，四岳佐之，以周四方，逮人跡之所希至，及舟輿之所罕到，內別五方之山，外分八方之海，紀其珍寶奇物，異方之所生水土、草木、禽獸、昆蟲、麟鳳之所止，禎祥之所隱，及四海之外、絕域之國、殊類之人。〔註26〕

大體而言，《山海經》一書與緯書中《河圖》《洛書》的性質頗有接近之處，

〔註24〕《龍魚河圖》。
〔註25〕此二則俱見《春秋緯·運斗樞》。
〔註26〕劉秀〈校上《山海經》表〉。

首先據說其成書時代都約莫在堯舜階段，其次《山海經》與緯書的內容都一樣，多記迂怪之事，而且都有圖象為輔，《山海經》之圖今雖已亡佚，但至少在東晉時代還留存於世，陶潛〈讀山海經〉詩便有「流觀山海圖」句，可見《山海經》一書原文是有附圖的。而就內容而言，緯書更有可能是明顯鈔襲《山海經》，如《山海經‧西山經》有：

> 又西山百二十里曰嶓冢之山，……有草焉，其葉如蕙，其木如桔梗，
>
> 黑華而不實，名曰「骨容」，食之使人無子。

而《河圖‧括地象》則作：

> 嶓冢山上有異花草名「骨容」，食之無子。

另外《山海經‧西次三經》有「三危之山」、「鳥鼠同穴之山」，也在《河圖‧括地象》中出現，唯彼此之相對位置及敘述文句略有不同，由此可證明緯書的圖形是與《山海經》有著密不可分之關係。

當然證明了緯書中有圖存在，並不能等同於以圖為讖的事實，但是類似天文圖之類的圖形，與我國古代的星占之術絕對脫不了關係，而這些圖形本身即使本身不含有預言的作用，但其作為預言的輔助工具，則是絕對可以肯定的。

而到了後代，以圖為讖更成為部分預言書的一種固定形態，在敦煌便發現了《雲氣占》的古預言書，馬王堆漢墓也有「彗星圖」出土，這些都是以圖象為預言吉凶的圖讖，嗣後的圖讖書則以據稱為唐代李淳風與袁天綱共著的《推背圖》最為有名，下一章中將對此書另作介紹。

詩讖與詞讖是讖語中較特殊的一種，基本上可以分為兩個類型：其一為有意識的造作讖語，如呂望的《乾坤萬年歌》、邵雍的《梅花詩》十章、明代的《黃蘗禪師詩》等，都是以詩歌形式寫成的長篇詩讖；第二類通常是一種無意識的讖語，也就是文人無意中作出的詩詞文，之後卻成為事實，正是所謂的「昔日戲言身後事，今朝都到眼前來」。〔註27〕前一類型的長篇詩讖在下一章將另說明；而第二類型的作品，在文學史上頗為多見，以下略舉數例。

唐代古文大家韓愈，由於〈諫迎佛骨表〉一文得罪皇帝被貶潮陽，民間傳說韓愈在被貶之前，其外甥韓湘子渡化他為仙，但韓愈以凡心太重為由拒絕，韓湘子便以幻術生花，花瓣上有詩句曰：「雲橫秦嶺家何在？雪擁藍關馬

〔註27〕元稹〈遣悲懷〉詩之二：「昔日戲言身後事，今朝都到眼前來；衣裳已施行看
　　　盡，針線猶存未忍開。尚想舊情憐婢僕，也曾因夢送錢財；誠知此恨人人有，
　　　貧賤夫妻百事哀！」。

不前」，〔註28〕當時韓愈不得其解，後來被貶潮陽，路過藍關之時天降大雪，馬不得前，韓愈才明瞭當時之詩，實爲今日處境之讖語，這雖然只是小說家藉韓愈之詩來加以附會，但卻是詩讖的一種標準格式。

《世說新語・仇隙》篇另外記錄了一詩讖之例，當時詩人潘岳在八王之亂中因爲得罪小人孫秀，被捕下獄並判處死刑；而當時的豪富石崇也因孫秀欲奪其愛妾綠珠而被捕，兩人最後並於同一天被送至刑場受刑。而潘岳曾寫贈石崇一首詩，詩中言：「投分寄石友，白首同所歸」，〔註29〕本來只是要表示兩人之間的深厚情誼，沒想到卻成爲同赴黃泉的讖語。北宋詞人秦觀作過一闕詞〈好事近〉，內文作：

　　山露雨添花，花動一山春色。行到小溪深處，有黃鸝千百。飛雲當
　　面化龍蛇，夭嬌轉空碧。醉臥古藤陰下，了不知南北。〔註30〕

秦觀在元祐黨爭中受新黨排擠，而被貶至廣東一帶，後於哲宗元符三年遇赦放還，在回程中至藤州（廣西藤縣）暫歇，結果於酒後臥於古藤陰下逝世，正與他的詞作不謀而合。

詩詞之讖在文學史上實在太多，清代長篇小說《紅樓夢》中，有關金陵十二金釵的遭遇，透過曹雪芹的詩讖烘托，更是爲人所津津樂道，不再多作詳述。

讖語是讖緯思想的主幹，藉由這種「詭爲隱語，預決吉凶」的文字，提供給人們趨吉避凶的機會，但由於這些隱語本身往往牽涉到政治，所以在技巧上使得造作者不得不更加小心，以免得罪當道，而招致殺身之禍，所以在形式以及運用的媒介上有了更多文字之外的變化，同時也由於文明現象的逐步複雜，所以其所呈現的事件也越來越多，但無論是技巧上的進步，或是傳播媒介的改變，其預示未來的本質則仍舊一致。

〔註28〕韓愈〈左遷至藍關示侄孫湘〉詩：「一封朝奏九重天，夕貶潮陽路八千，本爲聖明除弊政，敢將衰朽惜殘年？雲橫秦嶺家何在？雪擁藍關馬不前！知汝遠來應有意，好收吾骨瘴江邊。」。

〔註29〕此詩見《漢魏六朝百三家集・潘黃門集》，題作〈金谷集作詩〉，原詩：「王生和鼎實，石子鎮海沂，親友各言邁，中心悵有違，何以敘離思，攜手游郊畿，朝發晉京陽，夕次金谷湄，迴谿縈曲阻，峻阪路咸迤，綠池泛淡淡，青柳何依依，濫泉龍鱗瀾，激波連珠揮，前庭樹沙棠，後園植烏椑，靈圃繁石榴，茂林列芳梨，飲至臨華沼，遷坐登龍坻，玄醴染朱顏，但愬杯行遲，揚桴撫靈鼓，簫管清且悲，春榮誰不慕？歲寒良獨希，投分寄石友，白首同所歸。」。

〔註30〕原詞見秦觀《淮海長短句》，卷下。

第三章　讖緯思想與其他文化模式之交涉與互動

第一節　讖緯與巫術

　　基本而言，讖緯與巫術的關係乃是建立在彼此對於文字的運用方法接近，同時二者都相信能夠藉由文字傳達某些神秘意義此一共同點上；讖緯的表現方法為「詭為隱語，預決吉凶」，而巫術信仰則建立在於追求未知，或是以已知來改變未知的方法上，這二者由於其目標大體一致，所以當任何一方能有較好的方法達到目標時，另一方跟進採用，便成為天經地義的事。巫術行為由來已久，而讖緯則為後起的思想，但是由於讖緯本身走入廟堂，以依附顯學為其發展途徑，所以反而有後來居上的態勢，但在民間則由於巫者的推動，巫術本身仍較佔上風。

　　在觀察讖緯與巫術二者的發展過程中，我們可以很明白地發現：此二者雖然有競爭的局面，但其基本內涵卻又以互補的成份居高，之所以有這種情形發生，其原因大約不外以下兩點：

　　首先，由於語言文字是在巫術行為中召喚鬼神的主要工具，但若以平淡無奇的語言文字，是否就能足以召喚得高明的鬼神，不無疑問；而且語言文字平淡無奇，顯然不足以彰顯巫術的神秘性，同時也降低了施行巫術者的崇高地位，所以以近似讖緯「隱晦不明、神秘難測」之語言文字（咒語符籙），來強化信眾對於巫術行為本身的信心，就確有其必要性，而這也正是讖緯文

字的主要特色。

其次，若只是空有語言文字存在的讖緯語言，由於無法以實物或是行為來驗證它的說法，如果不依附於一確定的巫術行為之上，則也不具備機動性與感染力，亦即在可預期的將來，會由於傳佈的效應減弱，而與時俱滅，所以結合實例與理論的方法，便成為觀察讖緯與巫術發展過程中是否互有互惠，且互相利用的認定標準，而巫術行為正是讖緯發展的最佳憑藉。故綜合此二者可以得知，巫術行為與讖緯思想，表面上似乎各自擁有不同的領域，但事實上卻是在一個提供觀念，一個提供儀式的前提下，維持一定程度的融合。

一、圖　騰

有了如上的兩個了解之後，對於巫術與讖緯的關係已有一初步的認知，而二者彼此間關係建立的最早事實，莫過於遠古流傳下來的圖騰符號與讖緯間的關係；圖騰文化是遠古巫術中很值得討論的一種現象，對於圖騰的象徵意義，學者所持意見同中有異，大致可以分為四大類意見，分別為：一、圖騰文化是一種宗教信仰；二、圖騰文化是一種半社會半宗教的文化現象；三、圖騰文化是一種社會組織制度或文化制度；四、圖騰文化是一種社會意識形態。〔註1〕姑且不論這四大類型意見中的差異部分，其相同點都在於相信圖騰是文明中的一個重要文化現象，它有氏族的象徵意義，也具有宗教雛形，有文明發展的正面方向，也有神秘文化的陰影存在。

不論圖騰制最早創造出來的意義是否僅限於這些，但就創造圖騰的方法上來看，可以看到作為圖騰的內容包羅萬象：包含了動物、植物、物件、天象等。而在觀察圖騰所選用的內容中，可以發現一個重要現象：也就是越後期的圖騰其形象越複雜，其圖騰形制也往往混雜了許多種的圖騰物，不再如早期的圖騰那樣單純，但其構成之方式及意義雖越形複雜，然而其線條圖紋卻可能是為了容納更多意義的緣故，所以反而有簡化的趨向，甚至於只取某種象徵物的某一部份特色，作為整體圖騰的一個組成元素而已；這個現象除了證明氏族的兼併與繼承外，也說明了由於與外界的接觸日廣，使得該氏族的文明正在累積進步之中，而這些意義包含更廣的圖騰紋飾，也是後代文字

〔註1〕《中國圖騰文化》，頁29。

發展的部分前沿。在今存的甲骨文中，有些文字具有「繁飾」現象，這些在文字之外所加上的飾文，應是一種氏族的符號象徵，或許這些飾文並不足以稱之為圖騰，但是它具有象徵族群或國家的符號意義，則與圖騰的產生背景是一致的；也因此圖騰與文字或飾文與文字的關係可由此確立，進而當文字成為一種預知的媒介系統時，與圖騰不可離的神秘性，也同樣傳承予文字，進而成為讖緯思想中的部份思考架構。

　　當文明發展到達一定程度時，類似雛形文字的原始符號系統便開始出現，這些原始符號，在經過一段時間的合併、轉化、修正、認同的過程之後，便成為今日文字的始祖──象形文字。我國的許多古文化遺跡中，許多陶器上都有一些幾何式的圖紋，這些圖紋與原始圖騰的關係非常密切，圖紋本身被簡化為一種抽象式的圖騰符號，而其用途也不僅只限於氏族的精神象徵，它還兼具了部分的審美與實用的效果，而在其實用效果部分，也就是今日文字的先聲。〔註2〕以下選取西安半坡文化與馬家窰遺址、廟底溝文化所出土的陶器圖變演變為例，以說明此一現象。〔註3〕

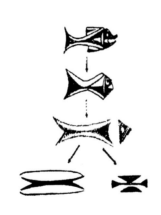

半坡魚紋復合演化推演圖

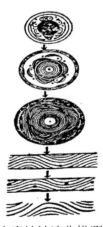

馬家窟蛙紋演化推測圖

廟底溝鳥紋演化推測圖

〔註2〕此種推斷僅適用於使用表意文字的文明，至於拼音文字的文明，並非沒有圖騰文化現象，但在發展的路上偏向審美而非實用。

〔註3〕同註1，頁146、147。

在圖紋當中，可以明顯看出圖紋由寫實進化到較爲抽象的過程，雖然不能因此就推定文字的發展全是依著圖騰而來，但是神秘的圖騰符號與文字發展之間千絲萬縷的密切關係，則是不能否認的。當部份的圖騰由具象轉化爲較抽象的文字之後，文字與圖象之間的關係也告確立：文字除了繼承圖象的造形、線條、結構等形體之外，它也繼承了這些圖象在圖騰時期的神祕意義，所以當讖緯思想發展伊始，以圖象作爲部分內容的資料也出現了，有不少的緯書直接以「圖」字爲其書名，即爲其明證，只可惜因爲流傳的關係，今日已不得見，但在後期繼承讖緯觀念的書籍中，此事實便舉目可見，例如道藏中有爲數極多的符籙經典，符籙的意義有一部分是繼承自讖緯預言的特色，而這些符籙本身的形體結構，又多爲轉化文字形體而來，此種轉化的原理與當初由圖騰符號轉爲象形文字的過程，正好是如倒帶重播一樣，是由文字反轉化爲圖象。因此我們可以說，圖騰現象在其具神祕意義的形體及表意兩部分，已爲讖緯現象所繼承，雖然讖緯的後期發展已偏重於文字形體之外的表意功能，但追究讖緯思想發展的初期時，讖緯繼承圖騰神秘性的事實則是不能否認的。

二、測　字

讖緯的發展由先秦階段就已開始，當時雖無讖緯之名但卻有讖緯之實，第一章中引用《史記》所談到的記錄裡，最有名的莫過於「亡秦者胡」此一預言，事實上這一種含糊難明的預言文字正是讖緯文字的特色：它並不以直接、決斷、明確的方法來說明未來將發生的事，相反地卻儘量以不確定、多樣性解釋的文字來故弄玄虛，這一方面自然是由於預知的不可靠性，但也與語言文字本身的多歧異性有關。

讖緯之中，以分解離析文字或是創造語意難定的預言式記錄很多，例如：

亡秦者胡。（《易緯‧通卦驗》）

卯金出軫，握命孔符。（《尚書緯‧帝命期》）

其人日角龍顏，姓卯金刀，含仁義。（《春秋緯‧孔演圖》）

西北爲王，期在甲子。（《古微書‧尚書緯‧帝命驗》註引《宋書》讖語）

刑字從刀從井，井以飲人，人入井爭水，陷於泉，以刀守之，割其情，欲人畏慎以全命也，故字從刀從井也。（《春秋緯‧元命苞》）

這些都是讖緯之中類似預言式的文字記錄，也運用了分解文字或是預言未來的文字模式，而在後代，許多預言者便借用此種方法來說解人生，其主要方法便是一般所俗稱的「測字」或是「解字」，這一種巫術行為在我國由來已久，其且可以說大師輩出，但是其真實性與準確性，可能都要打些折扣；然而為什麼人們會去相信文字本身具有預示未來的能力呢？以下提出四個討論的方向，其一為文字發生的心理因素：

就心理學上的研究可以得知，人類思考的發展順序是由思想進而語言進而文字，也就是說先有了某一種觀念，為了表述這一種觀念，所以發展出來語言來加以描述，但由於語言具有損失性（傳遞損失）低流傳性（受時空限制）等缺點，於是進而發展出一種可長久流傳的符號系統，也就是文字；文字雖然由於人們對於事物的觀察角度各有不同，而對於同一事物的形體有不同描繪，但是基本上在同一個文化區域中，最後多數會透過某種力量的整合（通常是政治力）而定於一尊，而當文字形制固定後，它便繼承了語言的一個重要功能，也就是表述這一世界，語言學者對於語言的發展有許多不同的看法，不論是摹聲說或是手勢說、勞動說都有其部分的正確與盲點同時存在，但這些說法其實所提供的只是「語言是由什麼轉變而來？」並非解釋了「語言是什麼？」，對於後者，在此採用最為一般學者所接受的看法，也就是「語言是一種交際的符號」，學者指出：

> 交往是社會組織和社會行為的基本過程，因為社會行為本身的定義就是由同種動物其他成員所激起的，或對同種的其他成員有影響的活動。〔註4〕

> 人類的語言不只是動物表達方式的一種改進而已，它是完全不同的另一種類，它隔開了人和禽獸，在二者之間，劃下了一道無法踰越的鴻溝。〔註5〕

> 人類的語言同低等動物的簡單釋放性刺激和固定的行為模式不同，它是千變萬化的符號系統，同人類其他社會活動相互關聯。凝聚在人類這些基本活動中的交際力量，使得人類能夠組織起最複雜的共同體——社會，並使之不斷向前發展。〔註6〕

〔註4〕 《符號：語言與藝術》，頁7。
〔註5〕 《語言遊戲》，頁8。
〔註6〕 同註4，頁2。

綜合這三者的說法，我們可以得出一個初步的結論：也就是語言本身的發展目標在於反映人類本身的社會行為，此處所謂的社會行為包含了一切的判斷、慾望、情感、喜怒哀樂等等心理與生理的現象反映，同時這些現象都具有一定的共通性，也就是不會只僅僅發生在某一個人的身上，而是為社會上的人們所能共同體會感觸的，這樣的體會由於無法僅藉由思考來傳遞，所以便開始發展出語言來加以描繪，也因此語言所具有的交際特性是無庸置疑的；但也要指出的是：不同語言團體的人，看待不同的語言團體所製造出的語言時，必然會有不同的感受，例如東西方文化中對於「龍」一詞便有截然不同的認知，這是由於不同的文化背景，不同的語言可能會運用不同的語詞心理元素來傳遞訊息，所以其傳遞的相同語詞受限於文化的發展，而產生了不同的語言判斷觀點，但是語言發展的根本道理則必然一致。亞里斯多德曾經明白指出：「口語是心靈的經驗符號，而文字則是口語的符號。」因此基於以上的數點論證，我們可以得出「文字繼承語言經驗」的結論，而既然語言經驗能夠傳遞給文字，則文字本身也必然擁有一些語言的特性，前面已提到，語言是用來描述與建構世界的一種工具，學者指出：「我們的語言也就是我們的歷史」，〔註7〕而更確切地說：

> 人是一種社會存在。人類的發展和文明的生長的主要推動是幾項基本活動的過程：發現火，畜養動物，勞動分工；而在這一切之上的，則是接受、交流、記載知識的方法的進化過程，尤其是有聲文字的發展。低等動物是以一種即時即刻的有限方式來應付它們的環境；高等動物則具有不同等級的學習能力，它們的行動受到過去經驗的影響。人類把這種能力發展到最顯著的地步──能給一個敵對的世界命名，並且擁有了說和寫的無比力量。〔註8〕

當然語言本身為世界命名，並不影響真實世界的物理性存在。莎士比亞便曾經說過：「名字代表了什麼？我們稱之為『玫瑰』的東西，若冠以其它名字，聞起來依舊芳香。」但是對於世界的命名，卻提供了一定程度的安全感，在許多的落後民族中，個人的名字是一個重要的秘密，不可輕易為外人道，原因無他，因為這些民族相信名字具有一定的神聖力量，如果名字為外人所知，自身便容易受到傷害，此即為弗雷澤所謂的「交感巫術」；這一種對於名

〔註 7〕同註4，頁4。
〔註 8〕同註4，頁2。

字的重視在世界各地都有，只是信仰程度的深淺不同而已；聖經中也時常有
「呼喚我（上帝）的名，就必能得救」之類的說法，在在都證明了語言的神
力，只要掌握了語言，就等於掌握了一定的力量；而文字爲繼承語言而來，
所以同樣也可以順理成章地繼承語言的魔力，也因此我們不難發現，讖緯之
所以利用這種分合文字的模式來傳遞神意，事實上其背後有頗爲深刻的心理
因素，不容我們輕忽。

　　其二爲相信文字擁有與生俱來的魔力：在前文中已指出語言是人類認識
世界、建構世界的重要工具，文字記錄語言，也同時繼承此一力量，但有些
民族更直接相信文字本身即具有魔力。在西方，文字也是一種神祕的象徵：「希
伯萊人奉人類始祖亞當爲字母的創造者、腓尼基人奉 Cadmus 神爲字母的創造
者、諾爾斯人奉 Odin 神爲 Rune 字母的創造者。」〔註9〕凡是造字者都具有神
格；而在我國的造字傳說中，文字也是由聖人所發明的，《易·繫辭》說：「上
古結繩而治，後世聖人易之以書契」，到戰國階段，多數學者皆以爲此聖人即
倉頡，如《倉頡篇》、《韓非子·五蠹》篇、《呂氏春秋·君守》篇等，《淮南
子·修務訓》也抱持同一觀點。此後有關造字者倉頡的傳說越來越多，從早
期《說文解字》的見鳥獸足跡而初造書契的「黃帝之史」，到後期成爲《三才
圖會·人物卷四》所說的：

　　　倉頡生而四目，軒轅時建左右史以記言動，倉頡詛誦，實當其任，
　　　始因鳥跡而作字，天爲雨粟，鬼爲夜哭，世人遂稱字從頡制。

倉頡至此成爲神人，而其創造的文字也具有使「天雨粟，鬼夜哭」的神奇魔
力；其間的發展雖說看來突兀，然而事實卻是有跡可循的：就世界各民族的
文化發展歷史加以觀察，許多文明的早期文字，都被相信是具有魔力，如：

　　　古埃及人相信，托特神創造了文字，將它賜給人類。後世用來指
　　　稱古埃及文字的「象形文字」（hierogiyphe）一詞，源於希臘語，
　　　由 hieros（神聖的）和 gluphein（銘刻）二詞合成，意思是「神的
　　　文字」。〔註10〕

　　　「文字」一詞原就具有宗教意味。當基督徒提到 "Eritures" 一詞（在
　　　英文爲 "Scriptures"，字面意義是「文字」或「書寫」）時，他們指
　　　的當然是《聖經》。同樣，《可蘭經》也來自眞主的啓示，出自先知的

〔註9〕　《中華測字術》，頁30。
〔註10〕　《文字與書寫·思想的符號》，頁27。

手筆，被視爲「阿拉的文字」；換句話說，也是「神的文字」。〔註11〕
而文字最初都是掌握在貴族或是帝王手中：

> 古埃及象形文字確實是「神的文字」。一般說來，凡文獻中出現神名
> 或法老名（法老也被視爲神）之處，便在名字周圍畫上特殊裝飾記號
> （可稱作「邊飾」）。這樣，這些名詞的神聖性質便一望而知。〔註12〕

一般人如果能掌握書寫技術，則可能與貴族相抗衡：

> 在埃及能夠讀、寫象形文字，就等於享有恩寵，擁有權力。……書
> 寫者構成了一個有權勢的社會集團。由於擁有書寫技能，他們的權
> 勢有時竟與法老不相上下。〔註13〕

同樣的現象在我國也多見，殷商卜辭中便常有帝王親自占卜的例子，例如：

> 癸巳卜，設貞：旬亡禍？王占曰：有祟其有來艱，迄至五日丁酉允
> 有來艱自西，沚戛告曰：土方征於我東鄙戈二邑。工方亦侵我西鄙
> 田。
>
> 貞：翌辛丑不其啓？王占曰：今夕其雨，辛丑雨，啓。之夕允雨，
> 辛丑啓。
>
> 王占曰：有祟，其有來艱。迄至九日辛卯允有來艱自北，☐敏妾告：
> 土方侵我田十人。〔註14〕

帝王不但擁有政治地位，也是一個信仰的領導中心，因此當政治力與信仰結
合之際，掌控在他們手中的文字便成爲一個強而有力的工具：文字上可交通
天神，下可教化庶民，再加上民智未開，巫術盛行，一般民眾都認同造字者
或用字者既然具有神格，則他所創造或使用的工具，無庸置疑地也一定具有
相當的力量，也因此使得文字具有特殊力量的觀念，更是深入人心，因而進
一步強化了讖緯的預言或是測字可信的心理基礎。

其三則由漢字形體的發展過程來看，基本上中國文字是由陶文、而甲金
文、而籀、而篆、而隸、而楷，在這一過程中，文字在繁與簡、認同與創新
的衝擊下，經歷過許多形體上的變化，其發展過程雖然無法明確得知，但是
它逐漸由象形轉化而爲抽象，則是一個不爭的事實。不過早期的文字符號，

〔註11〕同註10，頁56。
〔註12〕同註10，頁28。
〔註13〕同註10，頁39、40。
〔註14〕此三片甲文分別見於《殷墟書契菁華・2・8・3》，文字隸定則依《殷墟甲骨
文引論》，頁195。

由於數量較少，並以摹傚真實事物的形象為主，同時造字者的邏輯表意能力較弱，所以除了可能會因對事物的觀察角度不同，而有「同物異字」的困擾產生外，大體上仍能相互區別；但是當文明發展越進步，生活中的抽象意念也越來越多，造字者非一，文字數量也增多，此時所創造出的文字便是人言言殊，各執一形了，由於有了同物異字的困擾，因此便開始有要求統一的呼聲出現，倉頡理應就是一個遠古時代的文字形體裁決者，他將同樣意義卻不同形體的文字加以整合整理，再提出一個共同的形體標準，使文字結構大體趨於統一；而在秦代由於「書同文」政策的推行，更使得文字形體逐步一致化。嗣後六書的觀念更加發達，但也使文字之意義相形複雜；同時由於文字系統本身為一種社會符號，社會符號要在人類的腦中產生相對的意義，則必需經過學習的過程，於是一些教育人們學習文字的方法便開始出現，這些方法對於文字發展的源流及原義往往無法正確掌握，多數只是見字拆字，對於記憶字形或有幫助，但對於字義之理解，有時反而成為一種戕害，這種情況在漢代已明顯發生，許慎的《說文解字‧序》中便談到，當時已有學者對時人在文字結構方面的錯誤認知提出批評：

> 而世人大共非訾，以為好奇者也，故詭更正文，鄉壁虛造不可知之書，變亂常形以燿於世，諸生競逐說字解經誼，稱秦之隸書為倉頡時書，云父子相傳何得改異？乃猥曰：「馬頭人為長」、「人持十為斗」、「虫者屈中也」，廷尉說律至以字斷法。苛人受錢苛之字止句也。

《漢書‧藝文志》也說：

> 古制，書必同文，不知則闕，問諸故老，至於衰世，是非無正，人用其私。

> 後世經傳既已乖離，博學者又不思多聞闕疑之義，而務碎義逃難，便辭巧說，破壞形體。

此處班固所言的「碎義逃難，破壞形體」，是離析文字的事實，也由於此，提供了測字時藉由分解文字以神化其言的先聲。但離析字形仍不失為學習字形的有效方法，宋代王安石作《字說》一書，便幾乎全部採用此種離析文字，望文生義的方法來解讀文義，此種分析文字的方法，在記憶文字形體上確有幫助，同時部份的會意字，如「人言為信、止戈為武」等字，以離析文字之法加以分解，也確實能夠掌握造字之本義，所以雖然以這種方法來求取文

義，常有強作解人之嫌，但仍不宜全然輕廢；直到如今人們仍常使用此種方法來說明文字，如介紹姓氏時常以「立早章、二馬馮、口天吳、雙木林、木子李」等來說明，證明其存在仍具有一定之意義，而這種分解文字結構的觀念，也是讖緯或測字分解字形以預測未來的心理基礎。

其四則是由中國文字的造字方法來談；中國文字在象形、指事之後，發展出會意、形聲、轉注、假借等幾種方法，由於中國文字一直以表意文字為發展方向，所以造字的方法遠比西方的拼音文字來得複雜，而且這些方法的重要特色，就是可以組合原有的文字形體再造新字或直接以舊字賦予新義，也因此後世以測字為業的巫者，其解字的方法大體不離以六書為根本的分析方式，以下舉一則測字之例以作說明：

> （蔡）茂初在廣漢，夢坐大殿，極上有三穗禾，茂跳取之，得其中穗，輒復失之。以問主簿郭賀，賀離席慶曰：「大殿者，官府之形象也。極而有禾，人臣之上祿也。取中穗，是中台之位也。於字『禾』『失』為『秩』，雖曰失之，乃所以得祿秩也。袞職有闕，君其補之。」旬月而茂徵焉，乃辟賀為掾。〔註15〕

郭賀析析蔡茂的夢，所用之方法即為會意法，再加上一些對於現實事物的自由聯想所得出的結果；由於中國文字具有組合之特性，而分解後也往往各字仍具有一獨立之意義，所以可以提供比起原字更多的想像空間，在離析與重組的過程中，自由心證可能是其唯一的法則，但也由於這種文字分解與重組後所呈現的多義性，使得人們更信任文字本身所可能具有的魔力，進而信任據此所創作出的結果，而這也可說是讖緯之所以能生存綿延的主因。

當然測字之術能夠流傳千年，決不能只是靠一時的偶中，或是離析重組文字便可以得到這樣的成就，事實上有不少的術士為了增強民眾的信心，還為測字術定下解析之理論，在史上較有名的如清代程省所著的《測字秘牒》一書，便以「裝頭、接腳、穿心、包籠、破解、添筆、減筆、對關、摘字、觀梅」等十種方法為測字的基本入門，同時他又根據六書的法則，定出所謂的「心易六法」，提供對於解字的輔助方式；大體而言，測字、解字和一般的血型、紫微、星座、四柱等等預知未來的方法都屬於統計學的一種：它們透過對於大量現象的觀察，歸納出一個概括的結果，同時再加上術士對於問卜者情緒的臨場判斷來加以解說，基本上這些術士的角色頗近於現代的心理輔

〔註15〕《後漢書‧伏侯宋蔡馮趙牟韋列傳》。

導工作者，只是在方法和技巧上多披上一件神祕的外衣而已。在此我們無意也不能對於測字、解字的正確性，作一科學性的論證，究竟解字是真有其事，或只是後見之明，不在本文的討論範圍之內；但是對於巫術行為中，與讖緯的解析如此近似的方法，則適足以提供對於讖緯的進一步認識，而這也正是研究解字、測字如何與為何繼承發揚讖緯之目標。〔註16〕

三、讖緯與預言書

讖緯由於主要以運用文字的歧異與神祕性為表現方式，所以除了讖緯書籍本身的記錄之外，對於一般民間巫術信仰也具有一定的啟發性，其中流行於民間的預言書，其形式幾乎與讖緯之神祕部分內容無別，可以說是相對於依附經書的讖緯書籍草莽版，這些預言書的作者觀察到讖緯的存在形式及條件，對於民間巫術的推動有著相當程度的幫助後，便開始努力製造這一類型的文字資料；而正如首章中所曾提過的：這一類型的預言文字，由於其本身的不確定性太高，所以如果出自默默無名的人所作，往往得不到重視，所以原作者多因此以託古或是依附聖人為作者，以作為促使其流傳之不二法門，這又與讖緯書籍流傳的現象不謀而合。

在此對於「預言書」的定義，在於要求應該包含有預言的方法以及預言的內容，同時應有完整形式流傳為標準，所以早期甲骨文的卜辭以及史料文獻中的片斷記錄，雖然在方法以及內容上都符合預言的標準，但終究未成專門書籍流傳，而且由於其時代久遠，內容不易了解，在此不列入討論。依此標準，以下選出《易經》等六書為例加以說明，以見讖緯與預言書間之關係。

〔註16〕嗣後，又有人發明了計算漢字的筆畫數目，再配合爻辭來解析未來的預測法，此法記載於稱為邵雍所作之《易數・一撮金》，唯此書未見載於藝文目錄之上，當為後世寄託於邵雍之偽作。其方法如下：「此法以楷書字，數其筆畫，以起數得卦。須要誠心祈禱，隨其所占，信手寫二字。數其筆畫。即一點一撇亦算。乾一、兌二、離三、震四、巽五、坎六、艮七、坤八，九復起乾，十復起兌，餘仿此。上字為內卦，下字為外卦，合二字之畫並成一卦。即以總數六除取爻：如剩一數是初爻，剩二數是二爻，餘仿此。乃以爻訣斷之，無不奇中，不可再占。」這種測字的方法，基本上是將《易》的取卦由「三變」「四營」簡化為，由兩個字的筆畫數便可以得出一卦，是否真能「無不奇中」，不無疑問，但若就其使用之方法來看，亦可視為解析文字以卜測吉凶的另一種變形，只是此方法是將對於文字本身力量的信仰，轉化為對於「數」的信仰，其本質上仍有類似之處，姑列於此，以供參考。

其中《易經》的性質較為人所爭議，誠然《易經》一書之學術地位不與一般預言書同列，但是就其形式及內容來看，其具有一切預言書應有的條件也是事實，同時《易》卜更是我國許多占卜方法之本，因此列為預言書之首，以見其在預言方法上之代表地位。

（一）《易經》

中國的預言書以《易經》為其濫觴，此書可以說是我國預言書之始祖，說它給予讖緯作者仿作之啟示也許也不為過，但《易經》的預言方式與我們今日所認知的預言有一些差別：因為《易經》所提供的內容並不是一件未發生事物的必然結果，它只是說明一個原則，提出一些分析方法，必須由占卜者自行針對現實的條件來加以詮釋，而非僅是呈現一成不變的結果而已，正如〈繫辭上〉所說的：「君子居則觀其象而現其辭，動則觀其變而玩其占」，解卦過程中對於卦象、爻辭、爻位、卦序等的分析都沒有一個完全不變的定律存在，也因此它的可塑性相對提高，它的解釋可以根據不同的時空背景，適時地加以調整，也因此雖然它的解釋頗為深奧難解，但是它的預言之延續性並不會因為時代的變動而有所減損，而這一點也是後代希望繼承《易經》預決吉凶特色的讖緯所最為期待的成就。

但是分析《易經》最初作者的企圖，是否就是為了預言而作，這個問題不無爭議，基本上來說，《易經》雖然有各種的卦象，但它的指涉性其實相當含混，而且其卦爻辭句也頗為艱澀，一方面是否全然符合當時作卦者之本意，二方面其內容艱澀也非一般人所能理解，所以對於其寫作目標，並不一定要將其定位在預言吉凶之上，相反地它更有可能只是作者或編纂者對於自然與人，或是人與人之間關係的一種新體認，而希望能夠藉由描繪卦象的變化，來說明人與自然以及人與人之間所應有的相處之道；在〈繫辭上〉中曾說：

> 《易》有聖人之道四焉：以言者尚其辭，以動者尚其變，以制器者尚其象，以卜者尚其占。是以君子將有為也，將有行也，問焉而以言，其受命也如響。無有遠近幽深，遂知來物。非天下之至精，其孰能與於此？參伍以變，錯綜其數，通其變，遂成天地之文；極其數，遂定天下之象。非天下之至變，其孰能與於此？《易》無思也，無為也，寂然不動，感而遂通天下之故。非天下之至神，其孰能與於此？夫《易》，聖人之所以極深而研幾也。唯深也，故能通天下之

志；唯幾也，故能成天下之務；唯神也，故不疾而速，不行而至。

子曰：「《易》有聖人之道四焉」者，此之謂也。

此處明白指出，《易經》之中所具有聖人追求的真理有四：注重說理者重視其中的文辭修飾；行動者則留心其卦象說解等等變化；製作器物的人注意其卦象的象徵意義；而占卜人則重視其預測未來的卜筮方法；而即便《易經》可以配合不同情況的各種需要，但它本身卻是「受命也如響」，亦即不叩不鳴；而若能貫通其內容，則能「成天下之文，定天下之象」，但它的本身卻永遠「無思無為，寂然不動」，只有待聖人去理解去發掘，才能尋得《易經》的真理所在。這段話乍看來說得有些神乎其書，但事實上《易經》卻真是如此的一部書，它提供了許多的解釋，在不同的時空背景下都能夠自在的適時轉換，而且具有相對的穩定性以及包容性；而且它還強調《易經》具有內質的客觀程度，它的卦象事實上都配合著整個宇宙運行的法則，雖然要透過占卜者來解說，但卻不是依著占卜者的意志，而是過占卜者來傳達真實宇宙存在的理念與法則，這與後期的預言書有著極大的不同。但是由於《易經》的內文奧義，畢竟與後期讖緯要求有雖含混卻仍具有能依類聯想的性質有所不同，因此我們對於《易經》的預言性質，在此只認同其提供了後代讖緯書內容一個重要的觀念來源，但在預言的技術層次上而言，則讖緯是自創一格的。

緯書中承襲《易經》思想的部分，主要是以雜抄《易經》內容及思想為主，以下略以傳世《易緯》八種之內容述其大概：〔註17〕

《易經·乾坤鑿度》

其書分上下文，各為一篇，上篇論四門四正，取象取物，以致卦爻著策之數，下篇謂坤有十性，而推及於蕩配、陵配、又雜引《萬形經》、《制靈經》、《著成經》、《含靈孕》諸緯。文辭多聱牙不易曉。

《易經·稽覽圖》

其書首言卦氣起中孚，而以坎離震兌為四正卦，六十卦卦主六日七分，又以自復至坤十二卦為消息，餘雜卦主公卿大夫，候風雨寒溫以為徵應。

《易緯·辨終備》

今《永樂大典》所載僅寥寥數十言，已非完本，且其文頗近《是類謀》，而《史記正義》所引《中備》孔子與子貢言世應之說，與此反

〔註17〕以下引文俱見《四庫全書·經部·易類》提要。

不類，或其書先佚，而後人雜取他緯以成之者，亦未可定也。

《易緯・乾鑿度》

於《易》旨有所發明，較他緯獨爲醇正。……漢魏以降，言《易》、《老》者皆宗而明之。

《易緯・通卦驗》

此本卷帙不分，核其文義，似於人主動而得天下之道，則萬物之精盡矣；以上爲上卷。曰：凡易八卦之氣，驗應各如其法度，以下爲下卷。上明稽應之理，下言卦氣之徵驗也。

《易緯・乾元序制記》

疑本古緯所無，而後人於各緯中分析以成此書。

《易緯・是類謀》

其間多言機祥推驗，並及於姓輔名號之說，與《乾鑿度》所引《易歷》者相發明；而《隋書・律曆志》載周太史上士馬顯所上表，亦有玉羊金雞之語，則此書固自隋以前言術數者所必及也。

《易緯・坤靈圖》

今僅存論乾元妄大畜卦詞，及史注所引「日月連壁」數語。

從以上對於《易緯》諸書內容的大致介紹，可以看出有些書可能是以雜集其他諸緯而成，或是已成斷簡殘篇，語焉不詳。就現存較完整之諸書內容來看，多以發揚《易》之基本知識或是《易》之大義爲主，例如解釋卦象制作之意義及卦爻之數：

物有始有壯有究，故三畫而成乾，乾坤相並俱生，物有陰陽，因而重之，故六畫而成卦。三畫已下爲地，四畫已上爲天，物感以動，類相應也。……，八卦之生物也，畫六爻之移氣，周而從卦，八卦數二十四，以生陰陽，衍之皆合之於度量，陽析九，陰析六，陰陽之析各百九十二，以四時乘之八而周，三十二而大周，三百八十四爻，萬一千五百二十析也。故卦當歲，爻當月，析當日，大衍之數必五十，以成變化，而行鬼神也。〔註18〕

又有解釋古文八卦及今文八卦之原始意義，〔註19〕如釋古文八卦之「坎卦」爲：

〔註18〕《易緯・乾鑿度》。

〔註19〕以下引文俱見《易緯・乾坤鑿度》。

☵，古坎字，水情內剛外柔，性下不上，恆附於氣也，大理在天潢篇。

釋「雷卦」爲：

☳，古雷字，今爲震，動雷之聲形，能鼓萬物，息者起之，閉者啓之。

而今文八卦如：

乾爲天門，聖人畫乾爲天門，萬靈朝會眾生成，其勢高遠，重三三而九，九爲陽德之數，亦爲天德，天德兼坤數之成也，成而後有九，《萬形經》曰：「天門闢元氣，易始於乾也。」

坤爲人門，畫坤爲人門，萬物蠢然，俱受陰育，象以準此。坤能德厚迷遠，含和萬靈，資育人倫，人之法用，萬門起於地利，故曰人門。其德廣厚，迷體無首，故名無疆，數生而六，六者純陰，懷剛殺德，配在天，坤形無德，下從其上，故曰順承者也。

《易緯》的內容自然不僅如此，它也有許多以預言未來爲主的讖語在內，有時將節氣、農事、人體疾病等結合在一起，例如《易緯·通卦驗》中說：

六爻既通於四時二十四氣，人之四支（肢）二十四脈，亦存於期，故其當至不至，則萬物大旱，大豆不爲，人足太陰脈虛，多病振寒；未當至而至，則人足太陰脈盛多病暴逆，臚張心痛，大旱應在夏至。

清明雷鳴雨下，清明風至，元鳥來，……，當至不至，菽豆不爲，人足陽明脈虛，人多病疥，虛振寒洞泄，未當至而至，人足陽明脈盛，人多病溫暴死，應在寒露。

這些都是《易緯》之中的一些記載，前文中已說明，由於《易經》本身的寫作目標與後代的預言書模式，在本質上並不相同，所以發展到《易緯》階段時，其內容則大體承繼《周易》之大旨，與其他諸緯多有自行創作的情況並不相同，但是《易》是我國第一本重要的預言書籍，雖然形式上的簡樸與深奧，造成理解上的困擾，但在研究讖緯思想的發展過程中，它仍然具有不可抹滅的重要價值。

（二）其他預言書

繼承了《易》的預言觀念，再加上人性對於預知未來，期盼能趨吉避凶

的要求，在讖緯的思想逐步爲一般庶民所熟知之後，民間的預言書籍便開始如雨後春筍般地紛紛出現；在第一章中曾經提到，由於這一種書籍其本身的不確定性太高，而可驗證度卻又太低，所以如果作者本身非具有某種特色，諸如遠古聖賢、帝王大臣、神人外，否則是不太容易使人信服的，所以緯書作者幾乎千篇一律都有一個共同的特色，也就是都是聖賢、帝王大臣、神人之類，這也是信仰權威的一種表現。目前可見的預言書有早到周代的作品，其餘大致都出自於漢代之後，但這是根據書上所自稱的作者年代來分。若就其內文準確之程度來看，筆者大膽預測可能都是明清兩代的作品；但是作者是誰，與讖緯的發展並無直接的關聯性，也不影響到這些預言書繼承讖緯觀念的事實，在此不多予詳述。

目前在一般民間信仰中流傳較廣的預言書約有以下幾部：分別爲周代呂望的《乾坤萬年歌》、三國諸葛亮的《馬前課》、唐代李淳風、袁天崗的《推背圖》以及《藏頭詩》、宋代邵雍的《梅花詩》十章、明代劉基的《燒餅歌》（又稱《帝師對話錄》）以及《透天玄機》（又稱《鐵冠數》）明代的《黃蘗禪師詩》等八部，以下略對其中幾本預言書加以介紹：

（1）呂望‧《乾坤萬年歌》

此書稱爲呂望，即民間俗信的姜太公所著，今日一般對此人的印象多數都來自於陸西星的《封神演義》一書，其中所述的呂望法力高強，能通天地，騎四不像奇獸，有捆仙索、翻天印等法寶，助他輔佐武王，打敗商紂一統天下，這些描述自然只是小說家言，但卻適足以說明爲何他會被列爲預言書的作者，也就是在於他的特殊造型。在《史記‧齊太公世家》中，司馬遷曾評斷呂望：

> 天下三分，其二歸周者，太公之謀計居多。

> 遷九鼎，修國政，與天下更始，師尚父謀居多。

他對於周朝的建立的確有其功勳，只是爲何會被神化爲異人，就無從詳究了。這本《乾坤萬年歌》是七言詩的形式，全文計一百一十句，七百七十字，首起於「太極未判昏昏過，風后女媧居上座。如今天下已歸周，禮樂文章八百秋」，說明自天地初開，到周代傳國將有八百年，末則以「我今只算萬年終，剝復循環理無窮，知音君子詳此數，今古存亡一貫通。」已驗證的事約爲二十五件，最末一件爲「十八子馬衝進門，清秋永春保太平」，爲預言李闖滅明，清朝入關之事，以下則無人能加以詳解。

此歌的形式可以說是完全運用了拆解文字的讖緯特色，例如談到劉邦建漢，則說：「卯生金頭帶直刀」，這與緯書的形式幾乎完全一致；又如談到司馬炎篡位滅魏一事，則說：「兩頭上火（炎）坐長安，委鬼（魏）江山統一換」，明顯地都是以同樣方法來預測未來。

（2）諸葛亮‧《馬前課》

此書據傳是諸葛亮所作，內文有十四課。目前流傳的一般版本有一自署生於明嘉靖十年之「八六老僧白鶴山守元」的註解，根據此作註之人指出：

> 孔明馬前課，乃軍中閒暇之時，作此以示後人趨避之方。此十四課
> 爲馬前課中之別裁，每一課指一朝，其興衰治亂，可得諸言外，至
> 十四課止者。

檢諸其書內容起自諸葛亮自測終究無力回天，由魏得漢鼎事，其形式例舉如下：

> 第一課　○⊙⊙⊙⊙○　中下
> 　　無力回天　鞠躬盡瘁（蜀漢滅亡）
> 　　陰居陽拂　八千女鬼（魏氏稱王）
> 第九課　○⊙○⊙○⊙　中下
> 　　水月有主（清）　古月爲君（胡）
> 　　十傳絕統（有清傳十代仍絕）　相敬若賓

從形式上來看，此文除了延用分解文字之法以外，還加上了易卦之配合。

（3）李淳風、袁天罡‧《推背圖》

此書可以說是我國預言書史上的經典代表，它的形制也是預言書中最爲完整者，其書總計有六十圖，內容包含了干支、卦象、圖象、讖詞、頌詞等五個部分。目前通行版本有清代金聖歎之註解，傳說此書爲唐代李淳風與袁天罡同著，至六十圖時，袁推李背止之，故名爲《推背圖》。宋太祖即位後，曾下令查禁此書，但因民間流傳太廣，無法禁絕，所以乃故意將此書之圖序錯亂，然後流傳民間，欲使人難以明瞭眞相。今查《宋史‧藝文志》仍有著錄《推背圖》一卷。明代郎瑛曾見過其中被錯亂順序之一本，並留下記錄：

> 《推背圖》，傳唐李淳風作也。予嘗於萬都憲五溪處見之。杳難明
> 驗，因而告曰：「記憶宋禁讖書，犯者日衆，藝祖（宋太祖）特以此
> 書紊其次而雜書之，傳數百本於人間，使傳者懵其先後，不復可驗，
> 遂爲棄之。此或是歟？」五溪曰：「得矣，可以告同類，不觀可矣。」

〔註20〕
岳珂的《桯史》卷一〈藝祖禁讖書〉條也有相關的記載，可參見。以下舉書中二圖例作為說明：

此處圖與讖的相互配合，可以說是讖緯早期的主要表現形式，作者為了要使所欲表現的預言意義顯示，所以除了文字以外，再加上圖象，但又不能過於明顯，所以又要以隱晦的手法呈現；而其中的干支以及卦象，則說明了民間信仰相互借用的事實，只要有利於傳布，不分派別，也不論是否相符，不管什麼類型的預言模式都會被採用，而這也是讖緯思想之所以能夠長久流傳的一個重要因素。

（4）邵雍·《梅花詩》

邵雍是南宋的易學大師，其在易學方面的著作頗多，如《皇極經世書》等，還有不少附會以他為作者的預言書作品，或許因為如此才會有此類讖詩出現，此組讖詩總共有十首，皆為七言絕句，第一首自趙構偏安南渡，金人入寇開始，詩文作：

〔註20〕　《七修類稿》。

　　蕩蕩天門萬古開，幾人歸去幾人來，山河雖好非完璧，不信黃金是
　　禍胎。

第五首作：

　　胡兒騎馬走長安（清人入關），開闢中原海境寬（外國在中國闢通商
　　口岸），洪水乍平洪水起（洪秀全與黎元洪二人），清光宜向漢中看
　　（辛亥武昌起義）。

若據註解此書的清溪散人所言，此十首讖詩的內容已預言到民國初年，黎元
洪任總統之時，如果不能信任讖詩預言的可靠性，則相對地此詩便可能為民
國初年時之作品，其形式上則兼有隱喻以及離合文字兩種方法。

（5）劉基·《燒餅歌》

　　《燒餅歌》也是我國民間流傳之讖緯預言書中的著名代表作品，作者劉
基輔佐明太祖朱元璋取得天下，在民間傳說中是一個通曉天文地理的奇人；
據說明太祖某日以咬過一口的燒餅，要劉基猜測，劉基遂以「半似日兮半似
月，曾被金龍咬一缺」作答；於是太祖乃要求「精通數理」的劉基預測未來
的天下大勢。全書以君臣間之問答成文，而在劉基回答的讖語部分，則以七
言詩的形式寫成，例如：

　　閹人任用保社稷，八千女鬼亂朝綱（宦官魏忠賢亂政）。

　　桂花開放好英雄，拆缺長城盡孝忠（吳三桂引清兵入關）。

　　反覆重來折桂枝（吳三桂降而復反），水浸月宮主上立（清人大勢底
　　定）。

基本上此書的形式雖混雜有語體在內，但其表現預言的模式，則仍以詩句為
主，而其內容則以離析文字，以及言外之意為主要表現方式。

　　綜合以上對於流傳於民間的主要預言書之內容及作者的大致介紹，可以
觀察到如下幾個現象：

　　首先，這些預言書的作者都非默默無聞之人，有軍師，有學者，有方外
之人，他們之間的共通點，就在於他們的事業成就，都與預知之術略有關係，
如呂望、諸葛亮、劉基等人為輔佐國君得天下的重要謀臣，而「上知天文，
下知地理」又是他們的共同特色，同時這些人在民間文學中，又被渲染到「近
乎妖也」（魯迅評《三國演義》中之孔明），所以如果有人要造作預言書時，
這些人正是最好的託名對象；而李淳風、袁天罡、邵康節等人，則或是職司

天文或是精研易理，他們的工作也都與預言有相關性，這也是此類讖緯書籍在流傳上的一個重要特色。

第二、這幾本預言書，都是以一組預言的形式存在，不再像早期的單篇讖語形式，說明了讖語的造作，已進入到一個成熟的階段，以一連串的預言，以強化其本身較低的可驗證性，是晚期讖語的主要流傳方式。

第三、讖語的形式大體仍依照兩漢讖緯的寫作模式，以分解文字為主，而以意在言外的「隱語」為輔，同時加入了一些相關於預測未來的巫術知識，諸如干支、卦象等，以強化其本身的可信度，也說明了讖緯與其他巫術行為的相互交涉與利用之概況。

第四、這一系列的預言書都以國家朝代之興衰為主，這並非是說只有政治才是預言書作者的關心對象，而是因為如果以個人的生命歷程為內容，則對於讀者（或信仰者）而言，並不具備吸引力，所以主要以國朝代興亡為內容，不但可以有所引證，而且也加強其本身之可信度，如果預言家再打著這些預言大師嫡傳的名號，則必然是無往而不利了，今日坊間多的是如「諸葛神算」之類的預言者，或許這些人的前輩，才真正是這些預言書的作者吧。

讖緯之中預言的形式，原就是讖緯思想得以流傳不衰的主要原因，人們由於對於未來世界的不確定性，所以總是期望能夠先掌握未來，俗語云：「窮算命，富燒香」，不論身何種境地，對於未來美好生活的追求，似乎是人們永遠不可避免的宿命。

第二節　讖緯與宗教

宗教是人類文明中，兼具理性的邏輯思考與非理性的神祕色彩，交互參雜影響最深的一種文化現象。在各個宗教之中，基本上都包含有信仰對象、教義、經典、儀式、領袖、信眾等六大部分，但這六者卻不是缺一便不可為宗教，只能說是較完整的宗教模式都能兼有這六個主題。

讖緯本身並不是宗教，而且基本上它也無意成為一種宗教：因為它是多神式的信仰，而且不分派別；它本身也不創作一固定的教義；它的流傳文字也非完整的理論體系；它的儀式多只是記錄史料上的事實；而它無特定的精神領袖，也沒有固定存在的信眾，由此看來，讖緯不能算是一種宗教。但正如《易經》上所說：「聖人以神道設教」，在我國文化史上，以「聖人」的「神道」（思考模

式）來建立一種觀念是常見的，而由於整體文化傾向以儒家爲主，所以此處的「神道」，大體也不離儒家的觀點；讖緯的整體方向便是依此觀念出發，所以雖然它不完整具備宗教定義的實質，但它卻是一個不容否認的「準宗教現象」。

在讖緯思想中，它的信仰對象擴及天地、山川、聖王、聖人；它的教義包含了天人感應、符命祥瑞、災異徵兆等；依附儒家作品的緯書便是它的經典；以史料的記載內容爲其儀式；以孔子爲其主要之精神領袖；而信眾則是以政治或生活需要來決定；這麼寬闊自由的類宗教內涵，使得它總是在宗教的邊緣遊走，好處是可以自由地擴充或修正，而其弊端則在於過度地自由而導致離散混亂，無從取得正式之地位。

宗教本身的體系龐大，其包含的思想、觀念也極其複雜，因此本節討論讖緯與宗教的關係，範圍將限定於讖緯「詭爲隱語，預決吉凶」此一定義之上，至於一些宗教感應靈驗之事，則不列入討論。

一、讖緯與道教

讖緯的發展早於道教許多，道教是我國本土所發展出的宗教，所以它對於本土文化的吸收與融會也遠勝過其他宗教，也因此讖緯的觀念便成爲道教思想發展的一個重要來源。

道教源起於戰國時代即有的方仙道與東漢初年的黃老道，這兩者都是早期道教的一支，根據司馬遷的記載：

> 自齊威、宣之時，鄒子之徒論著終始五德之運，及秦帝而齊人奏之，故始皇採用之。而宋毋忌、正伯僑、充尚、羨門高最後皆燕人，爲方仙道，形解銷化，依於鬼神之事。鄒衍以陰陽主運顯於諸侯，而燕齊海上之方士傳其術不能通，然則怪迂阿諛苟合之徒自此興，不可勝數也。〔註21〕

照此來看，早期道教與讖緯一樣，其中都參雜有鄒衍的思想於其中，這是讖緯與道教關係密切的一個明證。這一派的學說主張以服食仙藥來追求成爲神仙爲主要目標，最後又加入了鄒衍五德終始之說，成爲後代道教思想的部份源頭。

有關於黃老道的最早記錄，則見於《後漢書·循吏傳》：

〔註21〕《史記·封禪書》。

延熹中，桓帝事黃老道，悉毀諸房祀。

基本上來說，黃老道是由漢代初年的黃老之術演化而來，由於漢興之後，官方爲使人民休養生息，所以早期文、景之時，都以黃老之術治天下，一直到武帝即位才一改舊制。司馬遷認爲黃老之術基本來自河上丈人：

> 樂臣公學黃帝、老子，其本師號曰河上丈人，不知其所出。河上丈
> 人教安期生，安期生教毛翕公，毛翕公教樂瑕公，樂瑕公教樂臣公，
> 樂臣公教蓋公，蓋公教於齊高密、膠西，爲曹相國師。〔註22〕

在此史遷將黃老之術的傳承說得很清楚，卻未說明黃老之術的內容爲何，但是從既然它可以作爲漢初開國治理國家的基本政策來看，則它的主張早期應該是政治意義較重的謀略之術。但是後來由於武帝「黜黃老刑名百家言」，〔註23〕所以黃老之術慢慢有質變的情況發生，在一部號爲「河上公」所注的《老子》中，這個質變的過程已有呈現，書中注者對於《老子》的首句「道可道，非常道」，便與傳統有著截然不同的解釋，他說「道」者，「經術政教之道」也，而「非常道」，則是「非自然長生之道」，在此很明顯地可以看出由於政治力量的影響，所以原先爲治國之術的黃老思想，由此逐步轉化爲修身安養之術，後來清代晁公武《郡齋讀書志》也指此書：「頗言吐故納新，按摩導引之術，近神仙家。」由此可見黃老道由治術變爲養生術的事實，此後黃老道逐漸與方仙道合流，將自然養生與服食藥餌，追求羽化的觀念相結合，而成爲後代道教的重要思想。

東漢順帝時，四川人張陵首創五斗米道，後傳子張衡，衡又傳子魯，張魯最後歸降曹操，官拜振南將軍，封閬中侯，由於有了政治地位的幫助，所以五斗米道得以繼續發展。另一方面，鉅鹿人張角自創太平道，起兵造反，據史料所載當時「十餘年間，眾徒數十萬，連結郡國」，〔註24〕是當時最大的民亂。

而五斗米道以及太平道所共同尊奉的經典爲《太平經》，此書目前已不得全見，僅餘明代《道藏》中的殘本五十七卷，據《後漢書·襄楷傳》說：

> 初，順帝時，琅邪宮崇詣闕，上其師于吉於曲陽泉水所得神書百七
> 十卷，皆縹白素、朱介、青首、朱目，號《太平清領書》。其言以陰

〔註22〕《史記·樂毅傳》。
〔註23〕《史記·儒林傳》。
〔註24〕《後漢書·皇甫嵩傳》。

陽五行爲家，而多巫覡雜語。有司奏崇所上妖妄不經，迺收藏之。

後張角頗有其書焉。

由此可以看出，這裡所稱的《太平清領書》，極有可能即是張角的《太平經》，而此書中的陰陽五行、巫覡雜語，與今日所見緯書的形式頗爲接近，與緯書屬同一類型。《太平經》中自述此書的寫作目的爲：

> 今天地開闢以來久遠，河雒出文出圖，或有神文書出，或有神鳥狩持來，吐文積衆來，本非一也。聖賢所作，亦復積多，畢竟各自有事。……實過在先生聖賢，各長於一，而俱有不達，俱有所失，天知不具足，故時出河雒文圖及他神書，亦復不同辭也。……是故天使吾深告眞人，付文道德之君，以示諸賢明，都並拘校，合天下之文人口訣辭，以上下相足，去其復重，置其要言要文訣事，記之以爲經書，如是迺后天地眞文字正善辭，悉得出也。〔註25〕

> 天道億萬，少得其眞，河圖洛書，廢者衆多，所以然者，不信其文，少得仙度，便爲俗人。〔註26〕

由這兩段敘述來看，可以得到以下幾個認識：首先，《太平經》是作者有感於《河圖》、《雒書》出現已久，而且說法衆多，所以才加以整理總結這些觀念而作成的；第二，這本書中的內容除《河》、《雒》之外，還有「神文書」、「神鳥狩持來」、「吐文」等，而其方法則爲「合天下文人之口訣辭」而成。

事實上此處便是將緯書中各種緯書來源，全部總合爲一部《太平經》之意，在緯書中河雒出書的記載多不勝數。此處不再詳述。由此可以看出，基本上來說，《太平經》的確是繼承緯書形式的一部道教經典，也因此其中思想也多有和緯書類似處，舉例來說，緯書中時常有收錄謠以預言吉凶，《太平經》對此方法加以解釋說：

> 夫古今百姓兒歌詩者，天變動，使其有言；神書時出者，天傳其談，以付至德，救世失也。〔註27〕

可見二者在精神上確實有相同之處。不過基本而言，《太平經》由於是宗教性質濃厚的作品，所以與讖緯書的雜鈔各種思想在形式上總是略有出入；不過《太平經》雖然是屬於道教一派，但是對於儒家思想也不排斥，所以常有勸

〔註25〕《太平經合校》，頁85、86。

〔註26〕同註24，頁566。

〔註27〕同註24，頁174。

讀行孝的觀念在其中。另外較特殊的是，緯書今日已不見其中所附之圖，但《太平經》殘本中仍有附圖之卷，同時還有四卷「複文」，也就是後代道教符文的前身，《隋書‧經籍志》曾批評道教的符文是：「文章詭怪，世所不識」，但這正是文字魔力的來源。在緯書中雖然不見這種形式的資料，但是卻時常表現出對於文字的崇拜觀念，例如《春秋緯‧元命包》說：

> 倉帝史皇氏，名頡姓侯剛，龍顏侈哆，四目靈光，實有睿德。生而能書，及受河圖綠字，於是窮天地之變化，仰觀奎星圓曲之勢，俯察龜文鳥羽山川，指掌而創文字，天爲雨粟，鬼爲夜哭，龍乃潛藏，治百有十一載，都於陽武，終葬衙之利鄉亭。

《河圖‧絳象》也有一個文字魔力的記載：

> 太湖中洞庭山、林屋洞天，即禹藏眞文之所，一名包山。吳王闔閭，登包山之上，命龍威丈人入包山，得書一卷，凡一百七十四字而還。吳王不識，使問仲尼，詭云：「赤烏銜書，以授王。」仲尼曰：「昔吾游西海之上，聞童謠曰：『吳王出游觀震湖，龍威丈人名隱居，北上包上入靈墟，乃造洞庭竊禹書，天帝大文不可舒，此文長傳六百初，今強取出喪國廬。』丘按謠言，乃龍威丈人洞中得之，赤烏所銜，非丘所知也。」吳王懼，乃復歸其書。

這兩則記錄一說文字的能力可使「天爲雨粟，鬼爲夜哭，龍乃潛藏」，而另一則是可使「喪國廬」，證明在緯書中對文字存在著相當程度的信仰。而《太平經》的複文，其造作心態則必然與此相同。下圖爲「令尊者無憂邪自除」複文。

　　道教與讖緯的關係，主要表現在道教經典之中，但是道教中也有一些方術儀式是繼承自緯書的，據學者指出，道教的方術有七大類，分別爲：「符籙、祈禳、禁劾、守庚申、房中、行蹻、變化」，〔註28〕其中除了守庚申以及房中之法未見載於緯書之中，其他都有相類似的記錄，而後期道教所重視的降神扶乩之術，也與緯書中所錄類似，如《尙書緯・中候》所言：

　　　周公攝政七年，制禮作樂。成王觀於洛，沉璧，禮畢王退，有玄龜，

　　　青純蒼光，背甲刻書，上躋於壇，赤文成字，周公寫之。

這是一則遠古扶乩的寫照，與今日道術之扶乩幾無二致。另外道教與緯書關係，也可以從道教經典命名看出端倪，如《太平經》中有〈天讖支干相配法〉、〈八卦還精念文〉、〈神人自序書圖服色訣〉等，《道藏》中則有《援神契》、《河圖內玄經》、《河圖寶籙》、《河洛眞數》等道書，不論是就其命名或是其內容來看，都與緯書有著絕對的緊密關係。而道教的道士也都熟悉緯書內容，例如《抱朴子》中提到的葛洪的老師鄭隱「不徒明五經、知仙道而已，兼綜九宮三奇，推步天文，河洛讖記，莫不精硏。」鄭隱的太老師左慈也是「明五經，兼通星氣」；其他如陶弘景「若乃淮南鴻寶之學，隴西地動之儀，太乙遁甲之書，九章曆象之術，幼安銀鉤之敏，允南風角之妙，太倉素問之方，中散琴操之法，感悉搜求，莫不精詣。爰及羿射苟棋，蘇卜管筮，一見便曉，皆不用心。」〔註29〕更是學問淵博。其他如鮑靚「學兼內外，明天文河洛書」，〔註30〕許遵「明《易》善筮，兼曉天文、風角、占相、逆刺，其驗如神。」〔註31〕這些人都是兼通緯學的道教代表人物。

　　從以上自經典、儀式、書名、人物等幾方面的資料來看，道教與讖緯的關係的確非常密切，只是緯書由於發展體系畢竟與道教不同，所以道教徒取自緯書中的思想自然也不全然一致，但由前述的文獻資料來看，道教與讖緯的確有不可分的事實。

二、讖緯與佛教

　　佛教是世界三大宗教之一，發源於古印度，傳入中國的時間則眾說紛

〔註28〕　《中國宗教史》，頁315，轉引傅勤家說。
〔註29〕　同註27，頁173，引梁邵陵王蕭綸〈解眞銘碑〉。
〔註30〕　《晉書・鮑靚傳》。
〔註31〕　《北齊書・方伎傳》。

紜，尤其是在魏晉階段，由於佛道相爭，所以道士王浮還僞造《老子化胡經》，說佛教是老子涉流沙，入印度爲佛，開化胡人而成，釋迦牟尼也是他的弟子，此說荒誕，自不足信。就史料來看，佛教傳入中國的時間，約有以下幾個說法：

（一）春秋末年。此說據《列子·仲尼篇》言：「西方之人有聖者焉，不治而不亂，不言而自信，不化而自行。」以爲孔子所言即是佛陀。〔註 32〕

（二）秦始皇時已傳入中國。據說始皇之時，已有「外國沙門釋利防等一十八賢者持佛經來化始皇。」〔註 33〕

（三）漢哀元壽元年（西元前二年）。此說爲裴松之《三國志·魏志·東夷傳》注引魏魚豢《魏略·西戎傳》之言。

（四）東漢明帝永平三至八年間（西元 60 至 65 年）。此說爲《牟子理惑論》、《四十二章經·序》、《後漢書·楚王英傳》等所主張。

事實上這幾個說法，大體以後二者較爲可信，在此不作定論，重點是在於佛教傳入中國的階段，大致正是讖緯的全盛時期，但由於當時佛教傳入中國仍不受重視，「據史籍所載，佛教在漢代始終不是以它那一套煩瑣的思辨理論取勝，而是依附於種種方術迷信得以流傳的。」〔註 34〕但是雖然以依附方術迷信而得以流傳，可是事實上卻又極難發現這樣的資料，這是個很值得思考的問題，或許只能將其歸因於佛教此時太不受重視之故，史料上也記載，佛教最初在中國是不得讓漢人爲僧的：

漢明感夢，初傳其道，唯聽西域人得立寺都邑，以奉其神，其漢人皆不得出家。〔註 35〕

由此看來，在佛教進入中國的早期階段，它根本沒有流傳的機會，所以也不會有人將讖緯思想加附於佛教之上。今日看來，佛教與讖緯的關係，也確實不如讖緯與道教關係來得密切。

基本上佛教講求西方淨土，追求來世的教義，在早期中國思想中並未曾出現過，讖緯思想所強調的是天人合一，敬天畏祖，所以讖緯中的觀念可以

〔註 32〕同註 27，頁 353，引道宣〈歸正篇〉。
〔註 33〕同註 27，頁 353，引法琳〈對傅奕廢佛僧事〉。
〔註 34〕同註 27，頁 361。
〔註 35〕同註 27，頁 359、360，引《高僧傳·佛圖澄傳》。

說與早期佛教的觀點格格不入。但隨著佛教的盛行，開始有佛教徒發現利用這種預言式的教義，也能吸引到信眾，所以開始便有人將讖緯與佛教相結合，但是數量仍不多見。

佛教中與讖緯思想形式略爲相當的大概就是佛教咒語，這與讖緯中的文字崇拜，或是讖語預言有著某種程度的雷同，史上曾記錄北宋蘇軾爲其亡妻設過水陸道場，以超度亡魂，同時他也作了〈水陸法讚〉十六篇，〔註36〕這是佛教的預言祈願模式，其中有：

一切惡鬼衆

說食無味，涎流妄嚥。眞食無火，中虛妄見。美從妄生，惡亦幻成。
如幻即離，既飽且寧。

一切畜生衆

欲人不知，心則有負。此念未成，角尾已具。集我道場，一洗濯之。
盡未來劫，愧者勿爲。

這兩段文字都是在祈願這些孤魂野鬼，能夠及早悔悟，不要再沉淪輪迴，這種說法大體類似讖緯中的預言。

除了這一種法讚之外，佛教咒語也頗多，形式雖與緯書不同，但是精神上則與緯書的文字崇拜一樣，但是佛教咒語多以音譯爲主，所以其文字崇拜的對象並非來自文字本身，而是文字背後的神佛，這大概相當於緯書中敬奉倉頡的觀念相同。以下舉〈七佛滅罪眞言〉以見其餘：

離婆離婆帝，求訶求訶帝，陀羅尼帝，尼呵囉帝，毗黎你帝，摩訶
伽帝，眞陵乾帝，莎婆訶。

至於以詭爲隱語爲主要形式的讖語，則在比較後期的史料中有所呈現：

梁天監三年六月八日，武帝講於重雲殿，沙門誌公忽然起舞歌樂，須臾悲泣，因賦五言詩曰：「樂哉三十餘，悲哉五十裡！但看八十三，子地妖災起。佞臣作欺妄，賊臣滅君子。若不信吾語，龍時侯賊起。且至馬中間，銜悲不見喜。」梁自天監至于大同，三十餘年，江表無事。至太清二年，臺城陷，帝享國四十八年，所言五十裡也。太清元年八月十三，而侯景自懸瓠來降，在丹陽之北，子地。帝惑朱昇之言以納景。景之作亂，始自戊辰之歲。至午年，帝憂崩。十年四月八日，誌公於大會中又作詩曰：「兀尾狗子始著狂，欲死不死齧

> 人傷，須史之間自滅亡。患在汝陰死三湘，橫尸一旦無人藏。」侯
> 景小字狗子，初自懸瓠來降，懸瓠則古之汝南也。巴陵南有地名三
> 湘，即景奔敗之所。〔註37〕

此處提到一位沙門誌公，他運用了讖緯之中讖語的形式，預言了梁朝之享國以及侯景之敗亡，但此則讖語並未用到習見的分合文字，而是以詭爲隱語，言外之意的方法來表現所預言之事，而此則史料也證明了佛教僧人運用讖緯的實例。

在《舊五代史・僭僞列傳》注引《五代史補》中也記錄一則僧人作讖的實例，當時五代十國之初，東南地區有三個割據的政權，分別爲楊行密的吳國、錢鏐的吳越以及王審知的閩國，其中以吳國最大，而以閩國最弱。王審知因爲國力較弱，常擔心爲另外兩國所併吞，尤其是被吳國所滅，於是他請教當時一名高僧上藍，上藍以十字的讖語作答：「不怕羊入屋，只怕錢入腹」，王審知領悟此讖語意爲閩國之患不在於楊（羊）行密，而是在「錢」鏐，所以他勵精圖治，刻意防範，他在位其間果然一切平安，但在王審知死後，他的兒子爲爭權而內閧，使閩國國力漸弱，後來閩國內亂，南唐趁機襲取福州，但由於不知安養生民，所以激起民怨，閩國於是乃向錢氏求援，由於地利之便很快便擊退南唐，而福州一地也終落入錢氏之手，正好如讖語所示。

另俞正燮《癸巳存稿》卷十二有〈佛讖〉條：

> 佛書有〈修多羅讖〉。吳支謙譯《佛說梵摩喻經》云：「摩納具睹讖，
> 知當有佛，身相奇特，故說佛有三十二相，八十種好」。則西番亦自
> 有讖，言有佛則果有佛，言身相奇特則果奇特。

此則記錄指出佛教中有佛讖之書，其中提到摩納曾讀過佛讖，知道未來將有佛的出世，而且佛的法身將有許多種不同的變化云云。在此下，俞氏對這則佛讖所提及的現象詳加考證，以證明此則佛讖之驗證性，文字太長不具引，但可證明在佛教中確實有運用如緯書詭爲隱語的形式。

綜合而言，佛教由於其本身爲外來宗教，所以在早期的流傳中並未與中土文化密切結合，同時與緯書的關係並不密切，等到佛教本土化之後，又由於教義以及經典的形式特殊，獨樹一幟，所以其形式上和緯書更是漸行漸遠。但由於佛教是一個宗教，所以順應世俗的需要加以變化也是必然之勢，因此我們仍可以找到一些相關的史料證明，但其間的關係終究是較爲薄弱的。

〔註37〕《隋書・五行志》。

第三節　讖緯與自然應用科學

　　雖然從表面看來，讖緯書的內容所記載的都是一些推度陰陽，預示災異的迷信，可是當仔細檢讀其中的資料時，可以發現原來其中仍有許多科學性的記載，這些記載正是先民們在長久的觀察自然後，所得到的寶貴成果，或許這些觀察的記錄並沒有辦法讓科學文明一日千里，但是卻仍足以順時應節，使得先民能掌握自然，創造更好的生活環境與空間。

　　漢代的科學文明，由於文化條件和時代背景的限制，幾乎都是和哲學、宗教、巫術等等其他文化現象互相揉雜，這種情況或許要由先民對於自然的態度來討論起。基本上，中國不是一個沒有科學的國家，我們的四大發明至今仍然影響著人類文明的發展，但是為什麼科學知識會與神祕的讖緯思想交雜在一起呢？《史記·曆書》所言，或許是一個很好的答案：

> 神農以前尚矣。蓋黃帝考定星曆，建立五行，起消息，正閏餘，於是有天地神祇物類之官，是謂五官。各司其序，不相亂也。民是以能有信，神是以能有明德，民神異業，敬而不瀆，故降神之嘉生，民以物享，災禍不生，所求不匱。

也就是說，定星曆、立五行、起消息、正閏餘之事，其實最早都是聖人所為，這些聖人他們的能力超出一般人許多，所以能擁有這樣的能力，而聖人又命官來管理這些星曆之事，所以才能夠「各司其序，不相亂也」；而進一步言，由於能夠切實掌握天時現象，所以民眾自然能順時而耕，也更信任這樣的順時是由神明所賜予，於是「降神嘉生，民以物享」，自然又能「災禍不生，所求不匱」了。這種良性循環的源頭，其實是建立在於對天象節候觀測的準確之上；但是若是觀測錯誤，就好像是藥物下錯份量，「遂失神農，崎伯之正，藥物輕重，分兩乖互，所可傷夭，為害尤深。」〔註38〕所以如何使天象觀測正確，使民不失時，便成為遠古農業社會的一個重要問題。《宋書》中對此一事實有一段精確的說明：

> 臣覽載籍，斷者曆數，時以紀農，月以紀事，其所由來，遐而尚矣。乃自少昊，則玄鳥司分；顓頊帝嚳，則重黎司天；唐帝虞舜則羲和掌日。三代因之，則世有日官。日官司曆，則頒之諸侯，諸侯受之，則頒於境內。夏后之代，羲和湎淫，廢時亂日，則《書》載〈胤征〉。

〔註38〕《晉書》卷三十五。

> 由此觀之，審農時而重人事者，歷代然也。逮至周室既衰，戰國橫
> 騖，告朔之羊，廢而不紹，登台之禮，滅而不遵。閏分乖次而不識，
> 孟諏失紀而莫悟，大火猶西流，而怪蟄虫之不藏也，日御不分朔，
> 人事不恤，廢棄農時。

在此我們可以看到古人對於授農時的重視程度，每一個朝代都有專責之官員，如果官員不盡責，那麼小則「人事不恤，廢棄農時」，大則要大動干戈了。也因此這些科學性的觀測工作，其負面的結果都與災害有關，所以被很自然地與災異連結在一起。而且也因如此，當改朝換代之際，要重定正朔，便成為國君掌握人民生活的一種象徵手段了。而正所謂「民可使由之，不可使知之」，所以當權者絕不會願意這些知識輕易外流，也因此將科學神化為一種只有少數人才能理解的知識，對於保護他們自己的特殊地位，應該是很有幫助的事。

同時天象的觀測是一件需耗時許久的工作，沒有專職的人是不可能做好的，所以一般民眾對於這些科學觀測的真實性質，多數是一竅不通的，只能待政府頒下曆書，才能知道未來一年的行事之標準所在。也因此掌握這方面知識的統治階層，對此更加諱莫如深了，這也替科學的真象蒙上了一層神祕的輕紗。但是民眾雖然無法觀時授曆，可是對於一般現象的觀察能力則仍具備，所以在民間便充斥了許多的觀測傳言，只是由於不十分了解這些觀測的真實度，所以最後這些現象往往被誇飾放大，成為詭譎的思想，進而進入到緯書之中，與其神祕性質相結合，成為緯書內容的一部分，這是從觀測天象的角度來推測此一問題。

而另一方面來說，科學是必需為當時的人們接受才算科學，否則只會被當作離經叛道的妖逆之言，當時人們觀察到地動星隕或者其他的自然現象，由於尚無力去建立一個合理性的解釋，所以最後只有將其歸諸於神祕難解的緯書了。前面談到由於遠古人民的智識有限，這些科學知識的掌理，便只有交給具有專業知識的人，而這些人又無可避免的全部都是統治者，而統治者又是緯書的重要主角，所以在因果相循的情況下，這些緯書主角掌理的科學知識，也跟著進入到讖緯思想之中。當然在此筆者並非要建立起緯書中所有科學知識都有神祕色彩的錯覺，而只是要說明在可能的情況下，為什麼感性色彩濃厚的緯書，會有理性色彩的科學記載混雜其中的可能理由。建立以上的幾個認知之後，接著來討論讖緯現象中的科學知識，便不會再有格格不入的感覺了。

大致上，在緯書中的自然科學主要包含有以下幾個方面：天文學、農業科

學、地理學、醫學，其他少數的科學知識如物理學等偶有言及，但是都非大宗，將隨文徵引。《尚書緯・考靈曜》說：「通天文者明，審地理者昌。明者，天之時也；昌者，地之則也。」可見對於天文的觀測是讖緯思想中的主角。

在天文學部分，可以分為三個部分來談，其一為單純的天象觀測結果，這是古人素樸的天文觀點，雖然說這些觀測由於技術層次的不足，所以往往不甚準確，但仍是很重要的參考依據。《洛書・靈準聽》中首先敘述了宇宙生成的過程：

> 太極具理氣之原，兩儀交媾，而生四象，陰陽位別，而定天地，其
> 氣清者，乃上浮為天；其質濁者，乃下凝於地。

這是古人宇宙生成觀，認為天地乃是由「太極」分化而出的，而這個過程就是「兩儀交媾，而生四象，陰陽為別，而定天地」，這個哲學性的說法，如今卻可用科學來加以驗證：從目前科學研究中，我們已承認「紅移」現象的存在，所謂的「紅移」是指當對一星體進行觀測時，其紅色譜會因為距離的加長而變弱，也因此科學家觀測到我們周圍星系的「紅移」現象仍在進行，證明我們的宇宙是不斷向外擴張的，而使得宇宙擴張的力量，西方宗教上認知為「上帝的力量」，我國的神話說是「盤古開天地」，但科學的解釋就是「大爆炸理論」。

這一個大爆炸大約發生在如今約一百至二百億年前，而且至今仍然餘波蕩漾，使我們的宇宙仍在不斷擴張，根據科學家的研究，由於大爆炸後產生的高熱使恒星產生變化，成為中子星或黑洞，而這些恒星壽命結束後，部分本身的物質便成為第二或第三代恒星，這「是由在五十億年前從包含有更早的超新星的碎片的旋轉氣體雲形成的。雲裡的大部份氣體形成了太陽或者噴到外面去，但是少量的重元素聚集在一起，形成了像地球這樣的、現在繞太陽公轉的物體。」〔註 39〕這與緯書的說法有著相類似的觀點，由此可知緯書對於天地生成的判斷，也是來自於混沌兩別為始，然後清濁畫分，進而定為天地，這一分析概念與現代科學是頗為接近的。

而關於地球與天體之間互動的關係，在傳統上有渾天說、蓋天說以及宣夜說三種理論，在緯書中討論所及則兼容渾天說與蓋天說，前者如《尚書緯・考靈曜》所言：「天以圓覆，地以方載」、「仰視天形如車蓋，眾星累累如連貝」；後者如《春秋緯・元命苞》所言：「天如雞子，天大地小，表裡有水。天地各

〔註39〕《時間簡史》，頁 109。

承氣而立，載水而浮，天如車轂之過。」從科學觀點來看，蓋天說是較早期的自然觀測結果，由於古人發現日昇月落，都起東至西，日月經天，於是想像蒼穹應為圓形，所以才有這種現象，但是天圓地方，則四角格格不入，而且日月星辰何所依附，所以又修正為天如車蓋，日月星辰是掛於其上，基本上解決了這個問題，但這只能說是一種觀測的直接記錄而已。而渾天說，則直接認為地球是浮於水中，天與地是被氣所承載而隔開，但是如此說則日月星辰就是被置於水中了，所以此說也不合理；但此處提出地如雞子中之蛋黃的說法，則可以看到這時地球是圓形的觀念已成形，而這也符合於真正的事實。以下附簡圖一禎，以明這兩種學說的概況。〔註40〕

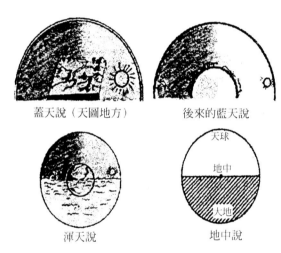

蓋天說（天圓地方）　　　後來的藍天說

渾天說　　　　　　　　地中說

中國古代渾天說與蓋天說之圖解

　　另外有關於地球是否為宇宙中心的問題，緯書雖未有明白的記錄，但是卻有相關的觀點，而且是頗為進步的想法，在《春秋·元命苞》中說：「天左旋，地右動」，《河圖·括地象》更進一步指出：「天左動起於牽牛，地右動起於畢」。在此緯書認為地球的運動與天象的運行有關，而且地球的運動現象是著眼於固定的恒星牽牛星和畢宿。就現今對於星象的觀察得知，牽牛星屬於魔羯座，大約在每年八九月時的黃昏，會出現在中天之上，而畢宿屬於金牛座，約在每年二月黃昏時出現於同一地點，此二星出現相距時間約半年，剛好是遙遙相對，於是成為一個觀測的最好指標，而《樂緯·動聲儀》（《玉燭寶典》卷十二引）說：「天地一變，五日月俱合，起牽牛。」《尚書·考靈耀》

─────────────

〔註40〕　本圖引用自國立成功大學物理系網路教材《天文學概論》，已獲作者授權。

也說：「日月五緯，俱起牽牛」，證明牽牛星的恒動不定，足可以爲觀測之標準。同樣地在西方，早在西元前三百四十年，亞里斯多德的《論天》一書中，則認爲地球是靜止不動的，是宇宙的中心，所有的天體都是圍繞著地球而運轉，這個想法一直到西元 1514 年才被哥白尼所推翻，但一直要到近一世紀之後，他的想法才被認眞考慮，並由開普勒與伽利略加以證明，比較起緯書中的地球隨天體運行而動的觀念，至少晚了一千多年。

　　而地球自轉的觀念在緯書中也早有記錄，而且還舉了極爲生動的例子，《尙書緯・考靈曜》中說：

　　　　地常動移而人不知，譬如人在大舟中，閉牖而坐，舟行不覺也。

這是緯書中一個進步的天文學知識實例，大體來說，緯書中單純的天文資料較少見，由於它本身不以傳播科學知識爲其主要特色，所以其資料性質的片段不全，是可以想見的。

　　天文學的第二個討論部分則較爲複雜，也就是天象與人事的牽合問題，由於緯書以天人合一作爲其思想的基本指導原則，所以將許多的天文觀測結果，與人事的變異相結合，導致科學現象成爲一種神祕難解的怪異徵兆，這在緯書中大約表現在日蝕、月蝕、彗星孛犯、星辰運行等情況之上，雖然這也是屬於天文現象的觀測，但卻不是從科學的角度出發，此處不加討論。

　　緯書中的天文學知識的第三個討論方向，則是天文學與農業科學的結合，前面已提過，由於我國以農立國，觀時授曆是國之大事，而授曆的用意即在於能把握農時，所以對於天文曆法的掌握，便成爲不可忽略的大事，在緯書中記錄到多則觀象授曆的資料，《尙書緯・考靈曜》說：

　　　　在璇璣玉衡，以齊七政。璿璣未中而星中，是急，急則日過其度，不

　　　　及其宿；璿璣中而星未中，是舒，舒則日不及其度，夜月過其宿；璿

　　　　璣中而星中，是周，周則風雨時，則草木蕃盛而百穀熟，萬事康也。

這是以《尙書》觀象授曆之說爲本，以說明當星辰運行合宜之際，進行農耕工作，自然可以得到豐收，而若不以時，則必使收穫不佳。但是合於農時的季節又可以種植哪些作物呢？同書中指出：

　　　　主春者鳥星，昏中可以種稷；主夏者心星，昏中可以種黍；主秋者虛

　　　　星，昏中可以種麥；主冬者昴星，昏中則入山，可以具器械。王者南

　　　　面而坐，視四星之中，而知民之緩急，急則不賦力役，敬授民時。

此則記錄明白地顯示在當時農業種植的幾種主要作物，包括了稷、黍、麥等

（另一版本作稻、黍、麥），而且在此還指出到了冬天就不再種植作物，而是「入山具器械」，以爲來年的耕種作準備，這種制度下不但人民可以得到休息，地力也不致於被耗費殆盡，同時斧斤以時入山林，可以說是很具有環保概念的作法。

　　而在有關農業科學方面，多數都如前述與天文觀測等時相結合外，其他單獨存在的例子較少，以下略舉一則爲例，如《禮緯・含文嘉》中說：

　　　　神農，神者，信也；農者，濃也。始作耒耜，教民耕種，美其食衣，
　　　　德濃厚若神，故爲神農也。

這是對於傳說中農業之神神農氏的記載，此處不像一般的神話將神農的形象化格爲神，而只強調他創作農具，傳授農耕技術，使人民得以豐衣足食，所以人民感戴其德，稱爲神農，雖然這些工具與技術一定是經歷長久農耕實務經驗後，才能夠發展出來，神農應該只是一個總合這些技術的人，但是他的總合之功仍很重要的，而這也是比較接近農業社會現實情況的說法。農業是我國立國之本，在緯書中也反映出這樣的事實，只是因爲緯書附以濃厚的神秘色彩而已，但是這其中的農業知識記錄，仍然可以提供我們瞭解早期農業科學的發展概況。

　　在地理方面，緯書中的記錄多爲古人對於當時自然地理環境的臆測，由於古代的交通情況受限，所以基本上這一方面的資料，其反映的意義在於古人想像中的地理觀念，若要將其完全視爲眞實的地理記載，則將大失所望。

　　緯書的地理學資料，基本上包了宇宙天地距離、地球大小、地形、河流、人種、物產等幾個類型；最常被緯書所論及的，應屬地球大小與所謂的天地之距離，據《詩經・含神霧》的說法：

　　　　天地東西二億三萬三千里，南北二億一千五百里，天地相去一億五
　　　　萬里。

而據《春秋緯・命歷序》的說法：

　　　　有神人名石耳，蒼色有眉，戴玉理，駕六龍出地輔，號皇神農。始
　　　　立地形。甄度四海遠近、山川林藪，所至東西九十萬里，南北八十
　　　　一萬里。

《河圖・括地象》則以爲：

　　　　南北二億三萬三千五百里，東西二萬三千里。夏禹所治四海，東西
　　　　二萬八千里，南北二萬六千里。

這些說法紛紜不一，正顯現出古人對於自身生活的地域具有極大的好奇心，但卻無法親自探索，所以只好托諸於想像，因而人言言殊，數據混亂。就今日而言，我們知道宇宙基本上邊際難定，而地球平均距離太陽爲一億四千九百六十萬公里，地球本身的平均直徑則約爲一萬二千七百五十六點三公里，這些數據與古人的計數單位不同，但緯書的數據應該不致於能精確一如今日才是。

　　同時在緯書中，它也規畫出一個想像中的世界地圖，據《河圖・括地象》的描述，世界大概是這樣的：

> 凡天下有九區，別有九州，中國九州名赤縣神州，即禹之九州也。
>
> 上出九州八柱，即大九州也，非禹貢赤縣小九州也。
>
> 天有九部八紀，地有九軸八柱。東南神州曰晨土，正南卬州曰深土，西南戎州曰滔土，正西弇州曰並土，正中冀州曰白土，西北柱州曰肥土，北方玄州曰成土，東北咸州曰隱土，正東陽州曰信土。
>
> 崑崙山在西北，其高萬一千里。
>
> 地中央曰崑崙，崑崙東南五千里，名曰神州，中有五山，帝王居之。
>
> 崑崙者，地之中也，地下有八柱，柱廣十萬里，有三千六百軸，互相牽制，名山大川，孔穴相通。

此處緯書繼承了《尚書》以及鄒衍的說法，認爲天下有大九洲與小九州之別，而中國是處於小九州之中，而中國之「天不足西北，地不足東南」，這是一個事實觀測的結果，我國的地勢確實是西高東低。大體而言，我們可以看到緯書中所建立的世界地圖，全然出於想像以及神話之混雜，而以自我爲中心的思想，則是來自於封閉文化區域的發展特色。

　　其次緯書中也記錄了黃河的流向，我國文化發展於黃淮平原，黃河可以說是中華文化之母，在《河圖・始開圖》中說：

> 黃河出崑崙東北角，剛山東自北行千里折西行於蒲山，南流千里至文山，東流千里至秦澤，西流千里至潘澤陵門，東北流千里至華山之陰，東南流千里至下津，然河水九曲，其長九千里入渤海。

文中談到黃河九曲，以及最後流入渤海都是事實，但是其中轉折的地點以及全長的數字，由於時地的變遷，則不能定論究竟是否合於事實。

　　而在中國土地上的人種也隨著地理環境的不同而有所變化，據《春秋緯・

文曜鉤》說：

> 氣隨人形，故南方至溫，其人大口，氣象舒緩也。北方至寒，其人
> 短頸，象氣急縮也。東方川谷所經，其人小頭兌形，象木小土也。
> 西方高土，日月所入，其人面多毛，象山多草木也。中央四通，雨
> 露所施，其人面大，象土平廣也。

讀到這則記錄，不禁使人啞然失笑，也說明緯書中的思想之單純，不過基本上地理區域特性影響人種，則是有相當的可能，只是是否能如緯書的簡單判別，恐怕還不無疑問。

在物產方面，緯書中著墨不多，有不少的記錄則與《山海經》頗為雷同，可能是轉引自該書而來，如《河圖‧括地象》言：「歧山上多白金」、「流州多積石」、「嶓冢山上有異花，名骨容，食之無子」，《河圖‧玉板》說：「少室山其上有白至骨，一服即仙也」，這些資料與語法，和《山海經》都有雷同或抄襲之處，此或可證明古本讖緯之來源，《山海經》當為其中一種。

在醫學方面的記載，緯書中的醫學觀基本上是以中醫的概念為主，也就是將外在環境視為一個大宇宙，而將人體視為一小宇宙，小宇宙的運行一定要配合外在的大宇宙環境，人的病痛，若不是來自於小宇宙的週天運行不順，就是與外在的大宇宙無法契合所致，而其表現就是五行所對應的五臟不合，所以產生病痛。《孝經緯‧援神契》便說：

> 人頭圓象天，足方法地，五藏象五行，四肢法四時，九竅法九分，
> 目法日月，肝仁，肺義，腎志，心禮，膽斷，脾信，膀胱決難，髮
> 法星辰，節法日歲，腸法鈴。

人身上的所有器官，都與外在的哲學思考或是天地節氣相對應，所以如果外在環境運行不良，人也會生病，而內在的環境不能配合外在，也一樣會有問題。古醫書中說：

> 五行者，金木水火土也，更貴更賤，以知死生，以決成敗，而定五
> 臟之氣，間甚之時，死生之期也。〔註41〕

> 五臟受氣於其所生，傳之於其勝。氣含於其生，死於其所不勝。病
> 之且死，必先傳行，至其所不勝，病乃死。〔註42〕

> 人有血脈五臟，……肺生腎，腎生肝，肝生心，心生脾，脾生肺，

〔註41〕 《黃帝內經素問‧藏氣法時論》。
〔註42〕 《黃帝內經素問‧玉機真藏論》。

上下榮養，無有休息。〔註43〕

緯書中的觀念便是如此，它先將人的器官與外界的仁義等哲學思考結合在一起，然後再以其間的相似點來證明人與自然的關係，緯書中主要強調的陰陽五行的配合，以及「元氣」的運行也是其中重要的醫學觀點。《樂緯‧動聲儀》有一個總結：

> 官有六府，人有五藏，五藏者何也，謂肝心肺腎脾也。肝之爲言干也，肺之言貴也。情動得序，心之爲言任也，任於恩也。腎之爲言寫也，以竅寫也。脾之爲言辨也，所以積精稟氣也。五藏肝仁，肺義，心禮，腎智，脾信也。肝所以仁者何？肝木之精也，仁者好生，東方者陽也，萬物始生，故肝象木，色青而有枝葉。目爲之候何？目能出淚，而不能內物，木亦能出枝葉，不能有所內也。肺所以義者何？肺者金之精，義者斷決，西方亦金，成萬物也，故肺象金，色白也。鼻爲之候何？鼻出入氣，高而有竅，山亦有金石累積，亦有孔穴，出雲布雨，以潤天下，雨則雲消，鼻能出納氣也。心所以爲禮何？心火之精也，南方尊陽在上，卑陰在下，禮有尊卑，故心象火，色赤而銳也，人有道尊，天本在上，故心下銳也。耳爲之候何？耳能遍內外，別音語，火照有似於禮，上下分明。腎所以智何？腎者水之精，智者進而止，無所疑惑，水亦進而不惑，北方水，故腎色黑，水陰，故腎雙。竅爲之候何？竅能瀉水，亦能流濡，脾所以信何？脾者土之精也，土尚任養萬物，爲之象，生物無所私，信之至也，故脾象土，色黃也。口爲之候何？口能啖嘗，舌能知味，亦能出音聲，吐滋液。

上述的這些觀念都與陰陽五行脫不了關係，而且都是主觀的以作者的哲學判斷來附會於人體的器官，雖然有些語言之成理，但是其判斷方法則仍有爭議；不過緯書中也有比較明白簡單的養生科學，如《河圖》中說：

> 人食，無極鹹，使腎氣盛，心氣衰，令人發狂，喜衄吐血，心神不定。無極辛，使肺氣盛，肝氣衰，令人懦怯悲愁，目盲髮白。無極甘，使脾氣盛，腎氣衰，使人癃淫泄精，腰背痛，利膿血。無極苦，使心氣盛，肺氣衰，令人果敢輕死，欬逆胸滿。無極酸，使肝氣盛，脾氣衰，令人穀不消化，暗聾癥固。

〔註43〕《華氏中藏經‧生成論》。

此一觀點，恰與現代的養生理論不謀而合，例如食物中過份的鹹使腎臟產生負荷，過份的甜，則又會使人傷脾；這些雖然都是千百年前的養生方法，但是卻是傳之不朽，放諸四海而準，可以說是緯書的科學思想中最能夠與現代相結合的知識。當然這並不是說緯書中的醫學觀點都沒有問題，只是當我們面對這些知識時，不妨以研究的比態去面對，或許能有不少的收獲。

在緯書的科學思想記載中除了這四大類外，其他有些是對於自然觀測的記錄，而以謠諺的形態流傳下來，例如《春秋緯・漢含》說：

> 穴藏之蟻先知雨，陰曀未集，魚已喝喝，巢居之鳥先知風，樹木未搖，禽已羽翰。

《春秋緯・佐助期》說：

> 古語曰：「月麗於畢，雨滂沱；月麗於箕，風揚沙。」

這些都是經過長期觀察自然現象後所得出的結論；而敘述性的語句如《易緯・稽覽圖》中談到的物理現象：

> 陰陽和合爲電，輝輝也，其光長。

《春秋緯・元命苞》所說的：

> 陰陽聚而爲雲，陰陽和而爲雨，陰陽散而爲露，陰陽凝而爲霜，陰陽激而爲電，陰陽交而爲虹蜺，陰陽怒而爲風，陰陽亂而爲霧，霧，陰陽之餘氣也。

雖然這些說法都以陰陽來籠統解釋一切，但畢竟有些仍是爲目前科學的認知上所能接受的，且無論其觀點的正確與否，緯書大膽地提出這些說法，在一定程度上也體現了人們對於自身能力的肯定以及對於大自然的理解，而這些都是促使人們更加進一步追尋真相的原動力。

總結本節所言，研討緯書中的自然科學知識，用意並不在於認定這些科學知識能給予現代科學有何啓發，其主要目的是在於說明，即使是如緯書這類被列入神祕怪異之林的思想代表，其中仍然可能有理性思考的成份存在，而且也由此可以觀察到先民們是如何以理性來面對他們所生存的世界，能夠理解這一點，則對於緯書傳達的文化意義便可有更深一層的認識。

簡單來說，緯書中的自然科學記錄，表現了以下幾個文化特色：第一，它代表了緯書成書時代（基本在漢代）當時人們的科學程度；第二，它說明了此時代科學與哲學、宗教、巫術相互揉雜，相互影響的事實；第三，它反映了讖緯時代中人們對於自己所處環境的認同與探索。第四、它表現出此時

代人們對於自我的肯定與自信。這四點，也正是緯書中的科學記錄所給予我們的重要啓示。

第四節　讖緯與民俗及文學

讖緯之學雖然以記載神異之說爲主，但由於參雜了遠古的神話、巫術等思想，所以其中也有不少上古時代的民間信仰資料，這些資料或爲片斷記錄，但是對於理解上古時代的民俗，仍然有所幫助。而同時在緯書中的這些神話、巫術、占卜等觀念，在日後許多文學作品中，都爲後人所吸收並轉化爲文學作品，使得文學作品的內容更加地豐富且多采多姿，這也是在正統學術與政治用途之外，讖緯所提供的另一種功能。

一、讖緯與民俗

緯書的成書時代雖然很難確定，但是早自西漢武帝階段已有緯書，則是絕無疑義的，同時兩漢去古未遠，所以保留於緯書中的一些民俗記載，應該是相當程度地反映了早期先民生活的風貌。大致而言，緯書中的民俗資料約有以下兩大部分，其一爲節慶，其二爲一般巫術習俗。

就其節慶部分來看，緯書中的記錄並不太多，主要以春節以及幾個重要節氣爲主，例如《易緯・通卦驗》所載：

> 正旦五更，人整衣冠於家庭中爆竹，貼畫雞子或鏤五色土於戶上，壓不祥也。
>
> 立春元日傳民鬥雞，鳴皆翹首，結帶正衣裳。

《春秋內事》有：

> 夏后氏金行初作，葦茭言氣交也。殷人水德，以螺首，慎其閉塞，使如螺也。周人木德，以桃爲梗，言氣相更也。今人元日以葦插戶螺，則今之門鑲也。桃梗，今之桃符也。

前者爲今日春節禮俗之始，同樣有放爆竹、貼年畫等，比較與今不同的是所貼年畫爲「雞子」，或許是取雞鳴而起，一年之始之意；桃符之說流傳久矣，而鏤五色土於戶上之習慣，今日則未見，這應與五行之信仰有關；而據《後漢書・禮儀志》所載：

> 故以五月五日，朱索五色印爲門戶飾，以難止惡氣。

在此是將五色土改為五色印，如果就使用的物品來看，似乎緯書之紀錄較為原始，而史書之記錄為後起，但此二禮俗應是同樣以止惡氣為其主要功能，只是二者行使的日期不同而已。至於鬥雞之禮，未見於其他載籍，或許是當時流傳於民間的一種過年習俗。

　　同時在元旦還有由天子祈禱豐收的禮儀，據《禮緯·斗威儀》說：

　　　　歲凶年穀不登，君膳不祭肺，馬不食穀，孟春之日，天子乃以元日

　　　　祈穀於上帝。

基本而言，農業社會中的風俗多數都由官方執行，民眾通常都為附祭而已，《後漢書·禮儀志》記載當時官方的祭儀較此為詳細：

　　　　立春之日，夜漏未盡五刻，京師百官皆衣青衣，郡國縣道官下至斗

　　　　食令史皆服青幘，立青幡，施土牛耕人于門外，以示兆民。

對照緯書與史書的記錄，不難看出農業社會中對於祈求五穀豐登的期待之心，至於緯書所言「祈穀」的過程，今日並無文獻可以佐證，已不知其詳。

　　而在立春前後又有一迎春精的風俗，據《孝經緯·鉤命決》說：

　　　　先立春七日，敕獄吏決詞訟，有罪當入，無罪當出，立春敕門欄無

　　　　關鑰，以迎春之精，下弓載楯鼓示時，聲動昆蟲也。

這種迎春精的說法首見於緯書，但其後則未見流傳。到了三月之時，則有辟雍敬老之俗，據《孝經緯·援神契》所載：

　　　　天子臨辟雍，親割牲以養三老。尊三老者，父象也。謁者奉几，安

　　　　車輭輪，供綏執事五更，寵以度，接禮交容，謙恭順貌。

　　　　王於養老燕（宴）之末，命諸侯，諸侯歸各帥於國，大夫勤於朝州

　　　　里驩於邑。

辟雍之禮，起源頗早，〔註44〕《漢書·禮樂志》說：「及王莽為宰衡，欲燿眾庶，遂興辟廱，因以篡位，海內畔之。……世祖（光武帝）……乃營立明堂、辟廱。顯宗（明帝）即位，躬行其禮，宗祀光武皇帝于明堂，養三老五更於辟廱，威儀既盛美矣。」《後漢書·禮儀志》詳述了辟雍之禮的過程：

　　　　養三老、五更之儀，先吉日，司徒上太傅若講師故三公人名，用其

〔註44〕 辟雍之說，首見於《禮記·王制》其本為周代時，天子之大學名，《史記·封
　　　　禪書》作：「天子曰明堂辟雍」，已略有祭祀之用途，《白虎通·辟雍》言：「天
　　　　子立辟雍何？所以行禮樂，宣德化也。」則又將辟雍之性質由教育擴大為禮
　　　　樂教化之機構，王莽所行辟雍之禮，當為《白虎通》之版本。

德行年耆高者一人爲老，次一人爲更也。皆服都紵大袍單衣，皁緣
領袖中衣，冠進賢，扶杖。五更亦如之，不杖。皆齋于太學講堂。
其日，乘輿先到辟雍禮殿，御坐東廂，遣使者安車迎三老。五更，
天子迎於門屏，交禮，道自阼階，三老升自賓階。至階，天子揖如
禮。三老升，東面，三公設几，九卿正履，天子親袒割牲執醬而饋，
執爵而酳，祝鯁在前，祝饐在後。五更南面，公進供禮，亦如之。
明日皆詣闕謝恩，以見禮遇大尊顯故也。

這一種敬老尊賢的禮俗雖然不見流行於民間，但由其中過程之鄭重其事，相
信也給予人民一個良好的示範作用。而緯書所言「養老燕（宴）」，則可能是
儀式之後的賜宴。

　　過春入夏，有驅獸的習俗，《禮緯・斗威儀》說：「孟夏驅獸，無害五穀。」
但此時最重要的風俗便是雩祭，雩祭是我國古代重要的求雨風俗，許多古書
中都談到過雩祭之事，根據《後漢書・禮儀志》引《漢舊儀》之說：「秋冬春
不求雨」，又說：「迄立秋，雖旱不得禱求雨也。」則雩祭必然只在夏日舉行。

　　《禮緯・斗威儀》說：「仲夏之月，乃命百縣雩祀百辟以祈穀實。」《樂
緯・稽曜嘉》說明雩祭的形式是：

凡求雨，男女欲和而樂。又曰開神山神淵積薪，夜擊鼓譟而燔之。

當然這是極爲簡略的記錄，今文學家董仲舒是一個擅於求雨的人，他對求雨
之祭典儀式有完整的一套辦法，其中的儀式頗爲繁複。〔註45〕而雩祭時的祝
禱之詞，見載於《春秋緯・漢含孳》中，其內容與董仲舒所言大致相同，此
亦爲今文學說影響讖緯之一例，其禱詞內容如下：

雩祭禱辭曰：萬國今大旱，野無生稼，寡人當死，百姓何謗？不敢
煩民請命，願撫百姓，以身塞無狀。請雨祝曰：昊天生五穀以養人，
今五穀病旱，恐不成敬，進清酒搏脯，再拜請雨，雨幸大澍。

由於農業是遠古生活之命脈，所以凡遇大旱，則雩祭便成爲最重要的一個祭
典，而天子也只好下詔罪己，「寡人當死，百姓何謗？」以祈求上天賜雨了。

　　到了秋天，緯書記有三則有趣的民俗，《龍魚河圖》說：

七月七日取小赤豆，男吞一七，女吞二七，令人畢歲無病。

七月七日曬曝革裘無蟲。

<hr>

〔註45〕參見《後漢書・禮儀志》注引董仲舒言。

> 七月七日取烏雞血，和三月三日桃花末塗面及遍身，三二日肌白如
> 玉。

這三則風俗中，以七月七日曬革裘之說流傳最遠，到魏晉階段都有此習俗，
《世說新語》曬書之說，便來自於此，而這種風俗，藉由七月的熱氣以祛除
蟲害，是很具有科學觀念的。

到了冬季，最重要的風俗便是冬至以及儺祭禮俗，《樂緯‧稽耀嘉》說：

> 冬至日祭天於圓丘，用蒼璧、牲同玉色，樂用夾鐘，爲樂作六聲。

《樂緯‧叶圖徵》說：

> 朔日冬至，聖主厚祚，鼓和樂於東郊，致魂靈，下太一之神。

《易緯‧通卦驗》則說：

> 冬至之始，人主與群臣縱樂五日，天下之衆亦家家縱樂五日，爲迎
> 日至之禮。

這種天子與庶民同樂的情況，可以說是一種難得一見的風俗，而其目的則是迎
接冬至，由於冬至之後，太陽出現的時間漸長，象徵著新的一年又將到來，所
以家戶縱樂以迎接新年。而其禮俗除了祭祀奏樂外，《易緯‧通卦驗》還記載：

> 冬至之日，立八神，樹八尺之表，日中視其晷，晷如度者其歲美，
> 人民和順，晷不如度則歲惡，人民多偽言，政令爲之不平；晷進則
> 水，晷退則旱，進一尺則日食，退一尺則月食，月食則正臣下之行，
> 日食則正人主之道。

在此冬至的祭儀已經和政治結合，成爲一種政治性的祭典了，到了歲末之前，
最重要的便是除儺之祭，根據《禮緯‧稽命徵》說：

> 顓頊有三子，生而亡去爲疫鬼。一居江水，是爲虐鬼；一居宮室區
> 隅，善驚人小鬼，於是常以正歲十二月，令禮官方相氏掌熊羆、黃
> 金四目，玄衣纁裳，執戈揚盾，帥百隸及童子而時儺。以索室而驅
> 疫鬼，以桃弧、葦矢，工鼓且射之，以赤九五穀等洒掃以祛除疾殁。

在《後漢書‧禮儀志》則將整個除儺的過程完整記錄下來：

> 先臘一日，大儺，謂之逐疫。其儀：選中黃門子弟年十歲以上，十
> 二以下，百二十人爲侲子。皆赤幘皁製，執大鼓。方相氏黃金四目，
> 蒙熊皮，玄衣朱裳，執戈揚盾。十二獸有衣毛角。中黃門行之，冗
> 從僕射將之，以逐惡鬼于禁中。夜漏上水，朝臣會，侍中、尚書、
> 御史、謁者、虎賁、羽林郎將執事，皆赤幘陛衛。乘輿御前殿。黃

門令奏曰：「侲子備，請逐疫。」於是中黃門倡，侲子和，曰：「甲
作食凶，肺胃食虎，雄伯食魅，騰簡食不祥，攬諸食咎，伯奇食夢，
強梁、祖明共食磔死寄生，委隨食觀：錯斷食巨，窮奇、騰根共食
蠱。凡使十二神追惡凶，赫女軀，拉女幹，節解女肉，抽女肺腸。
女不急去，後者為糧！」因作方相與十二獸舞，歡呼，周徧前後省
三過，持炬火，送疫出端門：門外騶騎傳炬出宮，司馬闕門門外五
營騎士傳火棄雒水中。百官官府各以木面獸能為儺人師訖，設桃梗、
鬱櫑、葦茭畢，執事陛者罷。葦戟、桃杖以賜公、卿、將軍、特侯、
諸侯云。

儺祭的風俗是我國流傳已久的民俗之一，直到今日大陸還有許多地區都有儺
戲的存在，〔註46〕可見這種風俗承襲之遠。同時《孝經·威嬉拒》的記錄，
可能也是另一種儺祭的形式：

欲去惡鬼，須具五刑，令五人皆持大斧，著鍥兜鍪驅之，常使去四
千步，不可令近人也。

除了前面所提到的這些固定節日的習俗之外，緯書中也記載不少非特定日子
的奇異風俗，例如《河圖·玉板》載：

古越俗，祭防風神，奏防風古樂，截竹長三尺，吹之如嘷，三人披
髮而舞。

《龍魚河圖》中記載了一些巫術式的習俗：

歲暮夕四更，取二十豆子，二十七麻子，家人頭髮少許，合麻豆著
井中，咒敕井，使其家竟年不遭傷寒，辟五方疫鬼。

懸艾虎鼻門上，宜官子孫，帶印綬，懸虎鼻門中，周一年，取燒作
屑，與婦飲之，二月中便有兒，生貴子，勿令人知之，泄則不驗也，
亦勿令婦見之。

冬以臘月鼠斷尾，正月旦，日未出時，家長斬鼠著屋中，祝云：「付
敕屋吏，制斷鼠蟲，三時言功。」鼠不敢行。

埋蠶沙於宅亥地，大富：得蠶絲，吉利。以一斛二斗，甲子日鎮宅，
大吉，致財千萬。

綜合以上這些習俗來看，不管是否有效，但是都反映出早期社會文化中，

〔註46〕參見《儺蜡之風·長江流域宗教戲劇文化》，頁65至107。

先民們簡單的祈求以及祝願，而這些習俗今日仍有些為我們所遵行，也可以作為古今社會現象對比及文化變遷之參考。

二、讖緯與文學

讖緯本身由於其形式特殊，所以並未形成一個有組織的結構，而文學的內容極廣，但對於讖緯的運用有時只是精神上的繼承，而不一定是形式上的模仿，所以在討論讖緯與文學的關係時，主要的討論對象定位於謠諺以及後代的小說兩部份，這是比較明顯的兩個重點所在；選用謠諺主要是因為它代表了民間的某些文化觀點，而且其形式與讖緯最為接近，而選擇小說則是因為它的篇幅較長，足有發揮讖緯預言吉凶特色的空間，至於其他詩詞作品也有讖語的形式，請參見第二章第三節〈讖緯之表現媒介〉。

在封建時代，謠諺是一種重要宣洩工具，它繼承了《詩經》「興觀群怨」的特性，以較為含蓄的方法，以傳達個人心中的感情，學者指出：

> 風雅固其大宗，謠諺尤其顯證。欲探風雅之奧者，不妨先問謠諺之塗。誠以言為心聲，而謠諺皆天籟自鳴，直抒己志，如風行水上，自然成文。言有盡而意無窮，可以達下情而宣上德。其關係寄托，與風雅表裡相符。〔註47〕

由此可看出謠諺本身所特具有的社會性質，而這個特性也是在研究緯書中謠諺的資料時，可以注意的一個方向。在緯書中有為數不少為政治而造的讖謠，在本文各章中都分別列舉說明，在此不贅取；其餘可見之謠諺約僅有以下幾條：

> 《論語緯·比考讖》：孔長彥、孔季彥兄弟，聚徒數百，故時人為之語曰：「魯國孔氏好讀經，兄弟講誦皆可聽，學士來者有聲名，不過孔氏那得成。」

> 《論語緯·比考讖》：殷惑妲己玉馬走。

> 《論語緯·摘衰聖》：夫子曰：「吾道窮矣」，乃作歌曰：「唐虞之世麟鳳游，今非其時來何由？麟兮麟兮我心憂。」

> 《河圖·括地象》：汶阜之山，江出其腹，帝以會昌，山以建福。

> 《春秋緯》：五侯之門血成江（《白孔六帖》卷四十八作此，《古微書》本作「龍門之下血如江」）。

〔註47〕《古謠諺·序》，頁1。

《易緯‧通卦驗》：古語曰：「一夫兩心，拔刺不深」。又曰：「躓馬破車，惡婦破家。」

《詩緯‧含神霧》：孔子歌曰：「違山十里，蟪蛄之聲，猶尚在耳」，政尚靜而惡譁也。

《詩緯‧汎歷樞》：摘雒謠曰：「剡者配姬以放賢，山崩水潰納小人，家伯罔主異哉震。」

除去政治謠諺之後，緯書中的謠諺所剩者其實無多，但是這些謠諺，有些記錄了史事，如《比考讖》所引二條、《春秋緯》所引記魯桓公十三年龍門之戰史事等；而引孔子之歌，又可見當時民眾對孔子政治態度的看法；《佐助期》之文則是天象觀察後的經驗記錄；雖然由於緯書既不以記載民情為主，也不是史書，所以這些記錄都只是無意識地出現在緯書之中，但是這些短簡殘篇所觸及的某些觀念，或許也可以供研究佐證之用。

在小說部份主要以兩部作品為代表，一是唐人小說中李公佐所著〈謝小娥傳〉，另一部則是明代陸西星所著的《封神演義》。前者在作品中採用了「分字離合」，以預言未來的形式，而後者則是強化緯書中故事的結構，改換為小說中的主要情節。

〈謝小娥傳〉一文大意為描述女子謝小娥在十四歲時，父親與丈夫半路遇劫而遭殺害，謝小娥於是四處流浪，後來她在夢中夢到她的父親託夢，並告訴她：「殺我者，車中猴，門東草」；隔了數日，她的丈夫也託夢給她，並告訴她：「殺我者，禾中走，一日夫」，謝小娥帶著這十二字的讖語，到處去請教他人，最後得到一位大師指點，才解出這個讖語的答案：原來所謂的「車中猴」意指「申」字，原因是「車中」，既居其中則去掉上下各一橫，於字為申，且申屬猴，所以此指「申」；而所謂「門東草」，此為三字重組，於字為「蘭」；所以殺她父親的是「申蘭」。而「禾中走」，禾生田中，「田中」二字組合得「申」，而「一日夫」也是三字重組，於字得「春」，所以殺她丈夫者為「申春」，來謝小娥依此線索，鍥而不捨，終於找到殺父殺夫的兇手，而且兇手的名字果然如讖語所示。

對於文字的分合利用，可以算是後代運用讖緯最常使用的方法，在〈謝小娥傳〉中，作者利用了讖語神祕的特性以及文字分解的技巧，巧妙地將答案隱藏在字裡行間，雖然說這種方法談不上神妙絕倫，但是對於提高讀者的閱讀與興趣而言，卻有著一定的助益。

陸西星的《封神演義》可以說是中國家喻戶曉的一本重要作品，作者在書中融合了歷史人物以及神話想像，巧妙地架構出一場正邪對抗，神魔交戰的神話時空，而在作者筆下的這場神怪戰爭中，他創造出許多人物，例如哪吒、聞太師、土行孫、哼哈二將、申公豹、二郎神楊戩等，這些人物或是虛構，或是眞有其人，但在陸西星的筆下，個個都成爲法術高強，飛天遁地的異人，帶給讀者許多閱讀上的驚喜；而在這麼多人物之中，姜子牙更是無人不知、無人不曉；在作者的筆下，呂望成爲法術非凡的軍師，輔佐武王消滅紂王的許多邪神，而終於建立周朝。陸西星的呂望人物造型以及書中的故事情節，基本上與緯書中的記載多所類似。但整個有關殷周戰爭的過程，以《史記》的記載最爲清楚，而且緯書的資料，可能有一部份便是承襲《史記》而來：

> 太公望呂尚者，東海上人，……，本姓姜氏，從其封姓，故曰呂尚。呂尚蓋嘗窮困，年老矣，以漁釣奸周西伯，西伯將出獵，卜之曰：「所獲非龍非螭，非虎非羆，所獲霸王之輔。」於是周西伯獵，果遇太公於渭之陽，與語大說，曰：「自吾先君太公曰：『當有聖人適周，周以興』子眞是邪？吾太公望子久矣！」故號之曰「太公望」。或曰，太公博聞，嘗事紂，紂無道去，游說諸侯，無所遇，而卒歸周西伯。……天下三分，其二歸周者，太公之謀計居多。〔註48〕

> 武王即位，太公望爲師。……，東觀兵。至于盟津，……武王渡河，中流白魚躍入王舟中，武王俯取以祭。既渡，有火自上復于下，至餘王屋，流爲鳥，其色赤，其聲魄云。〔註48〕

從正史中的記錄來看，呂望、武王都是歷史人物，至於所謂的異兆，去古已遠，司馬遷必也只是耳聞所記。但在緯書中談到周滅商的史事，就頗有更動處，記錄如下：

> 《春秋緯・元命苞》：代殷者爲姬昌，生於岐，立於豐，精翼日，衣青光，遷造，刻消。

> 《尚書緯・帝命驗》：季秋之月甲子，赤爵銜丹書，止于昌戶，民踰山穿穴，老幼相扶，歸者八十萬。

> 《尚書緯・帝命驗》：季秋之月甲子，有赤雀，銜丹書入酆，止昌戶，

〔註48〕　　《史記・齊太公世家》。

〔註48〕　《史記・周本紀》。

拜稽首，至于磻谿之水，呂尚釣涯，王下趣，拜曰：「公望七年，乃今見光景于斯。」答曰：「望釣得玉璜，刻曰：『姬受命，呂佐旌』。」遂置車左，王躬執驅，號曰「師尚父」。

《尚書中候・雒師謀》：至磻溪之水，呂尚釣崖，王下趨拜曰：「望公七年矣」，尚立變名。

《尚書緯・帝命驗》：太子發渡河，中流火流爲烏，其色赤。

《尚書中候》：周武王渡於孟津中流，白魚躍入於王舟，王俯取魚，魚長三尺，赤文有字，題曰：「下援右」，曰：「姬發遵昌」，王燔以告天，有火自天，流爲赤烏。

在此可以看到緯書中將周殷戰爭中三個主要人物：文王、武王、呂尚描繪成有異兆在身的神奇人物。而且各種讖語、祥瑞也都出現，這便是後代《封神演義》一書的根本。

在《封神演義》第十八回〈子牙諫主隱磻溪〉中，採用了《史記》的說法，認爲呂望曾經事紂王，後來紂王要蓋鹿臺，呂望批評紂王「妄興土木，陷害萬民」，結果紂王要殺他洩恨，於是呂望乃隱姓埋名於磻溪；嗣後文王作夢，夢見一隻白額猛虎，脇生雙翼，大夫散宜生解釋爲得賢之兆，後果然於磻溪見到呂望，並拜爲丞相；而緯書中白魚之兆，也見於《封神演義》第八十八回〈武王白魚躍龍舟〉中。

整體來說，陸西星的《封神演義》取用緯書之說只是一個引子，多數內容仍然採自其他的傳說、歷史、神話等等材料，但是關於呂尚的描述，則幾乎與緯書完全相同，雖然此書並非緯書，但是受到緯書內容影響是不容置疑的，而呂尚的形象構成不但生動，甚且影響到後世的信仰，在一般的俗信當中，「姜太公」一詞便相當於神仙一般，而這或許是當年造作緯書者，所未曾預料到的。

讖緯是上古文化思想的一個小縮影，由於它的內容取材多樣，因而保留了許多的料在其中，雖然我們不能把讖緯視爲整個思想的代表，但它的內容對於後代文化產生的部份影響，則不在話下。

第四章　讖緯與政治

第一節　讖緯與政治結構之互動

　　讖緯思想以依附聖人之說爲名號，以爲政治服務爲現實，我們可以大膽地說，從兩漢以來的政治發展都與讖緯的思想互相牽動，或使國立朝代，或使位滅人亡，政治史的走向便是讖緯思想發展史的道路。

　　當然這不是說在兩漢以前的政治發展便與讖緯無關，事實上讖緯思想所繼承的政治道德判斷、政治良窳之分別、政治措施之得當與否等，這都牽涉到我國古代政治的結構，也與文化條件有所牽連，所以談讖緯與政治結構的互動，自然不能僅由兩漢說起，但是遠古幽渺難知，究竟有幾分眞僞，只有透過現有資料詳加考核了。

　　整體來說，政治發展中的讖緯現象大致可以分爲借用、控制、禁絕三個階段，但是在早期讖緯思想尙未成書之前，讖緯只是一種政治態度，這個態度基本上由天人相合、君命神授兩個觀念所組成，而由於讖緯此時只是一種文化現象內的附庸，所以自然談不上借用等三個階段；事實上眞正借用者反而是讖緯本身，兩漢以前的政治觀點，可以說是讖緯思想建立的基礎，到了兩漢之際，讖緯才開始以有系統的結構，透過儒家經典來影響政治，這一個循環的過程，正是讖緯與政治互動的歷史見證。《墨子‧尙同》上中曾經描述過遠古政教未立的情況：

　　　　古者民始生，未有刑政之時，蓋其語，人異義，使是以一人則一義，
　　　　二人則二義，十人則十義，其人茲衆，其所謂義者亦茲衆。是以人

是其義，以非人之義，故交相非也。是以內者父子兄弟作怨惡，離
散不能相和合；天下之百姓，皆以水火毒藥相虧害。至有餘力不能
以相勞，腐朽餘財不以相分，隱匿良道不以相教，天下之亂，若禽
獸然。

墨子在此重建了原始無法制社會的眞實概況，由於這種「群而無分則爭，爭
則亂，亂則離，離則弱，弱則不能勝物」的情況，〔註1〕所以天子乃立，但是
「以其力爲未足，又選擇天下之賢可者，置立之以爲三公，天子三公既以立，
以天下爲博大，遠國異土之民，是非利害之辯，不可一二而明知，故畫分萬
國，立諸侯國君，諸侯國君既已立，以其力爲未足，又選擇其國之賢可者，
置立之以爲正長。」〔註2〕這是我國政治制度由無到有的基本過程，而等到國
家體制已完整確立之後，接著應該討論的便是如何治理國家、天子的職責、
天子不適位時的反應等等問題；但在此我們無意重述一次整個政治結構的發
展過程，因此接著要來討論的是讖緯思想如何繼承這些政治思想，以及轉而
影響後代的事實，基本上讖緯思想與政治的互動，表現在受命符瑞、讖語，
以及災異三方面，但此三者往往並立而難解，所以以下的敘述將以朝代先後
爲經，而以此三者爲緯，一併討論。

一、符　瑞

緯書中一再地強調，天子乃是受命於天，而受命於天的證明就是所謂的
符瑞，緯書中記錄自有天子以來，代表受命的符瑞便不斷出現，《春秋緯・感
精符》便說：「帝王之興，多從符瑞。周感赤雀，故尙赤；殷致白狼，故尙白；
夏錫玄珪，故尙黑。」由於我國家天下的觀念發展由來已久，所以易姓改命
可以說是一件非常的大事，但也幸好同時還有「君命神授」的觀念存在，所
以雖然前一朝代是由天所授，得以爲天子有天下，但是如果當天命不再眷顧，
則退位讓賢也是合理的事；也因此革命是否能夠成功，便要以天意爲依歸，
但是天意渺茫，究竟要從何得知呢？此時符瑞便成爲最好的代言人。

運用符瑞來顯示天意，事實上具有兩個優點：第一，符瑞不言，所以任
何人都可以憑藉己意來解釋之，《史記・高祖本紀》中有兩個例子說，劉邦爲
赤帝子斬了白帝子所化之蛇，所以象徵炎劉將興，又說「秦始皇帝常日，東

〔註 1〕　《荀子・王制》篇。
〔註 2〕　《墨子・尚同》上。

南有天子氣，於是因東游以厭之」，而劉邦恰好亡匿在此間山中，但呂后等人每每可以藉由雲氣所在而找到劉邦，這都是一種符瑞的象徵，從理性的眼光來看，斬蛇之說或有此事，但未必是祥瑞；而雲氣之說更見其不合邏輯，如果呂后等人可以藉由雲氣找到劉邦，那爲何秦始皇會找不到？基本上來說，符瑞的自由心證是很好的天命象徵，但是一般的符瑞如在承平之世出現，自然會被解釋爲對於當時在位者的一種慶賀之意，如《春秋·潛潭巴》所謂：「王者清廉，則蚩廉草生。」但是相對的，如果在亂也出現，則有可能被視爲一種改朝換代的象徵，所以對於符瑞的控制便成爲當務之急。〔註3〕

　　第二、符瑞是一種象徵，所以可以由任何人加以自行創造，這是符瑞天命爲君主人臣所最欣賞的一點，只要是掌握政治實力，再製造符瑞來推波助瀾，則帝位、名利，自然是手到擒來，猶如探囊取物一般容易了。緯書中記錄了漢代之前的聖王都有得到符瑞的記錄，時隔久遠，不得定論其是否爲僞造，但是王莽篡漢的僞造祥瑞，則是見諸史料明文，一點不假，西漢平帝元始五年（西元 5 年），武功地方首長「孟通浚井得白石，上圓下方，有丹書著石，文曰：『告安漢公莽爲皇帝』符命之起，自此始矣。」〔註4〕王莽據此祥瑞終於得以「攝行皇帝之事」，但是他並不滿足，居攝三年之後，新的符命又再次出現兩次，第一次據王莽引用當時宗室廣饒侯劉京上書所言，其情況如下：

> 七月中，齊郡臨淄縣昌興亭長辛當，一暮數夢。曰：「吾，天公使也。
> 天公使我告亭長曰：『攝皇帝當爲眞』，即不信我，此亭中當有新井。」
> 亭長晨起視亭中，誠有新井，入地且百尺。十一月壬子，直建冬至，
> 把郡石牛，戊午，雍石文，皆到于未央宮之前殿。臣（王莽）與太
> 保安陽侯舜等視，天風起，塵冥，風止，得銅符帛圖於石前，文曰：
> 　『天告帝符，獻者封侯，承天命，用神令。』」

這兩次的符命都已經直指帝位，當時眾人已察覺王莽有取而代漢的企圖，所以「指意群臣博議別奏，以視即眞之漸也。」這種符瑞之風使得一些無行之人也趁機僞造，當時有名哀章者，「見莽居攝，即作銅匱，爲兩檢，署其一曰：『天帝行璽金匱圖』，其一署曰：『赤帝行璽某傳予黃帝金策書』。某者，高皇帝名也（劉邦）。言王莽爲眞天子，皇太后如天命。圖書皆書莽大臣八人，又取令名王興、王盛，章因自竄姓名，凡爲十一人，皆署官爵，爲輔佐。」王

〔註 3〕 關於符瑞的禁止，參見本書第七章第一節〈讖緯書籍歷代禁絕概況〉。
〔註 4〕 以下所引王莽事，俱見《漢書·王莽傳》。

莽對此當然是求之不得，於是便「拜受金匱神嬗」，並且上書太后，決定要正式即皇帝位；王莽藉由這些偽造的符命登位後，爲了要更加強符命的可信度，於是依照金匱所言，大封輔臣，哀章被封爲「國將，美新公，是爲四輔，位上公。」而更可笑的是因爲上符天命，所以找了十餘個名爲王興、王盛的人，最後「故城門令史」王興以及「賣餅者」王盛，「兩人容貌應卜相，遂從布衣登用，以視神也」，結果兩人也因此位列公侯，分別被封爲奉新公與崇新公。至此，眞可謂一人得道，雞犬升天，歷史上以圖讖爲政治所用者，以王莽之行最爲可笑，不過在當時，王莽應也是不得不然吧。

　　就《漢書・王莽傳》所載，當時獻符瑞之事，可能尚不僅於此，本傳中引用當時的一篇公告說：

> 武功丹石出於漢氏平帝末年，火德銷盡，土德當代，皇天眷然，去漢與新。以丹石始命於皇帝，皇帝謙讓，以攝居之，未當天意。故其秋七月，天重以三能文馬，皇帝復謙讓，未即位，故三以鐵契，四以石龜，五以虞符，六以文圭，七以玄印，八以茂陵石書，九以玄龍石，十以神井，十一以大神石，十二以銅符帛圖。申命之瑞，寖以顯著。

可見當時獻符瑞者之眾，眞是絡繹不絕矣。王莽對於讖緯思想的利用除了符瑞之外，還表現在貨幣以及公布符文之上。前者爲王莽爲了避免使人民懷念劉氏，所以連與「劉」字相關的貨幣也予以改變，改行新錢，並且發表公告說：

> 今百姓咸言皇天革漢而立新，廢劉而與王。夫「劉」之爲字，「卯、金、刀」也，正月剛卯，今刀之利，皆不得行。博謀卿士，僉曰天人同應，昭然著明。其去剛卯莫以爲佩，除刀錢勿爲利，承順天心，快百姓意。

也就是禁止使用舊貨刀錢，連佩帶「剛卯」〔註5〕也在禁止之列，原因也是爲了讖語離合之故。同時雖後人多以爲東漢光武帝始頒定圖讖於天下，但事實上第一個官方有關讖緯的定本，應該是由王莽所制定的，據其本傳言：

> 秋，遣五威將王奇等十二人頒符命四十二篇於天下：德祥五事，符命二十五，福應十二。凡四十二篇。其德祥言文、宣之世，黃龍見於成紀、新都，高祖考王伯墓門梓柱生枝葉之屬；符命言井石，金匱之屬；福應言雌雞化爲雄之屬。其文爾雅依託，皆爲作說，大歸

〔註5〕「剛卯」之用途爲避邪，其制參見《漢書・王莽傳》服虔注。

言莽當代漢有天下云。

由內容來分析，王莽所公布於天下者，應該就是後世的讖緯之流，只是他以「符命」稱之，而且可能都是他自行僞造有利於登基的讖語祥瑞，所以與漢光武帝所「公布圖讖於天下」者，兩者略有內容之差異，但這些舉措也足可看出王莽對於讖緯之用心良苦了。當然王莽並不是不了解讖緯的危險性，據其本傳說：

> 是時爭爲符命封侯，其不爲者相戲曰：「獨無天帝除書乎？」司命陳
> 崇白莽曰：「此開姦臣作福之路而亂天命，直絕其原。」莽亦厭之，
> 遂使尚書大夫趙並驗治，非五威將率所班（頒），皆下獄。

當時還有茂德侯甄尋假作符命，「言故漢氏平帝后黃皇室主爲尋之妻」，黃皇室主即王莽的女兒，王莽對此大怒，下令搜捕甄尋，甄尋父甄豐自殺，甄尋逃亡年餘後被捕，但是因爲他的手紋狀似「天子」二子，所以有人心生疑慮不敢殺之，王莽解釋說：「此『一、大、子』也，或曰『一、六、子』也，六者，戮也。明尋父子當戮死也。」於是遂殺之。這則史事證明了對於這些祥瑞兆示，其解釋的正確與否，只是根據政治實力的有無來判斷，與其表現的徵兆如何，其實全然無關。

二、讖　語

而除了符瑞之外，在緯書之中還有以讖語之說來參與政治之鬥爭，其中自然是以「劉」字爲讖語最多，如《孝經緯・右契》：

> 寶文出，劉季握，卯金刀，在軫北，字禾子，天下服。

《春秋緯・漢含孳》更加以擴大，並且將陰陽五行、星占等觀念也附會於其上，這種讖緯的形式，可以說是讖緯預言形式的總合呈現：

> 劉季握，卯金刀，在軫北，字禾子，天下服，在東方，陽所立，仁
> 且明，金在西方，陰所立，義成功，刀居右，字成章，刀擊秦，枉
> 矢東流，水神哭祖龍。

此類讖語的數量太多，以下不再贅引，而這種以「劉」爲讖語的形式，很有可能在王莽之前已流行於世，否則王莽不可能自創一個不利自己之讖語來流傳，然後再急於將其破解。

相較於符瑞的自由心證特性，讖語雖以文字爲主，但是有時由於語義含混難明，仍然發生過對於各自以爲讖語所預示的天命對象是自己的爭奪戰，

這種情況較有名的有兩個例子。其一是《河圖・赤伏符》的：「劉秀發兵捕不道，四夷雲集龍鬥野，四七之際火爲主」，〔註6〕此讖語中提到劉秀之名，當時除了光武帝之外，王莽的國師劉歆也因對王莽心生怨懟，又受到方士的煽動，所以決意要起兵謀反，而他由於得到這條讖語的啓發，所以就將名字改爲劉秀，希望能上符天命，不過這個政變，因爲事機不密爲人所告發，最後胎死腹中；而劉秀最後則應了這個讖語，滅新復漢。

另一個例子則發生於東漢末年，當時天下大亂黃巾賊起，此時流傳著一則讖語：「代漢者，當塗高」，此讖語由於語義不明，所以自東漢末至西晉，共有四人以爲讖語所的是自己，首先自以爲應讖的是蜀郡太守公孫述，他以爲「述」、「塗」二字都有「道路」之意，所以讖語所指的對象是他，他同時並舉引《春秋緯・錄運法》之讖語：「廢昌帝，立公孫」、《河圖・括地象》：「帝軒轅受命，公孫氏握」、《孝經緯・援神契》：「西太守，乙卯金」等三條讖文來作爲輔證，同時他又自謂「手有奇文」，一時之間，似乎天命眞是歸於一身；當時劉秀還去信加以反駁，認爲所謂的「公孫」是指漢宣帝，並非姓氏，當塗高也並非公孫述本人，所以勸他「君日月已逝，妻子弱小，當早爲定計，可以無憂，天下神器，不可力爭，宜留三思。」〔註7〕但是公孫述自然不聽，後來爲光武帝所滅。

第二個自以爲是「當塗高」者是袁術，他「少見讖書，言『代漢者，當塗高』，自云名字應之」，〔註8〕也就是認爲「術」、「塗」都有「道路」之意，而且以爲「袁氏出陳，爲舜後，以黃代赤，德運之次。」也因此稱帝起兵爭奪天下，不過不久便爲曹操所敗，幽憤而死。第三個人則是曹丕，在《三國志・文帝紀》引《獻帝傳》中，對於曹丕利用讖緯的經過記載得頗爲詳細，當時太史丞許芝引列魏當代漢的讖語數十條，希望曹丕能夠取漢獻帝而代之，這些讖語中見諸於緯書的，如《春秋緯・漢含孳》：「漢以魏，魏以徵」、《春秋・玉版讖》：「代赤者，魏公子」、《孝經緯・中黃讖》：「日載東，絕火光。不橫一，聖聰明。四百之外，易姓而王。天下歸功，致太平，居八甲，共禮樂，正萬民，嘉家樂和雜。」、《易緯・運期讖》：「鬼在山，禾女連，王天下。」、「言居東，西有午，

〔註6〕此讖語亦見於《後漢書・祭祀志》上，作「劉秀發兵捕不道，卯金修德爲天子」。

〔註7〕《後漢書・公孫述列傳》。

〔註8〕《後漢書・袁術列傳》。

兩日並光日居下。其爲主，反爲輔，五八四十，黃氣受，眞人出。」都是。而白馬令李雲又根據「代漢者當塗高」此一讖語加以引伸：

　　「許昌氣見于當塗高，當塗高者當昌于許」，當塗高者，魏也；象魏者，兩觀闕是也；當道而高大者魏。

有了這麼多緯書讖語的暗示，曹丕自然水到渠成地篡漢而自立，而眞正應了此讖語；只是前文已說過，讖語的應驗與否，是以政治實力爲決定，並非以讖語眞實所述爲主，所以曹丕應讖只是因爲他已勝券在握，讖語只是他篡漢的藉口罷了。

　　到了西晉末年，又有人自以爲是當塗高，此人是西晉的司空王浚，他認爲他父親名字爲「王處道」，配合『當塗高』，應王者之讖」〔註9〕而且依照五行之說，魏晉皆非正統，於是決定起兵代晉，但是最後兵敗爲石勒所殺。

　　由以上所引四人，都自以爲是讖語所示，可以見到讖語所特具的包容性與指涉性，也因此歷來政治上對於讖語的運用，都以這種解說作爲政治行爲的藉口或後盾，但是應驗與否，則是由政治實力決定，而非天意。

三、災　異

　　最後討論者爲災異，大體而言，緯書中的災異觀只集中在君主與大臣身上，少部分有所謂的女主干政，也就是認爲凡是天有異象，或是野有旱澇，都是因爲這些主政者的行爲失檢，政策不當所致，從它批判的對象來看，這可以說是一種民主思想的雛形，但是若就它批判這些行爲的後果來看，則並沒有提出國君就應改朝換代，退位讓賢的說法，就算有也必然是指過去的事，對於當朝是絕不會有這樣的聲音出現，這又是封建思想的必然結果。由此可見到讖緯思想本身的矛盾處。

　　在前文中已談到，緯書的災異觀念是建立在天人相感，以及譴告兩個理論之上，前者一直是我國固有的文化思考模式，而後者則出自於董仲舒的擴大發揚。《春秋緯‧元命包》說：

　　行正不誤，逢世殘賊，君上逆亂，辜咎下流，災譴並發，陰陽散忤，暴氣雷至，滅日動地，天絕人命，沙鹿襲邑是也。

這是災異現象的一部分，就緯書整體中提到的災異形式來看，主要有星孛、

日月蝕、地震、怪異現象等四大類。以下依類分舉數例：

星孛：

《春秋緯‧感精符》：星孛於東方，言陰奪陽，臣代主，以兵相減，以勢相乘，天下變易，帝位久空，人人儌悻，布衣縱橫，禍未定息，主滅亂起，陰動爭明之異也。

《春秋緯‧文曜鉤》：專子妻妃，則熒惑展轉軒轅中。

日月蝕：

《易緯‧通卦驗》：日蝕則害命，王道傾側，故日蝕則正人主之過；月蝕則糴貴，故月蝕則正臣下刑。

《易緯》：月生未滿蝕，盡經五辰，天子失位，不盡者，臣失位。

怪異現象：

《河圖‧說徵示》：牛四角三足，名曰無下，見則主失國。

《河圖‧秘徵》：地赤如丹，血丸丸。

地震：

《春秋緯‧演孔圖》：地拆者，陰不靜，陽不施，臣下婞恣，故天下以謀去主。

《易緯‧坤靈圖》：地大動搖，世主之宮，國不安。

從以上分類所舉之例來看，幾乎所有的災異現象都與政治有所關聯，事實上這一些災異有些極少出現，但是為什麼會在緯書中形成一個重要的觀念呢？原因大概就在於緯書的原始用意，是希望能夠藉由天的力量，以告誡凡間帝王，應該要注意自己的施政以及行為，這樣對於自己或是整個國家都有好處。誠如《呂氏春秋》所說：

古之君民者，仁義以治之，愛利以安之，忠信以導之，務除其災，思致其福。故民之於上也，若璽之於塗也，抑之以方則方，抑之以圓則圓。〔註10〕

讖緯本身由於其本身所採用的形式，以及其在傳統政治發展上所扮演的角色之故，使得它變成一般人心目中，可以藉之爭奪政治利益的一種方法，不但忽略了它解釋儒學經典的功能，也未曾關注到它的文化意義與思想背景，這是令人覺得極其惋惜處。雖然讖緯思想與政治的互動關係，的確是非常密切而且深遠，

〔註10〕《呂氏春秋‧離俗覽》。

但是無論它是採用天人相感，或是符瑞、讖語、災異等方法來描述，也不論其中是否滲入了陰陽五行等觀念，其主要目標應該不是只在於提供奪取政權的藉口，而是為了要讓民眾能因為施政者對於自身行為的省悟，可以得到更好的生活，雖然說由於於對於讖緯運用觀念的不同，以及政治態度的不成熟，所以有人以之為升晉爵的階梯，有人以之為政治鬥爭的工具，也有人以禍殃視之，但相信這未必就是造作讖緯者的本意，而觀察讖緯思想與政治結構的互動，也可以使我們對於讖緯的政治觀點有更進一層的體認與寬容。

第二節　讖緯與民間動亂

讖緯與上層政治結合的事實，往往足以造成政權的轉移，這個事實同時也給許多「有為者亦若是」的人許多啟發，因此從王莽時代開始，就陸陸續續有不少起兵者都是以讖緯式的口號來號召群眾，這些起兵謀事者包含有官員、民眾、宗教團體等，而由於這些口號確實吸引人，所以往往也都能鼓動聲勢，造成一時的風潮，對於當時的政權來說，確實是一個相當大的壓力，雖然大體來說，這些動亂最後都無法達到取得政權的目的，但是在這過程中，他們對於讖緯思想的運用，則不斷地給予後起者新的啟發。

王莽可以說是成功地利用讖緯將政權和平轉移的第一人，但也因為沒有經過流血政變，所以他的敵對勢力一直都存在著，在新莽短短十五年的國祚之中，起兵抗莽的行動就有數次之多，造成王莽極大的困擾。在這些軍事行動中，又有兩次是藉由讖緯之說來發動的，第一次是在王莽地皇元年（西元20 年），大尹李焉與術士王況謀反，王況告訴李焉「君姓李，李音徵，徵，火也，當為漢輔」，〔註11〕並且為李焉造了一條新的讖語：

> 文帝發忿，居地下趣軍，北告匈奴，南告越人，江中劉信，執敵報怨，復續古先，四年當發軍。江湖有盜，自稱樊王，姓為劉氏，萬人成行，不受赦令，欲動秦、雒陽，十一年當相攻，太白揚光，歲星入東井，其號當行。

這則讖語中有不少難以理解的話，由於未見其他史料，不能確知他所暗指的意義為何，但在此王況用到了緯書中常用的星占法來預言，根據《春秋緯‧元命包》所說：

〔註11〕《漢書‧王莽傳》下。

> 東井鬼星，散爲雍州，分爲秦國。

這是指鬼星的分野區域是秦，恰與王莽所都位置相當，而《春秋緯‧感精符》則指出：

> 五精入東井，從歲星聚，殺白而發，黃神奉絕，用兵卒亂，以義得天下。

王況的讖語中談到歲星入東井，恰與《感精符》之說相類似，而王莽自以爲是土德，其色當黃，而緯書中則說「黃神奉絕」，這讖語可以說是專爲找王莽的忌諱而作，而緯書的最後結果是「以義得天下」，這正與李焉讖語的目標相合，如果《感精符》的文字出現在前的話，相信王況應該是根據此讖語來造作新讖的。但是這次的兵變尚未舉事，就因遭人告發，爲莽所覺，李焉等人都被捕下獄治死。

之後道士西門君惠也以占星之說：「星孛掃宮室，劉氏當復興，國師公姓名也。」鼓吹劉歆起事，但此舉仍同前事一般，未出兵便遭人舉發，一敗塗地。

新莽末年，張角起兵作亂，當時是用「蒼天已死，黃天當立，歲在甲子，天下大吉」〔註12〕的讖緯口號來嘯聚民眾，又說「漢行已盡，黃家當立」，〔註13〕由於漢代在五行的觀念中是以火德立國，而火生土，所以代漢而起的自然是土德，其色尚黃，之前的王莽也是以土德自居，而張角以新莽不符天命，並非正統，所以他並不是要取代王莽的土德，而是要直接繼承漢代的火德。

接著各個朝代多有以讖緯之名起兵的事實，如元末時徐壽輝起兵稱王，年號爲「天完」，在中國歷史上年號一定都是用吉祥之字，但是用「完」字，則此爲史上所僅見，但是若用讖緯的觀念來分析，則其用意便顯露出來，原來「完」字上爲「宀」，字意爲「天」，而下爲「元」字，「完」字意義就是希望能壓制元朝，這可以說是將讖緯思想逆向操作的一個有趣實例。

另外明末時，李自成起兵號闖王，據《明史‧流賊‧李自成傳》所載，當時起兵造反的人很多，而其名稱多頗怪異，如八金剛、掃地王、射塌天、滿天星、破甲錐、上天龍、混世王、神一元、不沾泥、可天飛、紅軍友、點燈子、混天猴、獨行狼、翻山動、掌世王、顯道神、九條龍、改世王等，而

〔註12〕《後漢書‧皇甫嵩傳》。
〔註13〕《三國志‧魏志‧武帝紀》裴注引王沈《魏書》。

官軍也不遑多讓，有猛如虎、虎大威、頗希牧，艾萬年、張應昌、湯九州、徐來朝、劉成功、曹變蛟等，使人讀正史猶如讀《封神》一般，這些人的姓名（或外號），看來即具有讖緯故作祥瑞之兆的意味。而當時李自成得李巖、牛金星、宋獻策等人的幫助，也造作謠讖，如：「十八子，主神器」、「迎闖王、不納糧」等，幫助李自成收買人心，終於斷送明代江山，這些都是將讖緯運用於政治上的成功之例。

當然除了前面所舉的這些例子之外，歷代起兵者，也都有許多天命所應的說詞，但以下不再加以討論，而要將主題置於以民間宗教為主的幾次起兵事件上，因為整個讖緯的神學體系，在兩漢之末已經與儒學漸行漸遠，而由於歷代的查禁，所以讖緯思想也逐漸離開了上層社會，雖然說其精神仍然常出現於宮闈的鬥爭之中，但要如兩漢一般的盛行，事實上已不可能了。只是讖緯的思想由於以人性趨吉避凶為主要的表現方法，所以雖然被上層社會所排斥，但在一般民間信仰中，反而開始茁長壯大，而許多民間宗教對於讖緯的思想加以吸收轉化，成為自己宗教教義的一部份，這種吸收轉化，雖然不見得最後都會被拿來作為起兵的藉口，但是當真正起兵時，天命所歸是一定要有的，也因此可以說：讖緯思想在與儒學的結合階段達到了高峰，而在查禁的過程中降於最低潮，可是卻在民間信仰中再度復活。

有了如上的基本認知之後，再來看看民間宗教動亂中的讖緯思想，應注意的是，這些民間宗教動亂，雖然說都有一些讖緯式的口號，但並不代表便是將整個讖緯思想原封不動地轉化成為教義，而是利用這種神學上的口號，使跟隨者相信朝代政權的更替，是應天順人的義舉。在魏晉之後，陸續有不少的民間教派，藉由讖緯預言的形式為號召來興兵作亂，最有名的莫過於以彌勒轉世信仰為號召的幾次戰爭。

「東漢末年，僧人安世高譯《大乘方等要慧經》，彌勒信仰首次傳入中土。其後西晉西域僧人竺法護譯《彌勒下生經》，彌勒淨土思想得到較完整的介紹。」〔註14〕此後彌勒淨土的信仰，開始在中土流傳。整體而言，佛教傳入中國之初，以小乘佛教為主，但由於小乘只重視自修自渡，與中華傳統文化兼及天下的思想有著嚴重的抵觸，所以講求渡眾生的大乘佛教，便因此而後來居上，彌勒信仰是大乘佛教的一支，其主要內容描繪了一個光明美好的未來世界，在緯書思想中，原本並沒有對於未來世界的憧憬與期待，這是因為

〔註14〕《中國民間宗教史》，頁38。

在當時人們對於整個世界的觀念，還封閉在以自我為中心的「中國觀」裡，所以緯書所表現的只是如何在真實世界中，求得更美好平安的生活，並沒有假以外求的思想，少部分向海外求仙山的傳說，也只是為了要取得長生不老的秘方，並不是為了要前往定居；但是在魏晉南北朝階段，中國自戰國之後近五百年的承平統一被再次打破，戰亂紛起，改朝換代猶如兒戲，加上一些外夷進入中原建立國家，對於傳統認為「漢賊不兩立，王業不偏安」的中國人而言，尋找避秦的桃花源，成為一個逃避現實的重要方法，而宗教就是此時中國人的心靈桃花源，也因此開始接受了這些宗教所建立的美好世界。

而彌勒信仰在這一個階段進入中國，由於提供了一個美好的遠景，所以很快地便流行起來，當時上至王公貴族下至販夫走卒，都對於佛教有著極其虔誠的信仰與期待，而慢慢地由於宗教的世俗化，開始便有人以宗教來作為對於現實紛亂社會秩序不滿的一種抗爭工具，陸續幾次以沙門為領導者的起兵都被平定，甚至引發統治者進行所謂的「滅佛法難」，但是由於整個社會的紛亂事實並未得到改善，所以這種藉宗教之名的起兵仍然是一直層出不窮，自東晉末年到北魏兩百年間，比較重要的沙門起事便有十餘件之多，〔註15〕到了北魏宣武帝延昌四年（西元 515 年），僧法慶創大乘教，起兵造反，他所使用的口號為「新佛出世，除去舊魔」，〔註16〕這與緯書中記載聖王出生的觀念其實一致，只是改用了神佛的觀念而已。而自此以後，這一系列的起義中，彌勒降生拯救世人的觀念，便成為所有政權興替的主要藉口，雖然法慶後來被擊敗處死，但是以彌勒降生救世為口號的起兵事件，便自此延續，一直到清代，都仍有藉此口號起義的事件，前後延宕一千餘年，也可見此一信仰深入人心，以及其聳動性的概況。在此同時，藉由讖緯預言形式出現的民間宗教經典如雨後春筍一般出現，官方屢禁不絕。在正統讖緯書籍被查禁的同時，以讖緯思想為實質的民間宗教經典，卻正大力繼承並發揚讖緯的精神，並成為其向統治階層挑戰的政治藉口。

另外一個同樣藉由神佛降生救世為藉口而起兵的民間宗教是摩尼教，摩尼教非我國的本土宗教，大約在唐代中葉前後才傳進中國，而其主要大盛的原因為安史之亂時，唐向回紇乞兵入援，而回紇此時已改信摩尼教，所以藉由軍事之便，也將摩尼教傳入中國。宋代以後摩尼教（此時多改稱為明教或

〔註15〕同註14，頁 48 至 50 所述。
〔註16〕《魏書・景穆十二王列傳》。

明尊教）的勢力漸大，引起統治者的注意，並加以明令禁止，據當時一封奏聞所說：

> 一明教之人，所念經文及繪畫佛像，號曰訖思經、證明經、太子下
> 生經、父母經、圖經、文緣經、七時經、月光經、平文策、贊策、
> 證明贊、廣大懺、妙水佛幀、先意佛幀、善惡幀、太子幀、四天王
> 幀，已上等經佛號，即于道、佛藏，並無明文該載，皆是妄誕妖怪
> 之言，多引稱時明尊之事，與道佛經文不同。至于字音，又難辨認，
> 委是狂妄之人，偽造言辭，誑愚惑眾，上僭天王太子之號。〔註17〕

就這段文字來看，其實摩尼教的經典，與緯書確實有著一些相同點。元朝入主中國，其統治手法更為殘酷，摩尼教眾於是紛紛藉由宗教名義起兵抗元，「元末農民起義雖然有多股，活動於不同地區，各立山頭，但是義軍們卻都頭戴有民間宗教特徵的紅巾，燒香拜佛，號稱『香軍』。起義軍則公開以『彌勒降生，明王出世』這個讖語箴言，作為發動群眾的口號。」，〔註18〕元代陶宗儀《輟耕錄》書中還記載有當時流行於社會上的兩首歌謠，從歌詞的內容可以看出當時紅巾軍的概況：

> 滿城都是火，官府四散躲，城裡無一人，紅軍府上坐。

> 天遣魔兵殺不平，世上能有幾人平，待看日月雙平照，殺盡不平方
> 太平。

此處談到「魔兵」、「日月」，隱喻了「摩尼教」與「明教」之名，並且也說明了他們起兵的理由是為了爭取社會公平；後來朱元璋藉由明教的勢力驅走元人建立明朝，但是他也害怕有人會東施效顰，所以即位後便下令禁止明教之流傳，迫使明教轉入地下，但對於其後的民間宗教仍有著極大的影響。

　　與摩尼教同時在宋代發展的有白蓮宗，這是由茅子元在南宋初年，根據佛教淨土宗的教義所別立而出，在宋代白蓮宗並未受到官方的禁止，因為它仍依附於正統佛教的庇翼之下，但是到了元代後，由於對於男女關係的混亂以及不守佛教諸規而別立一教，稱為白蓮教。白蓮教自創之後，由於主張結社說法，因此受到統治者的注意，被下令禁絕其傳教及經典流布，據《通制條格・禁書》條所言：

> 照得江南見有白蓮會等名目，五公符、推背圖、血盆，及應合禁斷

〔註17〕同註14，頁91、91，轉引《宋會要輯稿》一六五冊、刑法二、禁約。
〔註18〕同註14，頁96。

天文圖書，一切左道亂正之術，擬合禁斷。〔註19〕

從所查禁的圖書與白蓮會並立來看，可見此教的經典儀式，大概也與緯書出入不大；後來白蓮教領袖韓山童也於元末起兵：

> 初，欒城人韓山童祖父，以白蓮會燒香惑眾，謫徙廣平永年縣。至山童，倡言「天下大亂，彌勒佛下生」，河南及江、淮愚民皆翕然信之。〔註20〕

這又是利用彌勒轉生爲藉口起兵的一例。而元至正三年（1337），又有一個名爲棒胡的人以彌勒轉生爲藉口起兵，在他兵敗後，官方查送他的東西發現有「彌勒佛、小旗、僞宣敕並紫金印、量天尺」，〔註21〕這些東西都與道教的用品類似，也是一種符命的象徵；與棒胡同年起義的彭瑩玉，除了也以彌勒之說爲號召外，他還別有所創：

> 袁州妖僧彭瑩玉，徒弟周子旺，以寅年寅月寅時反。反者背心皆書「佛」字，以爲有佛字者，刀兵不能傷，人皆惑之，從者五千人。
> 〔註22〕

這與前文中談到，讖緯思想的文字崇拜精神是如出一轍的，而其後清末義和團也承襲之，以爲如此能眞有神明護體刀槍不入，殊爲可悲。

入清以後，由於反清復明的心態影響，有許多的民間宗教分別藉由讖緯預言之類的方法起兵，如嘉慶八年（西元 1803 年），創陰盤教、陽盤教的教主李凌魁被清廷所殺，因爲他以緯書離合文字之法，認爲「十八字，主神器」之讖是應在他的身上，所以「自稱係後唐天子轉世，傳有秘訣四句：『天空降下一炷香，一半陰來一半陽，若得陰陽歸一處，寅卯時中坐朝堂。』密爲煽誘，欲於子丑年間起事。」〔註23〕此人的宗教思想與讖緯思想無異，又談離字分合，又談陰陽，又言聖王出世，只是最後仍不免於失敗。

嘉慶年間另外一件宗教民亂是八卦教之亂，此教從教名來看，便是承自八卦之說，教分八支，各支再設卦長一人，以吸收信眾，此教的經典中有《乾元亨利貞春夏秋冬九經歌》之類，大體都是介紹《易經》思想，如言：「引陰陽，

〔註19〕同註14，頁 145，轉引之。

〔註20〕《元史・順帝紀》。

〔註21〕同註20。

〔註22〕同註14，頁 151，轉引《庚申外史》卷上。

〔註23〕同註14，頁 376，轉引《軍機處錄副奏折》，嘉慶八年十二月初八日江西巡撫秦承恩奏折。

各分班，一能生二，二生三。三氣之所命乾天，八卦易成性剛堅。」但是其解說多粗鄙，主要仍是爲了宣導神仙思想爲主。在乾隆三十年（西元 1772 年），清廷在八卦教分教震卦長王中家中搜出兩本「無名邪書」，內容有「平胡不出周劉戶，進在戊辰巳巳年」、「也學太公渭水事，一鉤周朝八百年」等語，另外又搜出的書中，則「有走肖、木易、卯金刀、來爭戰等句」，〔註24〕這種分字離合的預言根本全就是讖緯的翻版。由於八卦教教主爲劉佐臣，而經文中提到有「平胡不出周劉戶」，於是清朝大力搜捕姓周之人，但卻一無所獲：

> 事實是在民間宗教世界一直流傳著「十字合同」的讖言，什麼是「十字合同」呢？就是一個「周」字。周代表著周朝，特指華夏民族，八卦教宣稱「平胡」的使命將落在周姓與劉姓兩族的肩上。劉姓是兩漢四百年天下的最高統治者，劉姓即卯金刀，代表著漢民族，八卦教首劉姓是以漢室後裔自居的，儼然以推翻諸夷及胡人爲己任，胡人則明指滿清統治者、這就是八卦教內流傳的讖文的眞實含義。
> 〔註25〕

　　清代最大的民亂莫過於洪秀全所創上帝教的太平天國之亂，也是中國近代史上一場最大宗教民亂，天王洪秀全假藉上帝之名，自稱爲天子，又結合反清復明的勢力，以推翻清朝爲職志，造成了極大的聲勢，雖然最後終歸於失敗，但是他對中國人思想的覺醒，其實有著正面的意義。太平天國之亂既久，勢力也大，所以教義、教條也多，但大體不離天意、神授諸說，據目前可見的太平天國文獻中，有一本名曰《天命詔旨書》，其中談到太平天國首領之一楊秀清在金田起事前一年，蒙受上帝感召的記錄：

> 己酉三月十六日（時在貴縣），天父上主皇上帝曰：「高老山山令，遵正十字有一筆祈祈。」

此處談到的日期容易理解，但是末句則實在不知所云，後來終於得到答案：

> 僞詔有高老山山令，遵正十字有一筆祈祈等語，初亦不解，後詢之賊中逃出之人，始悉高老即天父，山山即出字，十字有一筆即千字，大抵言天父令要遵千祈之意。〔註26〕

〔註24〕同註 14，頁 1017，轉引《朱批奏折》，乾隆三十七年五月十九日山東按察使國泰奏折。
〔註25〕同註 14，頁 1019。
〔註26〕《太平天國史事考》，頁 23，轉引《賊情彙纂》卷七，僞詔旨條。

另外如《太平救世歌》中說：

> 禾乃師爲天父定，以神贖病救黎民，兄弟雁行居第四，同扶眞主建
>
> 天京。〔註27〕

「禾乃」二字，於字爲「秀」，也就是指楊秀清。這兩則記錄都是模依緯書分字離合的作法來故神其說。另外還有所謂的《天父上帝言題黃詔》，這一本書中記錄了七絕詩十首，內容多爲隱語，不易理解。太平天國由於是以神權起家，所以對於各種的神異造作不遺餘力，但對於鞏固整個王國的思想，確實也有其助益。

　　整體觀察歷史上對於政權應用讖緯的記錄，可以看到有以下兩個現象，第一、他們使用讖緯的方法，主要爲襲用讖緯中應天命等神異之說，並非全盤照用讖緯思想，而最常用的部份則是分字離合的讖語。第二、這些民間起義的代表人物，雖然本身也都迷信讖緯之說，但是與緯書最大的不同，是在於他們造作讖語的對象，都是應在自己身上，即便是神佛降生，也都是轉世在自己身上，而且只限在政治用途。

　　讖緯思想的發展與中國政治的關係，其實是一個無法分解的糾葛，政治利用讖緯奪權，讖緯利用政治擴張，當互相需要時都各取其利，只是在這一場神學與政治的鬥爭中，神學似乎永遠處於被動的角色，但它雖只是一個被用來奪權的工具，可是眞正的輸家卻不是讖緯或政治，而是民眾。

〔註27〕見《太平天國叢書》，第一集，第四冊。

第五章　讖緯與學術思想

　　從更深入的角度來看，讖緯不僅僅是一種政治現象，它也是一種學術觀念，因為在讖緯發展的長遠歷史中，我們不難發現：它由一種簡陋的迷信行為，藉由吸收其他信仰模式而逐漸壯大，而且它所吸收的內容不只是儀式而已，還有許多的思想觀念，再加上它對於不同的學派也有一定的接受程度，提供了極高的可塑性；再就整體讖緯行為中表現出的事實來看，它雖然以一種世俗式的追尋徵兆來換取政治地位，但其表現的思考邏輯方法，卻與傳統學術有著密切的關連，因此對於讖緯之學術價值實在是不容輕忽的。

第一節　讖緯與儒家

　　由於政治上的因素，讖緯大體上依附於儒家的經典或是聖人，因此它與儒家的關係也較其他諸學派來得更為密切，就學術繼承上而言，讖緯思想借用了許多傳統儒家的觀念，而在開展上，它也使得儒學在政治上有著更加穩固的地位；雖然對於此一現象，有許多儒學學者不以為然，但也有許多人卻將其發揚光大，得失之間，自有許多值得討論之處。

一、讖緯中之孔門師生形象

　　孔子是儒家的代表人物，對於鬼神怪異之說，「敬鬼神而遠之」可以說是他的基本態度，「敬」而「遠之」，說明了孔子認為鬼神的存在有其必要（未必是真實存在，而是有必要存在），但是不宜只以鬼神為藉口來行事。《易經》則對於人與鬼神的關係加以界定：

> 夫大人者，與天地合其德，與日月合其明，與四時合其序，與鬼神
> 合其吉凶。〔註1〕

也就是說：有大智慧者除了能與天地四時配合之外，還能夠理解鬼神的心意
以斷決吉凶，孔子自然是屬於這一類型的智者；在讖緯文獻中，凡是聖主明
王都有一個不同於平常人的出生方式，也就是「感生」，亦即由天地神靈以特
殊方式生下聖人，對於這種神話式的描述，可以以遠古母系社會演變到父系
社會的觀念加以解釋：

> 目前所有研究者都認為，父權制從一開始就是原始社會解體的一種
> 形式，因為向父權制過渡是同氏族公社的解體和個體家庭經濟上的
> 分離相關係的。因此過渡本身包括了社會的經濟生活和社會生活以
> 及思想意識各方面，它還涉及到了家庭生活與家庭婚姻關係的一切
> 方面。最後決定向父權制過渡的生產力的增長，導致了經濟系統中
> 男女性別相互關係的變化，使男子的勞動作用提高了，因而男子獨
> 立的所有權得到了發展。〔註2〕

簡單地說，由於遠古「但知有母，不知有父」，因此對於父系的重視相對較少，
但到了文明草創階段，父系權力抬頭，不再能接受父系的不明確現象，所以
對於聖人出生的遠古傳說，就必須尋求一個較能配合父系社會事實的解釋，
而由於父系的生產力量明顯增加，所以產生了父系為神靈的觀念，如此一方
面可以解釋何以不孕或無夫而生的窘境，另一方面也強化了聖人的特異與不
同，此類之例於緯書中繁不多舉。

　　孔子由於為儒家之祖，所以雖然史料中知其父母，但若只是平凡無奇的
人，似乎不足以彰顯孔子對於人世的重要貢獻，所以造作緯書者，便開始以
神異的方法——「感生」的觀念，來神化孔子的出生情況，但在此又衍生了
有父卻又感生的兩難困境，也就是為何孔子獨有這種情況？鄭玄對此有一解
釋，他認為：

> 諸言感生得無父，有父則不感生，此皆偏見之說也。〈商頌〉曰：「天
> 命玄鳥，降而生商」，謂娀簡吞鳥子生契，是聖人感，見於經之明文。
> 劉媼是漢太上皇之妻，感赤龍而生高祖，是非有父感神而生者也？
> 且夫蒲盧之氣，嫗煦桑蟲成為己子，況乎天氣因人之精，就而神之，

〔註1〕《易·乾九五·文言》。
〔註2〕《原始社會》，頁95。

反不使子聖賢乎？是則然矣，又何多怪。〔註3〕

就鄭玄的說法，只要是聖人，則不論是有父無父仍然都可以「感生」的，而其主要目的也還是在於強調聖人的與眾不同，至於是否眞正相信又是另一回事了。由於有遠古神話爲祖，再加上這種觀念作爲支持，於是讖緯作者以此爲出發點，自然對孔子的出生大加神化，以達其依附聖人名號推展自我學說之目的。《春秋‧演孔圖》中，於孔子的出生命名都有明確交代：

孔子母顏氏徵在，遊太冢之陂，睡夢黑帝，使請與已交。語曰：「女乳必於空桑之中。」覺則若感，生丘於空桑，首類尼丘山，故以爲名。

《論語緯‧譔考》說法則不同：

叔梁紇與徵在禱尼丘山，感黑龍之精以生仲尼。

這兩則說法雖然略有變化，但主要相同處在於孔子是黑帝（或是黑龍）之後代，由於讖緯造作之時，五行五色相生相勝之說已大盛，所以孔子誕生之異兆亦不免與之相結合；以黑色爲孔子之代表色，主因在於孔子爲殷之後代，《春秋‧元命包》說：「夏，白帝之子；殷，黑帝之子；周，蒼帝之子」，所以孔子是因黑帝而感生的。至於孔子的命名則都與尼丘山有關。

而由於孔子是聖人，除了出生必有異兆之外，連其外表也是異於常人：

《禮緯‧含文嘉》：孔子反宇，是謂尼丘，德澤所興，藏元通流。

《孝經緯‧鈎命決》：仲尼牛唇，舌理七重，吐教陳機受度。仲尼虎掌，是謂威射，胸應矩，是謂儀古。仲尼龜脊。孔子海口，言若含澤。夫子輔喉。夫子駢齒，象鈎星也。

而《春秋緯‧演孔圖》對於孔子的形象描述，可以說是最爲曲盡幽微的：

孔子長十尺、海口、尼首、方面、日角日準，河目龍顏，斗唇昌顏，均頤輔喉，駢齒龍形，龜脊虎掌，駢脅修肱，參膺圩頂，山臍林背，翼臂注頭，阜脥堤眉，地足谷竅，雷聲澤腹，修上趨下，未僂後耳，面如蒙俱，手垂過膝，耳垂珠庭，眉十二采，目六十四理，立如鳳峙，坐如龍蹲，手握天文，足履度宇，望之如樸，就之如升，視若營四海，躬履謙讓，腰大十圍，胸應矩，舌理七重，鈎文在掌，胸文曰：「制作定，世符運。」

在此用了許多今日無法理解的語句來描述孔子的外形，但綜合這些描述來

〔註3〕　《詩‧大雅‧生民》疏引〈駁五經正義〉。

看：孔子的身高有十尺，腰部大有十圍，頭頂內凹，有如一倒放的天宇，同時有「眉十二采，目六十四理」、嘴大唇厚、聲大如雷、腹大如澤、舌有七重紋理、有兩排牙齒、手掌大、手長過膝、背如龜之隆起，胸部方正如矩，而且有字在其上；似乎是歷來用以描述聖人明主外形的詞句都用於此了，這真的是極為怪異的形象，但若就信仰的角度來說，無論是虎、牛、龍、龜，都是傳說或是現實生活中，具有神性或是威嚴性的生物，因此在「凡人之生也，天出其精，地出其形，合此以為人」〔註4〕的觀念下，聖人的造型部份模仿自自然萬物，是一個合情合理的現象。其他與一般人不同的特殊部份，則更是為了彰顯他的與眾不同，而孔子這樣怪異的造形，其實就只是為了強調孔子能夠「立德澤世、開萬世路」的重要責任。

而由於「聖人不空生，必有所制，以顯天心」，〔註5〕所以孔子之出生就是為了要彰顯天心，而其表現就是「為漢制法」，這自然是後代讖緯作者為自神其說所創造出的說法，但在讖緯中，這卻是為人們深信的原則，而孔子的著作中有兩部變成為了此一目的而作。《春秋緯》說明其總體原則為：

> 丘覽史記，援引古圖，推集天變，為漢帝制法，陳敘圖錄。

意為孔子觀覽過去古史之書，並引用古圖，同時觀察天象之變化加以總合整理後，以圖錄方式，為後之漢代訂立法統。其主要代表作為《春秋》與《孝經》，他作春秋的主要理由是因為魯哀公十四年西狩獲麟，《孝經緯‧右契》說：

> 孔子夜夢三槐之間，豐沛之邦，有赤煙氣起，乃呼顏回、子夏侶往觀之。驅車到楚西北范氏廟，見芻兒捶麟，傷其左前足，束薪而覆之。孔子曰：「兒，汝來，汝姓為誰？」兒曰：「吾姓為赤松，名時喬，字受紀」。孔子曰：「汝豈有所見乎？」兒曰：「吾所見一禽，如麕，羊頭頭上有角，其末有肉，方以是西走。」孔子曰：「天下已有主也！為赤劉，陳、項為輔，五星入井從歲星」。兒發薪下麟，視孔子，孔子驅而往，麟向孔子，蒙其耳，吐書三卷。孔子精而讀之，圖廣三寸，長八寸，每卷二十四字。其言：「赤劉當起日，周亡，赤氣起，火曜興，玄丘制命，帝卯金。」

《春秋緯》也說：

> 麟出，周亡，故立《春秋》，制素王，授當興也。

〔註4〕 《管子‧內業》篇。
〔註5〕 《春秋篇‧孔演圖》。

《孝經緯・右契》則說：

> 孔子備《春秋》者，禮修以致其子，故麟來爲孔子瑞。

《春秋緯・握成圖》以爲：

> 孔子作《春秋》，陳天人之際，記異考符。

這幾則說法中已明顯地有著五行五色的觀念，例如「赤松」、「赤煙」、「赤劉」、「玄丘」都是，而其所用之字詞則已與後代讖語模式類似，如「時喬」、「受紀」等，都已暗示改朝換代的時候已到，同時更明白地寫出要求孔子爲漢制法，而未來的皇帝是「卯金」，這是上天所賦予孔子的使命；而由於孔子並非帝王，只是「素王」而已，所謂「素王」，就郭象注解《莊子》的意見是「有其道爲天下所歸，而無其爵者」，《孝經・鉤命決》則假藉孔子自述：「子曰：『吾作《孝經》，以素王無爵祿之賞、斧鉞之誅，與先王以託權。』」，所以孔子自知不能施行眞正的刑罰使人民行爲端正，因此乃透過書籍來匡正時俗，這也是上天所賦予孔子的責任，《孝經緯・援神契》說：

> 孔子作《春秋》制《孝經》既成，使七十二弟子向北辰星磬折而立，使曾子抱《河》、《洛》，事北向，孔子齋戒，簪縹筆，衣絳單衣，向北辰而拜，告備于天曰：「《孝經》四卷，《春秋》、《河》、《洛》計八十一篇，謹已備。」天乃虹鬱起，白霧摩地，赤虹自上，下化爲黃玉，長三尺，上有刻文，孔子跪受而讀之曰：「寶文出，劉季握，卯金刀，在軫北，字禾子，天下服。」

也就是仍舊強調孔子的責任，是爲後代的劉姓天子制定法統，同時由於孔子是黑帝之後，而無法繼承木德的周朝，所以只有待「赤帝子」的劉邦以火德來繼承了。讖緯對於五行相勝相生觀念的承繼，除了是學術思想的遺緒外，也再一次地強調了天人相感的思考模式——若是不能符合天命，則與帝位必定無緣；這樣的說法不但解決了孔子被稱爲「素王」的理由，也替漢代的君主即位找到了一個完美且於「天」有據的絕佳藉口。

除了《春秋》與《孝經》外，有一些典籍也在讖緯中與孔子依附上關係，如《尚書緯・璇璣鈐》中說：

> 孔子求書，得黃帝玄孫帝魁之書，迄於秦穆公，凡三千二百四十篇，斷遠取近，定可以爲世法者百二十篇，以百二篇爲尚書，十八篇爲中候。

認爲《尚書》也是孔子所編采而成，與一般認爲與孔子有關的《詩》、《易》

等經典，一起為《春秋》、《孝經》之輔翼，所以《春秋緯‧說題辭》以：「作法五經，運之天下，稽之圖像，質於三王，施之四海。」作為總結，將整個儒家的經典都和讖緯結合，這也是讖緯依附儒家以自重的明證。

而孔子既然生為聖人，則他除了「為漢制法」之外，必然還有其他的能力表現，王充說：

> 儒者論聖人，以為前知千歲，後知萬世，有獨見之明，獨聽之聰，
> 事來則名，不學自知，不問自曉，故稱聖則神矣。〔註6〕

由於有這種觀念，所以在讖緯中對於孔子的神化，除了其出生及造型外，就屬對於孔子的預知能力描述最為神奇；《春秋緯‧演孔圖》說：

> 驅除名政，衣吾衣裳，坐吾曲床，濫長九州，滅六王，至於沙丘亡。

《易緯‧通卦驗》說：

> 孔子表《洛書‧摘亡辟》曰：「亡秦者胡也。」

緯書中的說法以為孔子之預言能力超人，知道秦始皇將要消滅六國，一統天下，也預言始皇死於沙丘，而秦祚亡於胡亥；同時繼秦之後則是：

> 孔表雄德，庶人受命，握麟徵。〔註7〕

就是暗指庶人劉邦將會受命而有天下；同時孔子也對儒學學派的演變作了預言，《春秋緯‧說題辭》記載：

> 傳我書者，公羊高也。

而《論衡》書中也引用讖書中孔子之言：

> 不知何一男子，自謂秦始皇，上我之堂，踞我之床，顛倒我衣裳，
> 至沙丘而亡。

> 董仲舒，亂我書。〔註8〕

所謂「傳我書者，公羊高也」是指後來《春秋》經由公羊高傳承；而「上我之堂，踞我之床，顛倒我衣裳」，則是指始皇焚書，而使儒學中輟之事；而稱「董仲舒，亂我書」者，則是指董仲舒修改儒學的精神，而以神學思想混入儒學之中，使得儒學發生質變之意。這些讖語自實證科學角度來看，自然是所謂的「後知之明」，但是讖緯作者將其加入緯書之中，對於其提升孔子神異地位，絕對有正面的幫助，也連帶使得緯書的神異性與崇高性更加深一層。

〔註6〕《論衡‧實知》篇。
〔註7〕《易緯‧乾鑿度》。
〔註8〕同註6。

緯書中亦記載了孔子死後的情況，分別見於《春秋緯‧說題辭》言：「孔子卒，以所受黃玉葬魯城北」，及《禮緯‧稽命徵》所言：「夫子墳方一里，弟子各以四方奇木來植之。」

除了孔子以外，孔門主要弟子也被列入緯書之中，而且也被改造爲配合孔子形象的特殊人物。《論語緯‧摘輔象》中說：

> 仲尼素王，以顏淵爲司徒，子貢爲司空。

> 左丘明爲素臣。

顏回與子貢爲孔子所欣賞的兩位愛徒，而左丘明作傳，以明夫子不空言立說，更是孔子的忠實信徒，所以緯作者將此三人列名，而成爲屬於讖緯思想中孔子儒學神學王國的主要代表人物；當然除了這三人以外，七十二弟子也有列入緯書者，如《論語緯‧摘輔象》所說：

> 宰我手握户，是謂守道；子游手握文雅，是謂敏士；公冶長手握輔，是謂習道；子夏手握正，是謂受相；伯周手握直期，是謂疾惡；樊遲山額，有若月形，反宇陷額，是謂和喜；澹臺滅明歧掌，是謂正直。

> 顏淵山庭日角，曾子珠衡犀角。

《論語緯》稱：「子路感雷精而生」，《論語讖》說：「顏回有角額似月形，淵，水也，月是水積，故名淵。」、「子路感蛇精而生，尚剛好勇。」這些都是孔子門下的有名學生，所以也列入緯書之中。而據《論語緯‧崇爵讖》所言：「子夏六十四人，共撰仲尼微言，以當素王。」這可能是唯一明白指出孔子的著作中，曾有其學生參與的文獻記載。而其後的亞聖孟子，也被順帶收入緯書之中，可謂是一網打盡了。《春秋緯‧演孔圖》有：

> 孟子生時，其母夢神人乘雲自泰山來，將止於嶧，母疑，視久之，

> 忽片雲墜而寤，時閭巷皆見有五色雲覆孟子之居焉。

綜合以上所討論到有關孔子與其諸弟子在緯書中的形象與功業後，對此現象略作總結。首先：緯書作者由於要依附於儒家經典以求受重視，故由根源作起，將儒家先哲一律改頭換面，以符合其自身之需要，其目的在於「歸附正統」，也就是藉由聖人名號來提升緯書地位；其次在緯書中，對於儒家經典的完成亦賦予神怪之面貌，其目的則是爲依附於經典本文的緯書尋求依藉：當原始經典之來歷如此詭譎之時，則依附的緯書繼續依循，自然也不會多招嫌議。因此可以說緯書中對於孔門師徒的怪異造型刻畫，並非出於對儒

家故意神化，而是爲了使依附其上的讖緯思想地位增高之故，此方爲其眞正目的所在。

二、讖緯與今文學派

由於秦始皇的焚書以及項羽火燒咸陽之禍，使得中國先秦以前的思想典籍遭到極大的打擊，絕大部份的書籍都因此消失或成爲斷簡殘篇。漢興之後，官方所立博士之學都爲當時生徒依背誦所得，或少數藏書以漢代通行文字書寫記錄，即爲後代所謂的今文學。當時立爲博士者，《易》有施讎、孟喜、梁丘賀，京房四家；《書》有歐陽生、夏侯勝、夏侯建三家；《禮》有戴德、戴聖二家；《春秋》有嚴彭祖、顏安樂二家；《詩》則分立魯、齊、韓三家。據皮錫瑞《經學歷史》所言：

> 兩漢經學有今古文之分。今古文所以分，其先由於文字之異。今文者，今所謂隸書，……古文者，今所謂籀書。……凡文字必人人盡識，方可以教初學。許慎謂孔子寫定六經，皆用古文，然則，孔氏與伏生所藏經書，亦必是古文。漢初發藏以授生徒，必改爲通行之古文，乃便學者誦習。故漢立博士十四，皆今文家。而當古文未興之前，未嘗別立今文之名。

就這段話來看，在漢代初期的學官由於並沒有多少的古書足以爲佐證，所以都是以師承口傳爲主，而且將其改寫爲漢代所通行的隸書以教授學生，如《史記‧儒林傳》說：「孔氏有古文尙書，而安國以今文讀之」，便是明證。嗣後漢惠帝四年（西元前 191 年），廢秦始皇三十四年（西元前 213 年）所定之挾書令，自此民間始將收藏之書獻出，但一直到王莽重用劉歆，「始增置古文尙書、毛詩、周官、左氏春秋。既立學官，必創說解。後漢衛宏、賈逵、馬融又遞爲增補，以行於世，遂與今文分道揚鑣。」〔註9〕至此今古文的對立正式形成。

但緯書爲附經而存在，兩漢既以今文爲正宗，則依附其上的緯書自然也必以今文爲其主要思想。基本而言，西漢的今文經學以講求微言大義爲主，但「經」已是爲官方所明定的範本，不能增損，只能加以疏解，而「緯」則可以隨己意加以創作，其中的「微言大義」，更可以由作者自行引申，但雖然

〔註9〕《經學歷史‧經學昌明時代》，頁80。

如此，緯書的經學觀念卻仍然不脫離今文學派，其原因則是爲了政治上的利益問題，據《史記・儒林傳》所說：

> 武安侯田蚡爲丞相，絀黃老刑名百家之言，延文學儒者數百人，而公
> 孫弘以春秋，白衣爲天子三公，封以平津侯，天下之學士靡然鄉風矣。

這種由白衣爲卿相的事實，可以說爲長期以來爲封建制度所壟斷的仕途另開蹊徑，所以學者自然都「靡然鄉風」。而由於今文學派爲當代經學主導，則造作緯書之人，自然也不會故意批其逆鱗，而自斷附經之原意。也因此我們可以說今文經學的興盛，其實也正是讖緯思想興盛的開始，雖然西漢之後，今文學派逐漸沒落，但讖緯卻以其掌握人性的優勢，繼續在政治、文化、思想等各方面發揮其影響力。

在討論過讖緯思想與今文學派發展的相對關係之後，以下分依《易》、《齊詩》、《尚書》、《春秋公羊傳》四經之序，說明讖緯與今文經學之關係。

（一）《易》

根據《史記・仲尼弟子列傳》所載：「孔子傳《易》於瞿。瞿傳楚人馯臂子弘，弘傳江東人矯子雍疵，疵傳燕人周子家豎，豎傳淳于人光子乘羽，羽傳齊人田子莊何。」〔註 10〕六傳之後，田何又授丁寬，丁寬授田王孫，田王孫授施讎、孟喜、梁丘賀等三人，其中孟喜又授焦延壽，延壽又授京房，漢初所立的《易》學博士四家，其師承大抵如此。《易緯・辨終備》之中，便將孔子與傳《易》之瞿的關係也記錄進來：

> 魯人商瞿使齊，瞿年四十，今奉使行遠路，恐絕無子，夫子正。正
> 月與瞿母筮，告曰：後有五丈夫子。

此段文字有些含混難明，可能有所衍掩，但應該是要介紹孔子之所以將《易》傳於瞿的理由，由此可見讖緯與今文《易》學之間的關係。

在這四家之中，據《漢書・儒林傳》所載，孟喜自言得由田王孫死前獨授「《易》家候陰陽災變書」，但據其同門梁丘賀所言，田王孫死時「喜歸東海，安得此事？」所以「孟喜的陰陽災變書可能出自海上方士所傳」；〔註 11〕而京房受自焦延壽之《易》，延壽之弟子翟木、白生兩人皆否認是師承於孟喜；

〔註 10〕《漢書・儒林傳》作傳《易》之順序略有不同，爲：「商瞿……授魯橋庇子庸，子庸授江東馯臂子弓，子弓授燕周醜子家，子家授東武孫虞子乘，子乘授齊田何子裝。」其中人名、次序有異。

〔註 11〕《讖緯論略》，頁 128。

後來劉向考察諸家《易》說之內容，也認爲其他諸家之說「大誼略同，黨焦延壽獨得隱士之說，託之孟氏，不相與同。」

在此特別舉出孟喜及京房之原因，因爲在傳《易》四家之中，其他二人於陰陽災異方面並未有明確之記錄，但孟喜有「陰陽災變書」；而京房其師焦延壽「長於災變，分六十四卦，更直日用事，以風雨寒溫爲候，各有占驗」，而京房師承其說「用之尤精」，〔註12〕所以其後緯書中的易說多爲繼承孟京而來。目前孟喜之說僅餘部份在唐僧一行的《卦議》中，京房之說則有《京房易傳》三卷行世，餘亦不得見。

一行書中提到孟氏時說：「十二月卦，出於孟氏章句。其說《易》本於氣，而後以人事明之。」十二月卦，亦即後人所謂的「十二月消息卦」，基本上「他解說《周易》的方法是以一年四季的節氣變化作爲依據，即以四時、十二月、二十四節氣、七十二候與六十四卦相配。」〔註13〕這與《易緯》中的思想頗類似。在孟喜的《易》說中，他曾經提出所謂的「四正卦」之說，他以爲「坎、震、離、兌，二十四氣，次主一爻，其初則二至二分也。」大意爲一年以四個卦相來分掌四季，再各配合六個節氣，孟喜又對此說加以引申：

> 坎以陰包陽，故自北正。微陽動於下，升而未達，極於二月，凝固之氣消，坎運終焉。
>
> 春分出於震，始據萬物之元。爲主於內，則群陰化而從之。極於正南，而豐大之變窮，震功究焉。
>
> 離以陽包陰，故自南正，微陰生於地下，積而未章。至於八月，文之質衰，離運終焉。
>
> 仲秋陰形於兌，始循萬物之末，爲主於內，則群陽降而承之。極於北正，而天澤之施窮，兌功究焉。
>
> 故陽七之靜始於坎，陽九之動始於震。八之靜始於離，陰六之動始於兌。故四象之變，皆兼六文，而中節之應備矣。

大意爲，坎卦卦象爲 ☵，是兩個陰爻包著一個陽爻，根據《說卦傳》說：「坎者，水也，正北方之卦也」，所以說「故自正北」，而陰包陽，陽氣微弱，但會慢慢增強，到了二月之後，天氣漸暖，則坎運到此結束。其餘諸卦不再贅

〔註12〕 《漢書・睦雨夏侯京翼李傳》。
〔註13〕 《四庫術數類大全・八卦術》，頁156。

述。而孟喜的「四正卦」之說，其實乃是繼承自《說卦傳》之說：

> 萬物出乎震，齊乎巽，相見乎離，致役乎坤，說言乎兌，戰乎乾，
> 勞乎坎，成言乎艮。萬物出乎震，震，東方也。齊乎巽，巽，東南
> 也。齊也者，言萬物之絜齊也。離也者，明也，萬物皆相見，南方
> 之卦也；聖人南面而聽天下，嚮明而治，蓋取諸此也。坤也者，地
> 也，萬物皆致養焉，故曰「致役乎坤」。兌，正秋也，萬物之所說也，
> 故曰「說語乎兌」。戰乎乾，乾，西北之卦也，言陰陽相薄也。坎者，
> 水也，正北方之卦也；勞卦也，萬物之所歸也，故曰「勞乎坎」。艮，
> 東北之卦也，萬物之所成終而所成始也，故曰「成言乎艮」。

在此《說卦傳》已將八卦的位置決定，其中震居東，因卦為一陽在下，二陰
在上，象萬物初生，且震為雷，故配為春、居東方。離卦卦象為兩陰包一陽，
表示強盛，而離為火，表炎熱，故配以夏，居南方。兌卦卦象為一陰在上，
二陽在下，象徵陽氣已盛，而陰氣漸生，萬物此時皆已進入衰期，故以兌配
秋，居西方。坎卦卦象為二陰包一陽，象徵陰氣又盛，萬物又進入休養生息
之階段，故以坎配冬，居北方。

　　大體而言，孟喜的說《易》是以八卦的卦象以配合四季、節氣來解釋，
並不以神秘怪異為主要取向。《易緯‧稽覽圖》（《緯捃》本）繼承其十二月卦
之說，認為：「天有十二分，以日月之所躔也。」而《易緯‧是類謀》（《緯捃》
本）則繼承其「四正說」：

> 冬至日在坎，春分日在震，夏至日在離，秋分日在兌。四正之卦，
> 卦有六爻，爻主一氣，共二十四氣。

此即前面提到的「坎、震、離、兌，二十四氣，次主一爻，其初則二至二分
也。」之說法。由此可資證明《易緯》思想乃承襲自今文學者的見解。

　　而《讖緯論略》一書則舉出八條《易緯》與孟京一派相關之證據，[註14]
略轉述如下：

　（一）孟氏說《易》以「氣」為主：「二氣陽入陰，陰入陽，二氣交互不
　　　　停，故曰生生之謂易，天地之內無不通也。」而《易緯》也以為
　　　　天地之變化也是以氣為主體，如《易緯‧乾鑿度》所說：「變易者，
　　　　其氣也，天地不變，不能通氣主行迭終，四時更廢。」

　（二）一行《卦議》說：「京氏又以卦爻配期之日，坎、離、震、兌，其

〔註14〕參見《讖緯論略》，頁 130 至 134。

用事自分、至之首，皆八十分日之七十三。頤、晉、井、大畜，皆五十四分，餘皆六日七分，止於占災眚與吉凶善敗之事。」此說其實與前引孟喜之說相同，而據史書所載（見前文）孟氏與京氏所承師法又不同，則除非兩人本師所遇之術士皆相同，否則以此證明卦氣六日七分之說出自於京房，似乎不無疑問。但讖緯中的六日七分說出自於今文學家，殆無疑義。

（三）許慎《五經異義》云：「《易》孟京說，《易》有君人五號：帝，天稱一也；王，美稱二也；天子，爵號三也；大君者，興盛行異四也；大人者，聖人德備五也。」《易緯‧乾鑿度》則作：「孔子曰：《易》有君人五號也：帝者，天稱也；王者，美行也；天子者，爵號也；大君者，與上行異也；大人者，聖明德備也。變文以著明，題德以別操。」證明《乾鑿度》本于孟京之說。

（四）《易繫辭》言：「大衍之數五十」，《正義》：「京房曰：五十者，謂十日，十二辰，二十八宿也，凡五十。」《乾鑿度》則說：「大衍之數五十，……日十干者，五音也；辰十二者，六律也；星二十八者，七宿也。凡五十。」此又一證。

（五）吳翊寅說，「《乾鑿度》以泰為正月，益亦為正月。隨為二月，夬為三月，歸妹為八月，剝為九月，既濟為十月，升為十二月與孟氏卦氣說合。而京房則以辟、公、卿、大夫、侯五卦更直日用事，每卦每爻，各主一日，周而復始，較孟氏卦主六日之法加詳。」（《易漢學考‧易緯考上》）可證《乾鑿度》與孟京說同。

（六）《乾鑿度》云：「初為元士，二為大夫，三為三公，四為諸侯，五為天子。」許慎《五經異義》云：「謹案（易）爻位，三為三公，二為卿大夫。"（《禮記‧王制》疏引）《五經異義》引《易》為孟京之說，《說文序》亦指其所引用者為《易》孟氏」，故知《乾鑿度》所載即孟氏《易》說。

（七）《京氏易傳》云：「八卦分陰陽，六位五行，光明四通，變易立節，……八卦錯序，律曆調列，五緯順軌。……天地不變，不能通氣，五行迭終，四時更廢。」此又與京氏相同。

（八）《京氏易傳》云：「故易所以斷天下之理，定之以人倫，明王道，八卦建，五氣立，五常法象乾坤，順乎陰陽，以正君臣父子之義。」

《乾鑿度》則說：「故易者所以經天地，理人倫，而明王道。是故八卦以建，五氣以立，五常以之行，象法乾坤，順陰陽，以正君臣父子夫婦之義。」此處爲《乾鑿度》改易《京氏易傳》文字。

總而言之，《易緯》襲取孟京說《易》之詞，是絕對之事實，而緯書造作者鈔襲孟京之說，則必以依附顯學爲其目標，至於有學者認爲「京氏及其弟子可能參與了緯書易學系統的造作」，〔註15〕此說在證據上仍有待加強。

（二）齊《詩》

漢初今文《詩經》列有三家博士，魯、齊、韓詩今皆已亡佚不得見，但緯書中仍留有齊《詩》的部份資料，齊《詩》大約在曹魏階段便已亡失，今日可見的齊《詩》思想則被保留正史之中，根據《漢書·翼奉傳》，翼奉自言「臣聞之於師，治道要務，在知下之邪正。人誠鄉正，雖愚爲用；若乃懷邪，知益爲害，知下之術在於六情十二律而已。」又說：「臣奉竊與齊詩，聞五際之要、〈十月之交〉篇，知日蝕地震之效昭然可明，猶巢居知風，穴處知雨，亦不足多，適所習耳。」而與翼奉同學齊《詩》的郎顗也說：「四始之缺，五際之厄」，則齊《詩》之要旨便至少有四始、五際、六情、十二律幾個部份。

而「四始」之解釋乃是指《詩經》國、大小雅、三頌之首篇而言，據今本毛詩來看，國風之始爲〈關雎〉、大雅之始爲〈文王〉、小雅之始爲〈鹿鳴〉、三頌之始爲〈清廟〉，假設緯書中所引之次序以風雅頌論之，則〈天保〉爲國風之始、〈祈父〉爲大雅（或小雅）之始、〈采芑〉爲小雅（或大雅）之始、〈大明〉爲頌之始。若以毛《詩》現存篇序來看，則只有〈大明〉一篇未在相同類別，而如以〈大明〉爲大雅之始（原列於《毛詩·大雅之次篇》），則又不知〈祈父〉、〈采芑〉二者何者當歸於頌之屬矣。

所謂「五際」，據應劭之說爲：「君臣、父子、兄弟、夫婦、朋友也」，而孟康引《齊詩內傳》則以爲：「五際，卯、酉、午、戌、亥也。陰陽終始際會之歲，於此則有改變之政也。」對照前引之文，及〈小雅·十月之交〉篇之內容爲言日蝕月蝕之事來看，則以孟康之說較有可能。此說亦見於《詩緯·推度災》：

建四始五際而八節通，卯酉之際爲革政，午亥之際爲革命，神在天門，出入候聽。

〔註15〕《神秘文化的啓示》，頁44。

《詩緯・汎歷樞》則有：

> 卯酉爲革政，午亥爲革命，神在天門，出入候聽。
>
> 卯天保也，酉祈父也，午采芑也，亥大明也。然則亥爲革命，一際
> 也；亥又爲天門，出入候聽，二際也；卯爲陰陽交際，三際也；午
> 爲陽謝陰興，四際也，酉爲陰盛陽衰，五際也。

至於所謂「六情」之說，《漢書・翼奉傳》解釋頗明確，但在緯書中並未見到
相同之記錄。齊《詩》早亡，所餘隻字片語，實不足以知其梗概，緯書所載
數條，對於了解齊《詩》之思想，則不無小補，亦同時可見與毛《詩》之不
同處，可爲對比。

（三）《尚書》

《尚書》爲我國重要的政治記錄，其中包含了許多的上古史資料，向爲
學者所重，漢代《尚書》自西漢宣帝甘露二年（西元前 52 年）時即已列入博
士學官，以迄東漢之終，大抵是今文尚書學派。緯書爲政治所造作的情況極
多，對於記載遠古史事的《尚書》，更是一心要依附的對象。

本書中所指的今文《尚書》是指由伏生所傳下的《尚書大傳》，根據《四
庫全書總目提要》說：「蓋秦漢以來，去聖日遠，儒者推闡論說，各自成書，
與經原不相比附，如伏生《尚書大傳》、董仲舒《春秋繁露》，核其文體，便
是緯書。」這是很符合事實的一段說明。

讖緯與《尚書大傳》之間的關係，其主要呈現都在政治方面的記錄，如
《尚書大傳・堯典》中便記載了天子祭祀日月星辰泰山河海的背景：

> 萬物非天不生，非地不載，非春不動，非夏不長，非秋不收，非冬
> 不藏，故曰禋于六宗，此之謂也。

《尚書緯》則對「六宗」此一名詞加以深入解釋：

> 六宗，天地神之尊者，天宗三、地宗三。天宗日月北辰，地宗河岱；
> 日月爲陰陽宗，北辰爲星宗，河爲水宗，海爲澤宗，岱爲山宗，祀
> 天則天文從祀，祀地地理從祀。

「六宗」之說，古來頗有爭議，一般多解爲日、月、星辰、泰山、河、海六
者；也有說星、辰、司中、司命、風師、雨師，在此緯書之說也可略備一格。
又如談到文王尋找呂望的過程，《尚書大傳・西伯勘耆》說：

> 周文王至磻溪，見呂望，文王拜之，尚父曰：「望釣得玉璜，刻曰：

　　『周受命，呂佐檢，德合於今，昌來提』。」

原文中已有讖緯預言的符瑞特色，而《尚書緯·帝命驗》又將此事加以詳細
說明始末，而且再加入其他的瑞徵：

> 季秋之月甲子，有赤雀，銜丹書入酆，止昌戶，拜稽首。至於磻溪
> 之水，呂尚釣涯，王下趣，拜曰：「公望七年，乃今見光景於斯。」
> 答曰：「望釣得玉璜，刻曰：『姬受命，呂佐旌。』」遂置車左，王躬
> 執驅，號曰「師尚父」。

此處緯書的說法已為明代的《封神演義》提供了材料，它不但將時間、地點、
人物都詳加說明，也明白地用符瑞預言的觀念加入其中，由此也可見到今文
《尚書》中的讖緯色彩。而遠古祭祀的概況也在《尚書大傳》中呈現：

> 帝乃載歌，旋持衡曰：「日月有常，星辰有行，四時從經，萬姓允誠，
> 於予論樂，配天之靈，遷於賢聖，莫不咸聽。」夔乎鼓之，軒乎舞
> 之，菁華已竭，褰裳去之，於時八風循通，卿雲簇簇。蟠龍賁信於
> 其藏，蛟魚踴躍於其淵，龜鱉咸出於其穴，還虞而事夏也。

緯書《中候·考河命》的記載，幾乎與此完全相同：

> 帝乃載歌曰：「日月有常，星辰有行，四時從經，萬姓允誠，於予論
> 樂，配天之靈，遷於賢聖，莫不咸聽。」夔乎鼓之，軒乎舞之，菁
> 華以竭，褰裳去之，於時八風修，慶雲叢聚。蟠龍奮迅於厥藏，蛟
> 龍踴躍於厥淵，龜鱉咸出厥穴，還虞而事夏。

這則記錄不但是緯書與今文尚書關係密切的證據，而且其中所描述的情況可
以說是遠古祭祀時，熱鬧歌舞的情況。文中的蟠龍、龜鱉、蛟龍等，不必將
其理解為是真實的動物，這應該都是模仿動物動作的一種祭神舞蹈。這些都
是讖緯汲取今文《尚書》的實例。

（四）《春秋公羊傳》

　　在今文經學中，《春秋公羊傳》對於緯書的影響很大，這有一個重要的理
由，也就是因為緯學將孔子視為精神領袖，而春秋又是孔子一生最重要的代
表作，所謂「知我者，其惟《春秋》乎！罪我者，其惟《春秋》乎！」所以
讖緯作者對於此經典的重視與依附，自然可以想見一斑了。同時《春秋緯·
說題辭》裡直接提到了《公羊傳》的作者：

> 傳我書者公羊高。

在緯書中，今文學者被提到的只有公羊高和董仲舒兩人，但是提到董仲舒是

批判的語氣：「董仲舒，亂我書」，〔註16〕有可能是古文學者將其混入緯書之中，以批評董仲舒改傳統儒學爲神學的錯誤。因此相對地顯示出《公羊傳》與緯書的密切關係。

公羊學派的主要代表人物公羊高、公羊壽、胡毋生等人都是齊人，在緯學系統中，不少怪奇之說都來自於「燕齊海上之方士」，或許也因如此，所以公羊一派學者解經，都有這種運用災異祥瑞思想的習慣。何休在《春秋公羊傳注疏・序》中便說：「傳春秋者非一，本據亂而作，其中多非常異義，可怪之論，至有背經任意，反傳違例者。」何休的批評可以說是相當的中肯。

在緯書中對於《公羊傳》的承襲之處很多，除了在文字上的鈔引襲用之外，在思想上也繼承了許多《公羊傳》的觀念，舉例而言，公羊一派學者對於孔子在歷史上的定位頗爲重視，同時並提出孔子當爲王的觀念，計有聖王、素王、文王、先王、後王五種說法，學者指出：

> 在春秋時代，孔子有易彼天下滔滔之志與繼周而王之意，並修己以待而上達天德，公羊家縱觀春秋至漢七百多年的歷史，未有一人能如孔子聖王雙修，配爲治理天下之王。公羊家被孔子的人格光輝所感動，共奉孔子爲王，同尊孔子爲外王人格的最高典型。〔註17〕

雖然說《公羊傳》中並未對此一觀念加以闡述，但公羊一派學者多持同一觀念，在緯書中則有著明確的表達。如緯書並曾藉孔子之口說：

> 聖人不空生，必有所制以顯天心，某爲木鐸制天下法。〔註18〕

其意在證明孔子的確有爲王之想法，公羊學者對此亦多抱持贊成之態度，例如董仲舒〈賢良對策〉中便說：「孔子作《春秋》，先正王而繫萬事，見素王之文焉。」盧欽《公羊序》也說：「孔子因魯《史記》而修《春秋》，制素王之道。」這些都是公羊學者對於孔子爲王的說法，緯書則針對此觀念再加以發揮：

> 仲尼爲素王，顏淵爲司徒。又云：子夏六十四人共撰仲尼微言以事素王。（《論語緯》）
>
> 子曰：吾作孝經，以素王無爵祿之賞，斧鉞之誅，故稱明王之道。（《孝

〔註16〕 《論衡・案書》。王充對於此句讖語另有不同解釋，請參見本文第六章第三節〈學者對於讖緯的批判〉。

〔註17〕 《公羊學引論》，頁115。

〔註18〕 同註5。

經緯・鉤命訣》)

　　麟出周亡，故立春秋制素王，授當興也。(《春秋緯・元命苞》)

這些都是緯書繼承公羊一派學者思想的明證。再就制度面而言，例如《公羊傳》中，談到國有「七等之別」：

　　荊敗蔡師於莘，以蔡侯獻舞歸。〔註19〕

　　荊者何？州名也。州不若國，國不若氏，氏不若人，人不若名，名不若字，字不若子。蔡侯獻舞何以名？絕。曷爲絕之？獲也。曷爲不言其獲？不與夷狄之獲中國也。〔註20〕

此段史實上記載著楚國俘虜了蔡侯，蔡侯獻舞，《春秋》爲了貶抑他，所以直書其名，但只書「荊」不書「楚」，則是爲了要貶抑楚國，因爲楚爲外夷之邦，所以照《春秋》的書法來看，當時的國稱可分爲七等，以子、字、名、人、氏、國、州爲先後之序。緯書則完全繼承此一制度之觀念：

　　《春秋》設七等之文，以貶絕錄行，應斗屈伸。抑楚言荊，不使九狄主中國。〔註21〕

在此緯書完全繼承了《公羊傳》的禮制。在史實上，緯書也說明了《公羊傳》所記載之事，對於春秋史事別有說明如：

　　五月，葬桓王，此未有言崩者，何以書葬？蓋改葬也。(《公羊傳・莊公三年》)

《春秋緯・感精符》則說：

　　恒星見月，明周人榮奢，改葬桓王冢，死屍復擾，終不覺之，

緯書在此對於《公羊》所述之史料，予以明確解說，此亦可爲解讀《公羊》之助。又如：

　　十有七年春，齊人執鄭瞻，鄭瞻者何？鄭之微者也。此鄭之微者，何言乎齊人執之？書，甚佞也。(《公羊傳・莊公十七年》)

這段史料讀之甚不得其解，緯書《春秋緯・感精符》則解釋之：

　　象魯爲鄭瞻所迷惑也。取齊淫女，是鄭瞻之計。

交代了齊人之所以要執取鄭瞻的原因。又如《公羊傳・定公十五年》記載了一則奔喪之事：

〔註19〕　《春秋・莊公十年》。
〔註20〕　《公羊傳・莊公十年》。
〔註21〕　《春秋緯・運斗樞》。

> 郕妻子來奔喪，其言來奔喪何？奔喪，非禮也。

但究竟爲何奔喪非禮？在《公羊傳》中並未交代清楚，何休《疏》指出是兵
死、壓死、溺死，三種不得奔喪，而《禮記·檀弓》上則說：「死而不弔者三：
畏、壓、溺」，《春秋緯》則與何休說法相同：

> 禮有不弔者三，兵死、壓死、溺死。

在此幸賴有緯書，方可保留古時之禮制。，事實上在緯書之中保留了許多《公
羊傳》語焉不詳之處，若扣除緯書其中一些神異的記錄，則緯書對於經義的
發揚與補遺，仍有其正面之意義。緯書與《公羊傳》的關係，是處於輔助學
說之地位，對於理解漢代的今文公羊學，確有幫助。

　　漢代今古文之爭，是中國學術史上的一件大事，而其中的許多爭議，對
於學術眞相的探究也有所助益，緯書發展於此年代，由於政治上的關係，所
以其思想文字多以今文學派之說爲主，其中無論是對經義的闡釋，或是對於
制度的說明，都具有輔佐讀經的效果，不應爲學者所輕忽。而二者之間密切
的關係，也由此可見其詳。

第二節　讖緯與「數」之問題

　　緯書依附於儒家經典存在，而儒家經典中對於「數」的觀念非常重視，
在緯書中，我們時時可以看到許多「數」被提出，但是這些數有一個重要的
共同特性，也就是它並不是一種計量的方法，或者只是一個單位值，它通常
都具有相當的哲學意義以及文化內涵。

　　簡單來說，「數」是一種兼具有數理性質，以及文化性質的思想狀態，以
前者而言，「數」的存在可以使得事物有所規範知所評量，也就是屬於數理上
的「計算」、「計量」之義。但是就「數」的文化意義來看，則情況大有不同，
「數」搖身一變成爲一種定律，一種知識，一種能力，掌握了「數」，也就相
當於掌握了宇宙的規則，正如《易經》上所說：

> 昔者聖人之作《易》也，幽贊於神明而生蓍，參天兩地而倚數，觀
> 變於陰陽而立卦，發揮於剛柔而生爻，和順於道德而理於義，窮理
> 盡性以至於命。〔註22〕

「數」的地位被提升到足以「參天兩地」，如果能夠確實理解「數」的意義，則

〔註22〕《易·說卦傳》。

「參伍以變，錯綜其數，通其變，遂成天地之文；極其數，遂定天下之象。」
〔註23〕也因此對於「數」的瞭解，成為研究中國學術思想一個極為重要的問題。

　　但是由於「數」兼具有兩種性質，所以時常造成一種混亂的錯覺，也就是究竟哪些「數」是計量，而又是哪些「數」是定律呢？之所以造成這種錯覺的原因，我們可以稱之為「數的異化」，「或者說，是人類象徵哲學的一種異化」，〔註24〕為什麼會有這種情況產生？而「數的異化」的結果又是什麼？這都是很值得思考的問題。

　　針對以上的問題，我們或許可以從中國文字的特色來尋找答案：中國文化所依賴流傳的文字，是與其他文明截然不同的符號系統，它以對於物體的形象描繪為發端（象形），但是到最後文字的發展卻變為觸類旁通，因事生義（轉注、假借），這個過程其實就是一個「數的異化」的過程，舉例來說，《說文解字》對於幾個基礎數字的解釋如下：

一　惟初太始，道立於一，造分天地，化成萬物。

二　地之數也。

三　天、地、人之道也。

四　陰數也。

五　五行也。

很明顯地，這幾個數字在許慎的觀念中，早就已經脫離它原先所具有的數理性，而進入到文化層次的階段，許慎將這些數字所代表的數理量化，昇華到哲學思考的文化發展以及人生規律之上，他將數字本身的符號性質抽離，而另外賦與它們一種力量，這個力量是決定宇宙本質的基本，也是決定生活規律的原始條件。也就是說「數」已不必只是「數字」，它可以由此發展出一種思考的體系，透過對於這個體系的掌握或體驗，我們可以在宇宙中寬懷自在，無罣無礙地安身立命；但相對地，如果不能與這個「數」所建立的新體系相配合，則很快地也會被這個體系所淹沒，甚至於是毀滅。

　　這個「數的異化」之後所造出的新體系，我們可以稱之為「道」，或者稱之為「天」，這個「道」（或「天」）的本質建立在對於「數」的重新體認之上，簡單地說，也就是體認一個全新的價值判斷，一個全新的文化結構。而此時「數」已完全割捨掉其數理性質，我們也無需拘泥於「數」的量化或是其存

〔註23〕《易‧繫辭上》。

〔註24〕《數術探秘──數在中國古代的神秘意義》，頁6。

在的事實與否，因爲它已成爲一種規律，一種自然的存在，或者說，「數」已然成爲生命中的一部份。

　　但是所有的事物都必需要有現象才能證明它的存在，「數的異化」自然也不例外，它雖然放棄掉原先的符號性質，但是由於證實存在的必需性，又使得它一定要創造出一個替代原先符號性質的存在方法，這個方法也就是對於「數」的信仰，擴大一點來說，是對於「數字」的信仰。

　　在緯書中時常可以看到「數」的存在，但是這些「數」都已經過「異化」的過程，而且也經過重新證實存在的階段，亦即已屬於「信仰」的一部分。但是要先強調的是，這裡所謂對於「數」的信仰，不是指迷信數字可以帶來什麼益處之類，而是指相信當與這個「數」能相配合時，則可以很自然愉快的面對宇宙生命的現實，可以理解生命的眞諦，進而去感受、體會、接受它的存在。以下將就緯書中天數、象數、曆數三個部分討論，以重現「數的異化」之過程與結果。

一、天　數

　　天文知識的記錄與判斷一直是緯書中的重要部份，並不僅僅只是由於它提供了許多預卜人事未來的星占之術，也是因爲它闡明了「天」的存在價值，以及天與人的關係。

　　前面談到有關「數的異化」的過程，而天數的成立便是一個重要的原因之一，由於科學觀測技術的不斷進步，基本上在緯書時代已能夠推論出多數星辰運行的現象，當人們發現到藉由數理性的數字推算，竟然能夠確實掌握到天象的變化時，「數的異化」於焉展開。天數基本上包含了四象、五緯、十二次等天體現象；四象之說根源自四方的觀念，對於四方的尊崇古已有之：

> 以玉作六器，以禮天地四方：以蒼璧禮天，以黃琮禮地，以青圭禮
> 東方，以赤璋禮南方，以白琥禮西方，以玄璜禮北方。皆有牲幣，
> 各放其器之色。以天產作陰德，以中禮防之。以地產作陽德，以和
> 樂防之。以禮樂合天地之化、百物之產，以事鬼神，以諧萬民，以
> 致百物。〔註25〕

此處禮於四方的觀念，又起源於天圓地方之說，古人以爲天圓若碗覆蓋於地，

〔註25〕《周禮·春官大宗伯》。

而地有四方角，又由地四方推而及天，於是劃分天空領域時，便以四方為分，同時選擇龍、虎、鳳、龜四靈為四個天空區域之代表性動物，選擇這四種動物，並非只有這四種動物才有靈性，而只是以星座位於天空位置的相似造型來區別，《禮緯‧稽命徵》也說：「古者以五靈配五方，龍木也，鳳火也，麟土也，白虎金也，神龜水也。」其中土為地，地居四方中央，故不計，其餘四方則以四種神獸代之。另外在《易‧繫辭上》曾經提出一個天地之數的答案：

> 天一，地二，天三，地四，天五，地六，天七，地八，天九，地十。

它強調只要能通天地之數，則世上一切問題都可以得到解決：

> 是故聖人以通天下之志，以定天下之業，以斷天下之疑。是故蓍之德圓而神，卦之德方以知，六爻之義易以貢。聖人以此洗心，退藏於密，吉凶與民同患。神以知來，知以藏往，其孰能與於此哉？古之聰明叡知，神武而不殺者夫。是以明於天之道，而察於民之故，是興神物以前民用。聖人以此齊戒，以神明其德夫。是故闔戶謂之坤，闢戶謂之乾；一闔一闢謂之變，往來不窮謂之通；見乃謂之象，形乃謂之器；制而用之謂之法，利用出入，民咸用之謂之神。

在這個天地之數的觀念中，所有的單數都被歸為天數，為陽，而所有的偶數都被歸為地數，為陰；但是有十個數字來象徵天地，究竟何者才足以為代表呢？《京房易傳》與《易緯‧乾鑿度》都以為：「陽三，陰四，位之正也。」亦即認為三和四，才是天和地數的正確象徵，《京房易傳》繼續發揮此一觀念：

> 三者，東方之數，東方，日出之所；又圓者徑一而開三也。四者，西方之數，西方，日入之所；又方者徑一而取四也。

這段話包兩個意義，第一、四方的觀念與太陽的運行有密切的關係，也就是說由太陽的運行可以定出四方，因此《易緯‧乾坤鑿度》曾說：「太陽順四方之氣」，《易緯‧通卦驗》說：「故日者眾陽之精也，天所以照四方，因以立。」《春秋緯‧元命包》更加以總結說：

> 火精陽氣，故外熱內陰，象鳥也。日尊故滿，滿故施，施故仁，仁故精，精在外，在外故大，日外暑，外暑故陽精外吐，天有三百六十五度四分度之一，布在四方，日月一麻無差遲，使四方合如一，故其字四合一也。

在此可以很明顯的看出，緯書以為四方數之成，乃是因為日之運行無差遲而成。其次因為圓的直徑和圓的周長比恰好為三，而且觀察天體運行的曲線後，

「天圓」的觀念已然確立，所以以三比附於「圓天」，便理所當然；而方的一邊與其總長比為四，「地方」的觀念則隨「天圓」而立，所以地數自然為四。因此綜合以上之討論可以知道以四象為天之畫分的意義，乃是來自於對於太陽運行以及生活空間的判斷。

五緯的記錄多見於緯書之中，如《易緯‧乾鑿度》說：「天地爛明，日月星辰布設，八卦錯序，律歷調列，五緯順軌。」《易緯‧稽覽圖》也說：「天地開闢，五緯各在其方，至伏羲氏，久合，故歷以為元。」對於「五」的認知，與人體有絕對的關係，人有五官，手腳有五指，內有五臟，這些都是觀察可得的現象。而前文已確立了四方觀念的由來，如以四方觀念往中間收攏，則得五之數，而以「人法地，地法天」的觀念來看，五緯觀念的建立一部份乃是出自於對於人體觀察，以及四方觀念建立的基礎之上；而更重要的，絕對與「五行」觀念有密切的關係，由於五行取自人類生活周遭，名之為「金木水火土」，而天象與人事的配合又是緯書的基本觀念，所以建立五緯也等於是將地上的五行觀念與之相結合，也因此五緯天數可以說是由四方、人體、五行等觀念所共同構成的。

緯書中繼承遠古的科學知識，以及對於非必然的巧合迷信影響，建立了十二次的觀念，前者是指對於日、月運行週期的記錄，如《春秋內事》說：「天有十二分次，日月之所躔也。」一說是指歲星（木星）之運行周期而言，如《春秋緯‧文曜鉤》說：「人以施德，神以效靈，四時不改度，五行乃成，東曰歲星，以應帝德，有十二次，視其所在、即王道之成也。」後者是指當早期先民發現天象異動時，有些地方或國家也隨之產生災害，這原是一個非必然的巧合，但在幾次巧合之後，「必有所象」的思想便逐漸形成，而「十二次」這個天數，又與周天運行天體有著同樣的數值，所以因而以「十二」為分別，並進而發展出「分野」說。

分野說是我國古代占星術的重要觀念之一，其理論基礎在於天象必然與地上的人事相牽合，而天體運行之數既為十二，則地上人事分野亦應為十二，所以將國與天體的配合分為十二次，《春秋‧感精符》以為：「地為山川，山川之精，上為星辰，各應其州城，分野為國，作精符驗也。」這是從「地法天」的觀念出發。當然分野之法，不是只依十二為次，《國語》主張以十二為分野，而《史記‧天官書》與《淮南子》則主張以二十八宿分野，其所分國之疆域與星象的配合，互有同異，但是這並不影響分野形成的意義，在數字

上的差別，則可認定為由於以十二分野，可能不足以應付越來越多的國家或地區，所以將其配合更大的數字，則相對地也可以提高其準確性。

　　緯書中的天數是先民對於生活環境基本認知的一個總結，它觀察並記錄了原始文明中的自然空間以及生活空間，並且透過數值的建立與空間感的形成，使二者結合並成為緯書中天數觀念的來源。

二、象　數

　　「象數」一辭最早出現在《左傳》之中：

> 龜，象也；筮，數也。物生而後有象，象而後有滋，滋而後有數。
> 〔註26〕

在此意指「象」與「數」是指「龜」與「筮」這兩件事，而萬物出生之後必然有一形象，有形方能滋長，滋長之後就有「數」的出現，所以「象數」一詞所要討論的便是占卜的方法。而其中龜卜所依據的是象，而筮著所據的就是數。

　　《春秋緯・說題辭》說：「龜之為言久矣，千歲知吉凶也。」《樂緯・稽耀嘉》說：「介蟲三百六十，龜為之長」，《易・繫辭上》則說：「探賾索隱，鉤深致遠，以定天下之吉凶，成天下之亹亹者，莫大乎蓍龜。是故天生神物，聖人則之。」由這些記錄可以看出龜的神聖性質；而筮則是卜卦的一個重要方法，據《易緯・坤靈圖》：「靈蓍四十九莖，下有千歲龜守之」，由以上的說明來看，則龜與筮的關係是密不可分的，雖然古史中有所謂「筮短龜長，不如從龜」的說法，〔註27〕但是大體而言，這兩種都是一樣受重視的。在象數這一主題下，主要要討論的是八卦的問題，由於龜卜以象為主，所以與數的關係較為薄弱，但筮則是以數為其占卜之方法，與「數」有著密切的關係，而八卦數的性質強烈，所以主要以此為討論之標的。八卦的發明造作，多數都歸予伏羲：

> 古者包犧氏之王天下也，仰則觀象於天，俯則觀法於地，觀鳥獸之文，與地之宜。近取諸身，遠取諸物。於是始作八卦，以通神明之德，以類萬物之情。〔註28〕

〔註26〕　《左傳・僖公十五年》。
〔註27〕　《左傳・僖公四年》。
〔註28〕　《周易・繫辭下》。

這種說法解決了八卦的作者問題，但並未解決八卦所以成卦的理由，所謂的「仰則觀象於天，俯則觀法於地，觀鳥獸之文，與地之宜。近取諸身，遠取諸物」，說明了成卦的形式，但是爲何數是「八」？也並未得到解釋。對此問題，在典籍中有以下幾種不同的解釋：《太平御覽》卷九引王子年《拾遺記》說：

> 伏羲坐于方壇之上，聽八風之氣，乃畫八卦。

此處認爲八卦之「八」，是來自於大自然之八風，但《易緯‧通卦驗》說：「八節之風，謂之八風」，則又與以下引《尸子》文相同。而《古今圖書集成‧職方典》引異說則以爲：

> 上古伏羲時，龍馬負圖出于河，其圖之數，一六居下，二七居上，
> 三八居左，四九居右，五十取中。伏羲則之，以畫八卦。

這是以爲伏羲八卦乃是根據《河圖》之文而來；另外《北堂書鈔》卷一五三引用《尸子》之說：

> 伏羲始畫八卦，別八節，而化天下。

此處所言的「八節」，據《春秋內事》來看，可能是指節氣：

> 伏犧氏以木德王天下，天下之人，未有宅室，未有水火之和，於是
> 乃仰觀天文，俯察地理，始畫八卦。定天地之位，分陰陽之數，推
> 列三光，建分八節，以爻應氣，凡二十四氣，消息禍福，以制吉凶。

《易緯‧通卦驗》也認爲：

> 四正分而成八節，節四十五日二十一分，八節各三分，各得十五日
> 七分，而爲一氣也。

則「八節」應該是指每三個節氣爲一節，而伏羲的八卦則是爲了畫分節氣而作。對於以上三種說法，「八風」之說是較不可信的，因爲八卦的內容中，其實看不出與自然之風有任何直接明顯的關聯，因爲這只是八卦卦象中一部分而已，據《易‧說卦》的解釋：

> 乾，健也；坤，順也；震，動也；巽，入也；坎，陷也；離，麗也；
> 艮，止也；兌，說也。
>
> 帝出乎震，齊乎巽，相見乎離，致役乎坤，說言乎兌，戰乎乾，勞
> 乎坎，成言乎艮。萬物出乎震，震，東方也。齊乎巽，巽，東南也。
> 齊也者，言萬物之絜齊也。離也者，明也，萬物皆相見，南方之卦
> 也；聖人南面而聽天下，嚮明而治，蓋取諸此也。坤也者，地也，
> 萬物皆致養焉，故曰「到役乎坤」。兌，正秋也，萬物之所說也，故

　　曰「說言乎兌」。「戰乎乾」，乾，西北之卦也，言陰陽相薄也。坎者，
　　水也，正北方之卦也；勞卦也，萬物之所歸也，故曰「勞乎坎」。艮，
　　東北之卦也，萬物之所成終而所成始也，故曰「成言乎艮」。

據此，則八卦內容包含有方向、人事等多面的意義，自然之風只是其中之一，
只代表巽卦而已，所以要據此推出八卦的全部似乎不甚可能；至於以河圖之
數爲八卦之來由，也是一種推測之說，河圖之圖形目前都以朱熹的《易學啓
蒙》所列之圖爲準，其圖形如下：

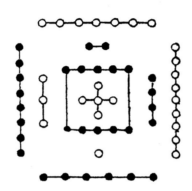

　　在此圖中，白色圓點代表奇數（陽），而黑色圓點代表偶數（陰），以配
合天一、地二、天三、地四、天五、地六、天七、地八、天九、地十的「天
地數」，事實上這張《河圖》圖是爲了要配合天地數的位置所創的，以十個數
字來說，如果要組合成爲一個完整的結構，各據一方則不好排列，而對排成
二，也不見其特別，所以將其中的數值兩兩相對，再將剩餘的二值置於中間，
不可諱言，這的確是一個頗爲完美的組合。但是此圖本身時代已晚，後人只
是憑藉想像，便說八卦起於《河圖》，令人難以信服，〔註29〕只能聊備一說。

　　也因此對於八卦數八的原因，還是得從對於數字異化的觀念來考察：八
卦本身在內容上的引申義很多，幾乎可以說是包羅天地萬物，《易緯・乾鑿
度》說：「八卦之氣終，則四正四維之分明，生長收藏之道備，陰陽之體定，

〔註29〕　參見《象數與義理》，頁 204，轉引胡渭《易圖明辨》云：「《河圖》、《洛書》
　　　　乃仰觀俯察中之一事，後世專以《圖》、《書》爲作《易》之由，非也。《河圖》
　　　　之象不傳，故《周易》古經及注疏未有列圖，書于其前者。有之，自朱子《本
　　　　義》始。《易學啓蒙》屬蔡季通起稿，則又首《本圖書》，次《原卦畫》，遂覺
　　　　《易》之作，全由《圖》、《書》；而捨《圖》、《書》無以見《易》矣。學者溺
　　　　於《圖》、《書》，豈非《易》道之一厄乎！」

神明之德通，而萬物各以其類成也。」可見八卦之含義深廣，以下以表列出
八卦之引申諸義。〔註30〕

太極	太極							
兩儀	陰				陽			
四象	春		夏		秋		冬	
八卦	乾	兌	離	震	巽	坎	艮	坤
物	天	澤	火	雷	風	水	山	地
人	父	少女	中女	長男	長女	中男	少男	母
狀態	健	說	麗	動	入	陷	止	順
方向	西北	西	南	東	東南	北	東北	西南
陰陽	老陽	少陰	少陰	少陽	少陰	少陽	少陽	老陰
動物	馬	羊	雉	龍	雞	豕	狗	牛
人體	首	口	目	足	股	耳	手	腹

在這張表中可以見到八卦與許多意義都有關聯，但多數都是後起之引
申，只是爲了配合八數所以成立，也因此要找出「八」的來源，一定要從「八」
之前開始。由於四方觀念在前，八卦後起，則八卦事實上有可能是引申四方
的觀念而來，或是四時的觀念演化而來，前者證據如《河圖緯》云：「黃慧主
內亂，皆土精斗七星之域，以張四方八卦之內」，在此四方八卦並稱，而且有
作八方解釋之語意，其他尚有不少例子，如《荀子‧解蔽》說：「明參日月，
大滿八極」、《列子‧黃帝》：「夫至人者，上闚青天，下潛黃泉，揮斥八極，
神氣不變。」《史記‧司馬相如列傳：「遍覽八紘而觀四荒矣」、《漢書‧揚雄
傳》：「日月之經不千里，則不能燭六合耀八紘」，顏《注》：「六合謂天地四方，
八紘，八方之綱維。」《易緯‧乾鑿度》說：

> 土地四極，八方具靈，十野異澤，八荒殊情，高爲山，深谷爲陵，
>
> 低昂異勢，莫可以序。

這些例子都已將四方的觀念延伸至八方（八荒、八極、八紘），從數的異化角
度來看，數字本身會隨著人類文明的複雜化而演進，也因此由四方演爲八方，
再由八方的觀念作出包容萬物的八卦，是有其可能性的，此其一。

〔註30〕本表取自《中國古代神秘數字》，頁171，〈八卦象徵圖表〉及《數術探秘　數
　　　　在中國古代的神秘意義》，頁32，《《說卦傳》八卦類分世界的萬事萬物》表，
　　　　筆者加以綜合之。

　　而若從四時的觀念演化而來也有可能，《周易》認為太極生兩儀，兩儀生四象，四象生八卦，此處所言的「四象」非前文所提的天象「四象」，而是「四時」之義，《易緯·乾鑿度》認為四象即是四時：

　　　　太極分而為二，故生天地，天地有春夏秋冬之節，故生四時。

《易·繫辭》孔穎達《疏》也贊同此說：

　　　　四象謂金、木、水、火。震木，離火，兌金，坎水，各主一時。

而《周易尚氏學》則直接認定兩者是一致的：「四象即四時，春少陽，夏老陽，秋少陰，冬老陰也。」也因此四象（即四時）生出八卦可以得到支持。雖然四時之說被認為是晚出的說法，〔註31〕但是八卦之起源也未必早於四時，不能因此就否認這種可能性。但是無論是由四方或是四時轉變而來，八卦卦數的成立，意在包含天地綜理萬物，應該是一個公允的說法，只是隨著文明推演，數值異化，所以由四而至八，這是一個文明發展的歷程表現。

三、曆　數

　　觀象授時，向來是我國古代重要的工作之一，對於曆法的重視則又居其首要。基本上來說，在緯書中「數」的主題內，曆數原是較不具人文精神的，因為它的本質是科學觀測，所以不需要也不能有人為的干預，但是事實上由於緯書中強調「天人相感」的學說，所以時常有一些不在觀測內容的結果記錄，這也是緯書中曆數的一個特色。而在此本書並不打算討論曆法的推算正確與否，但是從緯書中的曆法觀來看，有許多文化思考模式都在其中浮現，這才是研究的重點所在。

　　根據《史記·曆書》的說法：

　　　　王者易姓受命，必慎始初，改正朔，易服色，推本天元，順承闕意。……
　　　　蓋黃帝考定星曆，建立五行，起消息正閏餘，於是有天地神祇物類
　　　　之官，是謂五官，各司其序，不相亂也。民是以能有信，神是以能
　　　　有明德，民神異業，敬而不瀆，故神降之嘉生，民以物享，災禍不
　　　　生，所求不匱。

《後漢書·律曆志》則加以發揮：

〔註31〕　參見《中國古代神秘數字》，頁55，轉引《甲骨文字釋林》，頁124。云：「甲骨文和《山海經》均沒有四時的說法。《書·堯典》才把四方和四時相配合。商代的一年分為兩季制，到了西周後期，才由春秋分化出夏冬成為四時。」

> 夫曆有聖人之德六焉，以本氣者尚其體，以綜數者尚其文，以考類
> 者尚其象，以作事者尚其時，以占往者尚其源，以知來者尚其流，
> 大業載之，吉凶生焉。是以君子將有興焉，咨焉而以從事，受命而
> 莫之違也。

由這兩位史學家的話中，我們不難規納出一些觀念，首先：曆的用途決不只
是用來記留日期而已，在文明的發展中，時間的記錄是一種文化象徵，它所
代表的是一個民族、一種文化發展的經驗，這些經驗都是促使後代文明持續
進步的理由，而這種象徵的具體表現就是曆法；第二、曆法本身具有神秘性，
它可以使「民神異業，敬而不瀆」，也因此能達到「民以物享，災禍不生，所
求不匱」的地步。照著這兩個觀念，曆法本身的文化意義已完全呈現：它代
表對於一個時代的認同，也代表對於鬼神崇敬，它是生活的必備規範，也是
天命的標準。

緯書中計算曆法說解最詳的，可推《易緯・乾鑿度》之文；

> 元歷無名，推先紀日：「甲寅」。求卦主歲術日：常以太歲紀歲，七
> 十六為一紀，二十紀為一部首，即積置部首歲數，加所入紀歲數，
> 以三十二除之，餘不足者，以乾坤始數二卦而得一歲，末算即主歲
> 之卦。即置一歲積日法，二十九日與八十一分日，四十二除之，得
> 一命日月，得積月十二與十九分月之七一歲，以七十六乘之，得積
> 月九百四十，積日二萬七千七百五十九，此一紀也。以二十乘之，
> 得積歲千五百二十，積月萬八千八百，積日五十五萬五千一百八十，
> 此一部首。更置一紀，以六十四乘之，得積日百七十七萬六千五百
> 七十六，又以六十乘之，得積部首百九十二，得積紀三千八百四十
> 紀，得積歲二十九萬一千八百四十，以三十二除之，得九千一百二
> 十周，此謂卦當歲者。得積月三百六十萬九千六百月，其十萬七千
> 五百二十月者閏也，即三百八十四爻除之，得九千四百日之二十周，
> 此謂爻當月者。得積日萬六百五十九萬四千五百六十八，萬一千五
> 百二十除之，得九千二百五十三周，此謂析當日者，而易一大周律
> 歷相得焉。今入天元二百七十五萬九千二百八十歲，昌以西伯受命。

這一長列的曆法計算，基本上不具意義，因為它所提供的許多數據都無法找
出其選用的標準；在此具引全文的意義，在於由這一個曆年的計算過程中，
可以看到兩個事實：第一，作者意圖與《易》相結合，所以以爻辭三百八十

四除之；其二為說明自開天地迄西伯受命前的歷史長久，但這個長久歷史是「於曆有據」的。

就今日可見的各種史料來推斷，西伯受命之事，大概在西元前十一世紀左右，因此若依此曆法推算的結果，則自有曆開始到如今，已有二百七十六萬二千三百八十年，這個數字與目前的科學答案有非常大的差距（地球生成約在一百至二百億年前，但人類的發生則約只有九到二十萬年），但是對於緯書而言，提供這樣的曆法數據，其目的並不在於證明這個曆法的長久，而只是在證明這個曆法的能力，足以推斷出這麼長的時間，進而顯示出曆法的神秘。而研究緯書中曆數的意義，約有以下三點：

（一）曆數象徵新朝代的興起

緯書中曾經多次談到「正朔」的觀念，如《春秋緯・瑞應傳》說：「敬受瑞應，而王改正朔，易服色。」《易緯・通卦驗》說：「王者必更正朔，易服色，以應天地三氣三色。」在傳統的觀念之中，奉正朔更是君主證明統治事實的好方法，《禮記・大傳》說：

> 聖人南面而治天下，必自人道始矣。立權度量，考文章，改正朔，易服色，殊徽號，異器械，別衣服，此其所得與民變革者也。

《春秋緯・元命包》繼承此觀念：

> 王者受命，昭然明於天地之理，故必移居處，更稱號，改正朔，易服色，以明天命。聖人之寶，質文再而改，窮明相承，周則復始，正朔改則天命顯。

簡單地說，是否能夠完全實際統治一個國家，並得到天意的認同，是以能否推行新的曆法為重要的判斷標準。而是否效忠於某個朝代，則自然也是以奉不奉正朔來決定了，《春秋緯・說題辭》的記載便是一個最好的例子：

> 蠻服流遠，正朔不及，盛德則感，越裳重譯至矣。

在此緯書認為凡是「正朔不及」之地，就是「蠻服」之地，如果能夠感受聖德，則自然會派遣使者前來進奉；緯書中也曾記錄了歷代帝王所奉正朔的改動情況，如《禮緯》（《禮記・檀弓篇》疏引，無緯書名）說：

> 舜以十一月為正統，尚赤；堯以十二月為正，尚白；高辛以十二月為正，尚黑；高陽氏以十一月為正，尚赤；少昊以十二月為正，尚白；黃帝以十二月為正，尚黑；神農以十一月為正，尚赤；女媧以十二月為正，尚白；伏犧以上未有聞焉。

由這則資料可以看到一個很重要的事實，也就是雖然號稱聖主明君，只要是改朝換代就要重修正朔，至於是否影響到人民生活，其實還在其次。也因此可以看出緯書中重視曆數的原因，因為畢竟緯書多為政治造作，鼓吹這種奉正朔的觀念是勢所必然的。

（二）曆數說明天象的變化

由於觀測天文的工作，代表對於天象某種程度的掌握，而天象的變化在科學不昌明的上古時代，都有吉凶興衰的象徵意義，所以相對地也使得記錄天象變化以及推算天體運行，成為曆數的重要責任。緯書中對於各種天象變化的記載，可以說是俯拾皆是，完全反映了緯書造作時代獨特的曆數觀念，例如《尚書緯・考靈曜》：「日傍白者虹，日旁青赤者為霓」、「仲春仲秋，日出於卯，入於酉；仲夏日出於寅，入於戌；仲冬出於辰，入於申」、「日月五星，冬至起牽牛，日月若懸璧，仰觀天形如車蓋，眾星累累如連貝」等，這些都是當時曆數學者所關心的內容。

（三）曆數反映占星的觀念

由於占星術的基本構成條件，就是以天象的異常變化為基礎，而緯書中又有許多以占星為內容的記載，所以曆數中對於天體的運行不時，星辰的孛、入，都非常地重視並且詳加記載，大致上來說，占星有其一定的邏輯條件，不可一味地以迷信視之，但是在緯書中所記錄的占星資料，究竟是據何而來，其實仍有待商榷，以今日的科學角度來看，占星術可以歸類於統計學的一種，因為它歸納了許多的同樣情況，而作出對於未來的判斷，正所謂「鑑往知來」也，而且這些基本觀察，仍是天文學的重要記錄。

只是有許多的占星之說，並不能夠提出相對的統計資料，而只以師承、祕本來解說，自然是得不到人們的信任。緯書中的占星曆數資料，相信有一部分應該是經過統計資料後，由量化所得來的結果，只是今日已無法判別了。但其資料之豐富，則是洋洋灑灑，只是說法也莫衷一是，這可能是說明讖緯作者的觀察結果不，但更可能代表了有不同的曆數系統在緯書年代中被使用。緯書中的星占曆數記載極多，如《詩緯・推度災》：

> 奔星之所墜，其下有兵。列宿之所墜，滅家邦。眾星之所墜，萬民亡。

《易緯・萌氣樞》：

日夜蝕者，天中無影，言日當夜蝕，建八尺竹視，其下無影，蝕不可見，故以表候具之耳。其所以夜者，人君諱其過，臣下強，君不能制，見臣之惡，反以爲善；見臣邪僻，反以無正直；故日夜蝕。

陰過盛，陽道微，日夜蝕者，謀臣誅。

如《易緯・萌氣樞》的這則記錄，其實是一個進步的科學觀測，它已能夠掌握到太陽的夜蝕情況，這是要具有相當的天文觀測能力才可以推算得知，只是受限於政治，一定要加上「陰過盛，陽道衰」之類的觀念，反而掩蓋了它的眞正價值。

綜觀整個讖緯與「數」的關係，事實上可以發現幾乎都與緯書的政治思想產生關聯，緯書中「數」的現象，多數也都被政治的力量所影響，但仍有一部分的「數」以異化的形態存在，並且反映出對於人與天地結合的生活態度，以及人面對自然環境的體會與認知，這些都是讖緯中「數」的觀念，可以予我們的啓發。

第三節　讖緯與陰陽五行說

緯書主要爲繼承儒家思想，但是它對於神話、歷史、語言、藝術、哲學、科學等學科思想都有涉及，在這些眾多學科中，讖緯思想以一條主線來加以貫穿，也就是陰陽五行，如果說政治的用途及天人合一是讖緯思想的目標，那陰陽五行則可以視爲是整個建構讖緯思想的方法與過程。

陰陽五行可以說是影響中華文化最深的一種思想體系，在表面上看來，它只討論到陰、陽、金、木、水、火、土這七種現象或物質，但是由於它的指涉性與包容性極廣，所以只要是在物理世界可以見到的事物都會被涵蓋進來，而且會轉化爲哲學性質的思想主題，而這也正是它影響文化發展的主要因素。在本節中並無意探討陰陽五行的起源，或者是對其觀念正確與否加以評斷，因爲這與本書的主旨不相干涉，筆者的著眼點是在於這種思想體系究竟是藉由何種方式、何種形態與讖緯思想相結合，以及探討這種結合所呈現的文化意義。

讖緯思想與政治的結合最深，自是不容諱言的，而以陰陽五行觀念與之比附，又是結合的主要辦法，其影響之深不在話下，已另有專章說明之。以下將從緯書中的另外幾種文化現象與陰陽五行結合的情況加以分析，以見此

說在讖緯思想中之地位。

陰陽五行說在緯書中的表現，依照緯書作者的思維邏輯來看，都以文明之發生為其一開始之結合點，如《易緯‧乾鑿度》中以解說八卦陰陽與萬物發生之間的關係：

> 月，坎也。水魄，聖人畫之，二陰一陽，內剛外弱，坎者水，天地脈，周流無息，坎不平月，水滿而圓，水傾而昃，坎之缺也。月者闕，水道，聖人究得源脈，浰涉淪漣，上下無息，在上曰漢，在下曰脈，潮為澮隨，氣曰濡，陰陽磺礇，為雨也。月陰精，水為天地信，順氣而潮，潮者，水氣來往，行險而不失其信者也。

在此緯書解釋了坎卦的卦象為水，而水的發生與流轉，又與月的圓虧有所關聯，這是一個很正確的觀測結果，但是當陰陽五行的觀念加入後，則水的性質是「聖人畫之，二陰一陽，內剛外弱」，也就是說水由於陰陽爻在卦象中之相對位置，所以產生了水的特性，這個特性是由陰陽的組合而成，而不是它的天性如此，亦即由陰陽來決定物理性質的成立。

事實上如果排除掉陰陽在此的決定性地位，其實這是一個對於潮汐漲退的重要觀測結果，它已發現「潮為澮隨，氣曰濡，陰陽磺礇，為雨也。」也就是當水流動時，水氣產生，多而成為雲氣，而雲氣累積，落而為雨；而且月亮與潮汐的關係是「天地信」，「行險而不失其信者也」，但是加入了陰陽的觀念後，將事物發生的根本，由自然轉化而為陰陽結合。當然這也不能不說是一種進步，因為至少它試圖為一個原先無法解釋的自然現象尋找出答案，但是在此一定要強調的是：陰陽的觀念在緯書之中，並不是一種科學觀念，它是一種哲學態度，但它並非一開始就是如此，同樣在《易緯‧乾鑿度》中說：

> 孔子曰：「泰者天地交通，陰陽用事，長養萬物也；否者天地不交通，陰陽不用事，止萬物之長也。」

事實上這裡指出了「陰陽用事，長養萬物也」以及「陰陽不用事，止萬物之長也」兩個觀念，此處的「陰陽」便很明確的是在指出生物有性別之異，有兩性所以能生長萬物；但是由於中國文化強調天人相感，人符天意，所有的科學知識都不能單獨存在於文化之外，所以附會於哲學思考的命題下，變成唯一的生存之道，這是中國科學的人文特色，但從某種程度上來看也是一個致命傷。

也因此我們可以知道，雖然說我們並不否認最早對於陰陽的理解，應是

古人觀察自然現象的總結，但是在讖緯思想中並不是以科學的精神來運用此一結果，而是以一種出於對自然的人性化以及理想化的觀點來處理，也因此今日對於這些緯書中的陰陽思想，並不宜一味地認為古人已有如今天科學上對於「陰陽」的認知，畢竟在緯書成書的時代中，科學還只能算是神學的一個附庸，即以東漢最著名的科學學者張衡來說，雖然他能夠很有科學精神地反駁圖讖是「復采前世成事，以為證驗」，〔註32〕但是他自己也不能全盤排除掉這種思想的干擾，有時他也必須承認：

> 陰陽未和，災眚屢見，神明幽遠，冥鑒在茲。福仁禍淫，景響而應，
> 因德降休，乘失致咎，天道雖遠，吉凶可見。〔註33〕

在此並非是要批評張衡無法堅持科學理念的錯誤，相反地這證明了在中國的傳統文化思維結構中，幾乎沒有什麼人能夠跳出陰陽五行觀念的籠罩，而這也是讖緯思想以陰陽來解釋自然現象的最主要思考邏輯。有了這樣的認知，再來看看緯書對於萬物生長，以及天地運行的解釋，或許便可以有一個全面性的理解，如《春秋緯‧元命包》說：

> 水者，天地之包幕，五行之始焉，萬物之所由生，元氣之腠液也。
>
> 地不足東南，陰右動，終而入靈門，地所以右轉者，氣濁精少，含
> 陰而起遲，故轉迎天，佐其道。
>
> 月者陰精，為言闕也。中有蟾蜍與兔者，陰陽兩居相付託，抑詘合
> 陽結治，其內光炬，中氣似文耳。兔善走，象陽動也，兔之言僖呼，
> 僖呼溫暖名也。月水之精，故內明而氣冷，陰生不滿者，詘於君也；
> 至望而盈者，氣事合也，盈而缺者，詘嚮尊也；其氣卑，卑故修表
> 成緯，陰受陽精，故精在內，以金水內景，內景故陰精沈執不動。
> 月為陰精，體自無光，藉日照之乃明，猶如臣自無成，假君之勢，
> 乃成其威。月初未政（正）對日，故無光缺，月半而與日相對，故
> 光滿，十六日已後漸缺，亦漸不對日也。

前者認為水是五行之始，萬物因水而生，這與現代對於生命起源的認知完全一致，但是加上水是五行的觀念，等於迫使科學又要接受神學的思考邏輯；第二則亦是如此，地形的高低崎嶇，原本是造陸運動的結果，但是陰陽說的判定，則認為陰弱於陽，陽者為天，所以地不足東南、右轉都是為了佐天道。

〔註32〕《後漢書‧張衡傳》。
〔註33〕同註32。

而第三則如果刪去前半段的文字，則誰也不能否認這樣的觀察真是天文學的重要進展，但是陰陽思想，使得它成為一個哲學思考的必然結果，而不再是一個單純的自然現象。這樣的觀念在緯書中隨處可見，也可見讖緯思想中對於古代科學的記載與陰陽觀念不可分立的事實。

　　而在萬物的發生之後，緯書接著又將陰陽五行的觀念伸展至人體結構之上，《樂緯·動聲儀》說：

> 官有六府，人有五藏，五藏者何也？謂肝心肺腎脾也。肝之為言干也，肺之為言貴也，情動得序，心之為言任也，任於恩也。腎之為言寫也，以竅寫也。脾之為言辨也，所以積精稟氣也，五藏肝仁、肺義、心禮、腎知、脾信也。肝所以仁者何？肝本之精也，仁者好生，東方者陽也，萬物始生，故肝象木，色青而有枝葉。目為之候何？目能出淚，而不能內物，木亦能出枝葉，不能有所內也。肺所以義者何？肺者金之精，義者斷決，西方亦金，成萬物也，故肺象金，色白也。鼻為之候何？鼻出入氣，高而有竅，山亦有金石累積，亦有孔穴，出雲在雨，以潤天下，雨則雲消，鼻出納氣也。心所以為禮何？心火之精也，南方尊陽在上，卑陰在下，禮有尊卑，故心象火，色赤而銳也。人有道尊，天本在上，故心下銳也。耳為之候何？耳能遍內外，別音語，火照有似於禮，上下分明。腎所以智何？腎者水之精，智者進而止，無所疑惑，水亦進而不惑，北方水，故腎色黑，水陰，故腎雙。竅為之候何？竅能瀉水，亦能流濡。脾所以信何？脾者土之精也，土炯任養萬物，為之象，生物無所私，信之至也，故脾象土，色黃也，口為之候何？口能啖嘗，舌能知味，亦能出音聲，吐滋液。

這一段已將人體的內臟結構完整交代，但是它的解釋方式則是主要以五行與之結合；基本而言，整個中醫學的理論是建立在人與陰陽五行的配合之上，簡單地說：只要陰陽不調，五行不順，則無論原因是起自內或出於外，人體一定都會有所感應而生病痛；同時在此我們也可看到它的解釋除了五行外也有陰陽、四方，還有對於外在自然物象的觀察相配合，綜合了這些哲學性的思考以及科學性的觀察後，讖緯很自然地將人體的結構與天地陰陽五行完全組織在一起，成為一個小宇宙的架構，在讖緯的觀念中，人體就是宇宙的另一種再現，學者指出：

中醫學的理論體系，強調人與自然、人與社會的密切關係。中醫學
強調人是一個統一的有機整體，注重整體與局部、生理與病理的關
係，突出個人的體質特徵，並以臟象經絡學說爲核心，以陰陽五行
學說爲說理工具，說明人體的生理活動和疾病的病理變化。〔註34〕

從現代中醫學者對於中醫理論的看法，再對照緯書中的記錄，我們可以得到
一個明確的認識，也就是緯書對於人體學陰陽五行的結合是以天人關係爲出
發點，在中國的文化觀中，人與自然從來就不是處於相抗衡的地位，而是一
種相輔相成的彼此調和，這是一個重要的生活態度，所以當緯書將此種態度
對等地應用在人體上時，它很直接地便以這種出自對於自然觀察所得的結果
——陰陽五行來解釋人體；學者談到早期的中醫學家：

憑藉五行學說，一則試圖說明世萬物的物質屬性及其構成特點；二
則冀能對各種事物或現象，包括人體各臟腑組織的特性及表象作出
分類、歸納和解釋。三則企求探討各事物之間，包括臟腑器官之間
的相互關係，追索事物運動變化的機制及其規律。〔註35〕

這些中醫學家對於陰陽五行的認知態度，其實與讖緯作者相同，並無二致，
甚至我們也可大膽地說部份讖緯觀念的創作者可能就是有醫療實務經驗的，
由於中醫的理論發展在戰國階段就已相當成熟，所以後起的讖緯思想引用這
些觀念是極有可能的，而其使用陰陽五行來解釋人體的理由，也一如上述，
都是爲了尋求一個自然與人之間的規律。

最後再以音樂爲例，以說明緯書中的陰陽五行觀念，是如何地與文化現象
相互結合的事實。在儒家經典中，《樂經》是早已散佚的一本書，而且未見其理
論被引用在其他典籍中，這是一個頗爲奇怪的現象，所以對於《樂經》的存在
與否，有著許多不同的看法，但是讖緯依附儒家舊說，以《樂經》是古存今佚，
所以仍然有《樂緯》之書，而其內容雖然不能肯定是否爲古《樂經》之說，但
亦足以反映緯書時代部份的音樂理論觀點。《禮記・樂記》中曾經說：

地氣上齊，天氣下降，陰陽相摩，天地相蕩，鼓之以雷霆，奮之以
風雨，動之以四時，煖之以日月，而百化興焉。如此則樂者天地之
和也。

〈樂記〉認爲所謂的音樂是一種自然的現象，天地、陰陽、風雨、四時、日

〔註34〕《民俗文化與中醫學》，頁33，轉引自《臨床中醫内科學》，頁3。
〔註35〕《走出巫術叢林的中醫》，頁146，轉引自《差異、困惑與選擇》，頁182。

月都是樂的來源，這個觀念爲緯書所繼承，《詩緯‧汎歷樞》說：

> 樂者非謂金石之聲，管弦之鳴，謂陰陽和順也。

《樂緯‧叶圖徵》也說：

> 聖人作樂，不以娛樂。以觀得失之節，故不取備于一人，必須八能之士，或調陰陽，或調五行，或調盛衰，或調律歷，或調五音。與天地神明合德者，則七始八氣終，各得其宜也。

這裡已將讖緯思想中對於音樂的定義說得非常明白：第一，樂不是爲了娛樂所創，而是爲了要「觀得失之節」，其次，演樂者必須能通陰陽、五行，能與天地神明相合方可；從這兩個條件看來，讖緯中樂的思想顯然與陰陽五行不能分開，而且認爲樂的用途有其崇高之目標，只要樂的用途爲正，而且能夠配合協調，「五音和，則五星如度」〔註36〕、「五音克諧，則各得其倫，則鳳皇至」，〔註37〕同時樂與陰陽完全配合時，可以「稽天地之道，合人鬼之情，發于律呂，計於陰陽，揮之天下，注之音韻，有竊聞者，則其聲自間。」〔註38〕甚至連樂器都與八卦有所相關，《樂緯》說：

> 物以三成，以五立，三與五如八，八音：金石絲竹土木匏革，以發宮商角徵羽也。金爲鐘、石爲磬、絲爲絃、竹爲管、土爲塤、木爲柷圉、匏爲笙、革爲鼓。鼓主震、笙主巽、柷圉主乾、塤主艮、管主坎、絃者離、磬主坤、鐘主兌。

整體而言，在緯書中將對於樂的觀念，提升到頗爲重要地位：認爲樂足以移風化俗，通天地，和鬼神、明陰陽，無所不能，無所不在，而且可以與八卦陰陽相結合，以「碏貞以道德，彈形以繩墨，賢者進，佞人伏」，〔註39〕可以說是一個道德的極致表現，而其與陰陽五行之結合，自然也是不言可喻的。

　　綜合以上所舉的三個文化類型之例，對於陰陽五行與讖緯思想結合的緊密，可說是表露無遺，而規納陰陽五行在讖緯思想中的表現來看，則可以得到以下幾個結論：

　　一、藉由陰陽五行的滲入與轉化，宣告由天人合一轉化爲神意領導的時代來臨。雖然說整體的讖緯觀念基礎是在於強調天人合一，人與自

〔註36〕　《樂緯‧動聲儀》。
〔註37〕　《樂緯‧叶圖徵》。
〔註38〕　同註37。
〔註39〕　《樂緯》。

然和平相處，但是在讖緯明顯爲政治所利用之後，讖緯的天人合一思想，不免有些質變：從平等的地位，轉化爲人成爲天意的附屬，這是爲了替君權神授的觀念催生，而由陰陽五行觀來負責舖路。

二、陰陽五行的觀念改變事物的原始純粹性質，而使各種事件都加上神學與哲學色彩。不管是科學也好、藝術也好，在讖緯思想之中，都由單純的物理現象，被賦予明顯的神學色彩，改變了其原有的本性，而以哲學思考的面貌重新定位。

三、陰陽五行重塑讖緯思想中文明發生的基本過程並啓示未來的發展。緯書的陰陽五行思想，對於天地生成，自然運作都予以另一種觀念本質的更動，並轉化這些觀念的發展過程，這在緯書的天地生成觀以及聖人感生神話中最爲明顯，同時陰陽五行也依照所謂相生相勝的說法，決定究竟何者可以爲王，統治天下，以其固定的循環，決定了未來政治的走向。

　　緯書以陰陽五行來架構其整體思想是不爭的事實，如果要將緯書中與緯書相關的文化現象一一列出，則十倍於此的篇幅也不足以完全顯現，以上的三點結論不僅從文明發展、人體結構以及音樂三個較具代表性的文化主題來討論，也包含了其他章節中所談到與陰陽五行變化的相關論點如神話、感生、五行生剋等，也希望藉由這些讖緯思想裡面，文化現象的說明，能夠將二者的關係略呈現於萬一。

第六章　讖緯思想之發揚與批判

第一節　董仲舒與讖緯思想

　　就現存的讖緯書來看，其中多數之內容以兼蓄各種或知識爲主要之特色，其中包含的自然科學、社會科學、哲學等學科，在第三章中已有所說明；而在觀察這些現象之後，我們可以得到一個結論，也就是讖緯是以「天人合一」爲其思想主幹；由於讖緯主要是爲了影響政治而產生，而其所持的理論爲讖緯之預言是天意之轉授，天意要人如何去做，都是早有定數的，所以其內容主要爲人事的變化預測便不可免，但是爲了要加大其影響層面，並使得書中的觀念爲人所接受，則尋受現實的驗證以作爲支持更是重要，於是讖緯的作者便加入自身對於自然現象的觀察、或是人生經驗的實踐等，並且以這樣的關聯性將其與人事相牽合，以符合讖緯思想中天人關係的規則，進而使其想法深入人心。

　　有關天人關係的討論並非是讖緯盛行之後才開始的，早在先秦的學術領域中，便有許多對於天人關係的討論，《易·繫辭》所說的「天垂象，見吉凶」，是很有名的例子，其他如《國語·越語》所說：

> 天道盈而不溢，盛而不驕，勞而不矜其功，夫聖人隨時以行，是謂守時。天時不作，弗爲人客，人事不起，浮爲之始。……夫人事必將與天地相參，然後乃可以成功。

《孟子·萬章》引《尚書·泰誓》說：

> 天視自我民視，天聽自我民聽。

同書又說：

　　天不言，以行與事示之而已矣。

以上幾個看法都一致認定，天是一個有自我判斷意識的思考主體，且天意的表現是非常明確的，它往往藉由自然事物的不尋常變化，來傳達意旨；只不過天的意志要由人來代為實行，所以人間才會有帝王、聖人的產生。依著這一條思考脈絡而得出一個結論：也就是說人世間的事物發展其實都受到天意的監察，而天為了在人間貫徹它的意志，所以設了帝王聖人，這一套模式正是儒家的政治主張之根本。然而早期的天人關係仍只是一種學說，並未正式成為一種政策，一直到了漢代的董仲舒之後，儒學中的天人關係，才逐漸由學術思想轉為指導政策，透過文獻資料，我們可以清楚地看到這個現象的發展過程。

　　漢武帝即位，於建元元年（西元前 140 年）「詔丞相、御史、列侯，中二千石、二千石、諸侯相舉賢良方正直言極諫之士」等人，〔註1〕「各悉對，著于篇，毋諱有司。明其指略，切磋究之，以稱朕意。」，〔註2〕亦即要求這些社會上的菁英份子，提出國是建言，當時應策者有百餘人，其中不僅有儒家，也有其他各家之學者，當時丞相衛綰屬於儒家，他上書指出：「所舉賢良，或治申、商、韓非、蘇秦、張儀之言，亂國政，請皆罷。」〔註3〕結果武帝同意，此為獨尊儒術之始，就史料看來，當時主要的罷黜對象只有法家、縱橫家等學派，主因在於儒家認為徒以法治不能收道德感化之效果，而縱橫家之流，則為影響政局安定之禍首，所以被指名禁絕。在此次應制中，董仲舒也提出他對於獨尊儒術的看法：

　　　臣愚以為諸不在六藝之科、孔子之術者，皆絕其道，勿使並進。邪
　　辟之說漸息，然後統紀可一，而法度可明，民知所從也。〔註4〕

儒學的效用「統紀可一，法度可明，民知所從」，使得武帝心動，在經過三次策問之後，董仲舒因而得官「為江都相」，同時「推明孔氏，抑黜百家」，而使其他諸家之說受到打擊；但其後竇太后一時掌權，由於她深信黃老，於是刻意貶抑儒家，「諸所興為者皆廢」，一直到六年後竇太后死，儒學才又真正興盛起來。

〔註1〕《漢書·武帝紀》。
〔註2〕《漢書·董仲舒傳》。
〔註3〕同註1。
〔註4〕同註2。

　　董仲舒為漢代儒學大家，但其對於儒學之最大貢獻卻不是在於發揚傳統儒學思想，而是將儒學與祥瑞災異、天人相感等觀念重新組合，使得其後的儒學與政治更加緊密結合，雖然有些傳統儒學學者認為董仲舒的作法無異於毀經叛道，如歐陽修便直指「漢儒狹陋」，〔註5〕但若是論其對儒學的推展之功，則又無人能比，在功過褒貶之中，實難以評斷，而清代學者皮錫瑞所論或許較為中肯：

> 以聖經為漢制作，固無不可。且在漢當言漢；推崇當代，即以推崇
> 先聖。……。漢經學所以盛，正以聖經為漢制作，故得人主尊崇。
> 此儒者欲行其道之苦衷，實聖經通行萬世之公理。〔註6〕

皮氏為董仲舒將儒學神學化的行為提出辯解，認為他的目的是為了要使「儒者行其道」，所以不應對他有過份之苛責，只是其他的學者就未必抱此種態度了，但無論如何，純就傳播的角度來說，董仲舒對於儒術的發展仍具有正面的功勞。

　　事實上董仲舒得以取得武帝的支持獨尊儒術，決不只是因為上了幾篇策論就可以得到的，主要原因還是在於董仲舒重視王權，獨尊儒術只是尊王的後續手段而已。在董仲舒的思想中，帝王是受命於天來管理人民的，他的代表作品《春秋繁露》一書中有許多關於這方面的意見，但他的推理過程則是由人與天的配合說起：首先他認為人是配合天而生的。在〈為人者天〉中，他指出：

> 為生不能為人，為人者天也。天亦人之曾祖父也，此人之所以乃上
> 類天也。人之形體，化天數而成；人之血氣，化天志而仁；人之德
> 行，化天理而義。人之好惡，化天之暖清；人之喜怒，化天之寒暑；
> 人之受命，化天之四時。

在〈官制象天〉中，他說：

> 求天數之微莫若于人，人之身有四肢，每肢有三節，三四十二，十
> 二節相持而形體立矣。天有四時，每一時有三月，三四十二，十二
> 月相受而歲數終矣。官有四選，每一選有三人，三四十二，十二臣
> 相參而事治行矣。以此見天之數，人之形，官之制，相參相得也，

〔註5〕歐陽修《集古錄・跋尾》卷二〈候後漢魯相晨孔子廟跋尾〉言：「甚矣漢儒之
　　　狹陋也！孔子作春秋，豈區區為漢而已哉？」
〔註6〕《經學歷史》，頁113、114。

人之與天，多此類者，而皆忽微，不可不察也。

在此董仲舒用了不合邏輯的推演方法來證明人與天的契合，而雖然不合理，但他卻依此而推論出帝王就是天意的代言人，在〈王道通〉中，他說：

> 古之造文者，三畫而連其中，謂之王。三畫者，天地與人也，而連其中者，通其道也。取天地與人之中以爲貫而參通之，非王者孰能當是？……人主立於生殺之位，與天共持變化之勢，物莫不應天化。……人主以好惡喜怒變習俗，而天以暖清寒暑化草木。喜怒時而當則歲美，不時而妄則歲惡，天地人主一也。

藉由天象的四時變化與人的喜怒哀樂情緒之結合，董仲舒巧妙地將君主的地位與天意結合起來，然後他就直接宣布：

> 唯天子受命於天，天下受命於天子，一國則受命於君。君命順，則民有順命；君命逆，則民有逆命。故曰：「一人有慶，兆民賴之」，此之謂也。

透過人秉天而生，再到王者是受命於天，最後宣布天下應受命於天子，董仲舒藉此一步步地建構起一個君命神授的天意王國。無庸置疑地，這樣的思想在好大喜功的武帝眼中，正是治國的最佳良策，也因此當董仲舒接著提出獨尊儒術之時，可以得到武帝的大力支持了。當然另一方面，儒家強調天下一統的觀念，也是符合當時政治現實的需要的。

在董仲舒之前，其實已經有了緯書的存在，在〈賢良對策〉之中，他便曾引用《尚書中候》中的文字，來作爲君主受命於天的證據，雖然今日對於緯書的時代很難論定，但是董仲舒思想中雜有讖緯觀念則是一個不爭的事實。董仲舒思想之代表作爲《春秋繁露》，據《四庫全書總目提要》所說：「董仲舒《春秋》、《陰陽》，核其文體，即是緯書。」這樣的說法雖然有些以偏概全，但卻也明白指出董仲舒思想中與讖緯密切結合的關係，同時我們檢閱《春秋繁露》一書的篇名時，也發現到此書中篇目命名，與讖緯書的命名有些神似之處，如〈服制像〉、〈離合根〉、〈立元神〉、〈陰陽位〉、〈天地施〉等，與讖緯書用三字成文之習慣頗爲雷同；但其真正與緯書相互發明的部分仍在於其思想方面，針對此，以下簡分爲天人相感、君命神授、符瑞與陰陽五行三部份加以討論。

一、天人相感

前面已說過在董仲舒的整體哲學思考中，以「天」爲其思想中心，此處

的「天」是一種具有控制人事現實能力的、主觀的、具有道德意識的天，是整個宇宙的最高主宰者，而非屬於自然性、無自我意志的天，他曾說「天者，百神之君也，王者之所最尊也。」，〔註7〕亦即在有意識的世界中，「天」是最高的神明，也是人間帝王所尊崇的對象，在「始入歲首，必以正月上辛日先享天，乃敢于地，先貴之義也。」〔註8〕而《春秋緯‧漢含孳》也同樣指出：「天子受符以辛日，立號冢宰，奉圖宗人，共觀九日，悉見後日之過，方來之害以告天。」說明對「天」之祭祀意義重大，因此必須要選擇特定之辛日告祭，以表現人們對於天的崇敬之意。同時人是配合天意而生的，具體些地說，就是指出人與天無論在作用或是數量上，其實是相互配合的：

> 人有三百六十節，偶天之數也；形體骨肉，偶地之厚也；上有耳目聰明，日月之象也；體有空竅理脈，川谷之象也；心有哀樂喜怒，神氣之類也。……，是故人之首頒而員，象天容也；髮象星辰也；耳目戾戾，象日月也；鼻口呼吸，象風氣也；胸中達知，象神明也；腹飽實虛，象百物也。……天以終歲之數成人之身，故小節三百六十六，副日數也；大節十二分，副月數也；內有五藏，副五行數也；外有四肢，副四時數也；乍視乍瞑，副晝夜也；乍剛乍柔，副冬夏也；乍哀乍樂，副陰陽也；心有計慮，副度數也；行有倫理，副天地也。〔註9〕

這一種與天數相配合的觀念，在緯書中也同樣可以見到，《春秋緯‧元命苞》說：

> 頭者，神所居，上圓象天，氣之府也。歲必十二，故人頭長一尺二寸。

《孝經緯》記載：

> 人頭圓像天，足方法地，五臟像五行，四肢法四時，九竅法九分，目法日月，肝仁肺義，腎智心禮，膽脾信，膀胱決難，髮法星辰，節法日歲，腸法鈴。

《春秋緯》則說：

> 掌圓法天以運動，指五者法五行，陽立於三，故人脊三寸而結；陰

〔註7〕《春秋繁露‧郊義》。
〔註8〕《春秋繁露‧郊語》。
〔註9〕《春秋繁露‧人副天數》。

> 極於八，故人旁八幹長八寸，齊者下流，並會合爲齊，腹腰上者爲
> 天尊高陽之狀，腰而下者爲陰豐厚，地之象數合於四，故腰周四尺，
> 髀之爲言跂也，陰二，故人兩髀。

在董仲舒與緯書二者的觀念中，天與人的關係是非常緊密結合的；而這種觀念的發展並不只是來自於學者個人的哲學思考，而是前承於遠古神話的遺緒，在中國的古神話中，女媧爲人類之祖（即等同於「天」），而他是依照自己的形象創造出人類，（這與西方基督教《聖經》的說法相同，認爲上帝是依照自己的形象造人，不但證明這一種思想的古老性，也說明文化間潛在的共通性）。但董仲舒引用此種觀念，主因當然不在於解釋人類的起源，而是作爲他個人哲學思考模式的開端，亦即要證明人類是天所創造，因此人的行爲與天意是不能分、不可分，人的所有行爲都必須要符合天意；而天意雖不可預測，但當人的行爲不能符合天的意志時，上天仍能夠藉由一些方法來表達，此即所謂的「譴告」論：

> 天地之物，有不常之變者，謂之異，小者謂之災。災常先至而異乃隨
> 之。災者，天之譴也；異者，天之威也；譴之而不知，乃畏之以威。……，
> 凡災異之本，盡生於國家之失。國家之失，乃始萌芽，而天出災害以
> 譴告之；譴告之而不知變，乃爲怪異以驚駭之；驚駭之尚不足知畏恐，
> 其殃咎乃至。以此見天意之仁而不欲陷人也。〔註10〕

對於天意的觀察可分爲「災」與「異」兩部分，以今日的觀念來看，「災」爲季節的變換無常，「異」則爲五行的變亂不定：若爲前者，是當人主或是人們的行爲有悖離天意之時，上天必然會有一些特殊的訊息來加以警告，或許是星辰悖行，或許是農桑不時，或許是氣候劇變，這些都是上天意志的表現；而若爲後者，五行變亂則會導致大災禍，此爲天之威：

> 如人君出入不時，走狗試馬，……，咎及於木，則茂木枯槁，工匠
> 之輪多傷敗，毒水濟群，漉陂如漁，咎及鱗蟲，則魚不群，龍深藏，
> 鯨出見。

> 如人君惑於讒邪，內離骨肉，外離忠臣，……，咎及於火，則大旱
> 必有火災，摘巢探縠，咎及羽蟲，則蜚鳥不爲，冬應不來，梟鴟群
> 鳴，鳳凰高翔。

〔註10〕《春秋繁露‧必仁且知》。

> 如人君好淫佚，妻妾過度，……，咎及於土，則五穀不成，暴虐妄
> 誅，咎及裸蟲，裸蟲不爲，百姓叛去，賢聖放亡。
>
> 人君好戰侵陵，諸侯貪城邑之賂，輕百姓之命，……，咎及於金，
> 則鑄化凝滯，凍堅不成，四面張網，焚林而獵，咎及毛蟲，則走獸
> 不爲，白虎妄博，麒麟遠去。
>
> 如人君簡宗廟，不禱祀，廢祭祀，……，咎及於水，霧其冥冥，必
> 有大水，水爲民害，咎及介蟲，責龜深藏，黿鼉呴。〔註11〕

而緯書也提出了各種不順於天的災禍，《尚書緯‧五行傳》說：

> 田獵不反宿，飲食不享，出入不節，奪民農時，及有奸謀，則木不
> 曲直；棄法律，逐功臣，易太子，以妾爲妻，則火不炎上；治宮室，
> 飾臺榭，內淫亂，犯親戚，侮父兄，則稼穡不成；好戰攻，輕百姓，
> 侵邊城，則金不從革；簡宗廟，不禱祀，廢祭祀，逆天時，則水不
> 潤下。

《禮緯‧斗威儀》則說：

> 日月赤，君喜怒無常，輕殺不辜，戮於無罪，不事天地，忽於鬼神，
> 時則大雨，土風常起，日食、星變、地動、雷降，其時不救，兵從
> 外來，爲賊戮而不葬。

這兩則記錄，可以說全然與董仲舒思想相同，也是一再地強調當人事不符天
意時，上天自然會降下一些災禍，使世人知所警惕；值得注意的是，這些譴
告的對象都是君主，多數與民眾無關，主因當在於此時的民本思想仍舊不夠
發達，再加上教育的普及程度不足，所以使得這些天意的呈現都集中在於監
督國君個人的行爲之上。但較有趣的是，在董仲舒的譴告論中，皇帝的行爲
不當，除了天象會有變化外，似乎對於皇帝本身並沒有什麼實質的傷害，反
而是人民或是其他生物倒楣，如在〈五行順逆〉中，他說：

> 如人君出入不時，走狗試馬，馳騁不反宮室，好淫樂，飲酒沉湎
> 縱恣，不顧政治，事多發役，以奪民時，作謀增程，以奪民則，
> 民病疥搔，溫體，足胻痛。咎及於木，則茂木枯槁，工匠之輪多
> 傷敗，毒水浧群，瀮陂如漁，咎及鱗蟲，則魚不爲，群龍深藏，
> 鯨出見。

〔註11〕《春秋繁露‧五行順逆》。

緯書的觀念也是如此，《春秋緯‧考異郵》說：

> 昭公九年秋，三年冬並大雨雹，時昭公專樂齊女綺繡珠璣之好，掩月光陰精，凝爲災異。

> 襄公朝于荊，士卒度歲，愁悲失時，泥雨暑濕，多霍亂之病。

以乎是君主行政措施有誤，其傷害都要由人民來承擔，這或許也可以算是另一種封建思想。而相對地，當君主的行事能夠合於上天的標準時，則上天便會有一些祥瑞的徵候出現，〈五行順逆〉中說：

> 恩及於火，則火順人而甘露降，恩及羽蟲，則飛鳥大爲，黃鵠出見，鳳凰翔。

《孝經緯‧鉤命決》也認同這種看法：

> 春政不失，五穀藥；夏政不失，甘雨時；季夏政不失，地無苗；秋政不失，人民昌；冬政不失，少疾喪；五政不失，百穀稚熟，日月光明。

《春秋緯‧文曜鉤》說：

> 王政和平，則老人星見臨國，萬民以歌。

這些都是董仲舒思想中「天人相感」，與緯書相互發明的實例。

二、君命神授

在董仲舒的觀念裡，帝王是受命於天的，而受命於天之前最重要的則是要「正名」，在〈深察名號〉中，他說：

> 治天下之端，在審辨大。辨大之端，在深察名號。名者，大理之首章也。錄其首章之意，以窺其中之事，則是非可知，逆順自著，其幾通於天地矣。是非之正，取之逆順，逆順之正，取之名號，名號之正，取之天地，天地爲名號之大義也。……天不言，使人發其意，弗爲，使人行其中。名則聖人所發天意，不可不深觀也。受命之君，天意之所予也。故號爲天子者，宜視天如父，事天以孝道也。

他從正名之要推論至「天子」名號之產生，費盡筆墨，其主旨也只在於強調天子的地位是來自於上天，〈順命〉篇中則指出：

> 德侔天地者，皇天右而子之，號稱天子。

除了天子以外又可以稱爲君、王等，簡單來說，「『王』是『民之所往』，『君』

是『得天下之群者』。」〔註12〕而既然皇帝是由於「皇天右（佑）而子之」，所以自然可以名正言順地來管理人民，這一個觀念是以儒家正統的「必也正名乎」理念爲出發點，由加強對於天子名號的認同，來強化王權的基礎；再者，他又強調君主的中心地位，〈爲人者天〉中說：

> 傳曰：君者，民之心也；民者，君之體也；心之所好，體必安之；
> 君之所好，民必從之。

其重點也就是要使「海內之心懸於天子」，〔註13〕正如孔子所說「譬如北辰，眾星拱之」，如此君主不但有了正統的名號，而且又有了民眾的支持，則帝位自然可以常保。讖緯之中，對於此也不遑多讓，也強調了名號的重要性，《易緯・坤靈圖》說：

> 帝者，天號也。德配天地，不私公位，稱之曰帝。天子者，繼天治
> 物，改正一統，各得其宜，父天母地，以養生人，至尊之號也，大
> 君者，君人之盛也。

這一段話幾乎便是董仲舒思想的翻版，兩者之中都以名號爲建立君權神授觀念的第一步。《尚書緯・璇璣鈐》跟著加以發揮：

> 帝者，天號；王者，人稱；天有五帝以立名。人有三王以正度；天
> 子，爵稱也，皇者，煌煌也。
>
> 天子之尊也，神精與天地通，血氣含五帝精，天愛之子也。

經過名義上的確認之後，則帝王受命於天的事實便不容否認，也因此推演出帝王可以管理眾人的結論，以合理化其本身的統治行爲。正如《春秋緯・孔演圖》所說：

> 天子皆五帝精寶，各有題序，次第相據，起必有神靈。

所有的天子都是受命於天，則其治理人間殆無疑義。這也是讖緯中君命神授觀念的重要理論依據。

三、符瑞與陰陽五行

　　在董仲舒的思想中，符瑞與陰陽五行是一個重要的構成部分，後代學者認爲他是第一個將今文經學陰陽五行化的學者，〔註14〕他將陰陽五行的理論

〔註12〕《董仲舒思想研究》，頁65。
〔註13〕《春秋繁露・奉本》。
〔註14〕參見註13所引書。《漢書・五行志》也說：「景武之世，董仲舒治公羊春秋始

配合上經學中各種人倫觀念，並進而使之與正統學術相互滲透，雖說讖緯思想並非因為董仲舒而來，但他將這些神異之說，引入到正統經學之上，無疑地給後代一些造作讖緯者相當程度的啟示。

在《春秋繁露》一書八十二篇中，單以「符瑞」或是「陰陽」、「五行」命名的篇目便達十三篇之多，至於內文提及相關觀念者則更不止此數，可以看出對於董仲舒而言，這些是他的思想結構中重要的一環，以下簡單略舉數例，如〈二端〉篇中說：

> 故書日蝕、星隕、有蜮、山崩、地震、夏大雨水、冬大雨雹、隕霜不殺草、自正月不雨至於秋七月、有鸜鵒來巢。春秋異之，以此見悖亂之徵。

〈符瑞〉篇說：

> 有非力之所能致而自至者，西狩獲麟，受命之符也。然後託乎春秋正不正之間，而明改制之義。

〈五行之義〉篇說：

> 天有五行：一曰木，二曰火，三曰土，四曰金，五曰水。木，五行之始也；水，五行之終也；土，五行之中也。此其天次之序也，木生火，火生土，土生金，金生水，水生木，此其父子也。木居左，金居右，火居前，水居後，土居中央，此其父子之序，相受而布。是故木受水，而火受木，土受火，金受土，水受金也。以使其子，天之道也。是故木已生而火養之，金已死而水藏之，火樂木而養以陽，水剋金而喪以陰，土之事火竭其忠。故五行者，乃孝子忠臣之行也。

〈陰陽義〉篇說：

> 天地之常，一陰一陽。陽者天地之德也，陰者天之形也，跡陰陽終歲之行，以觀天之所親而任。

〈陰陽出入上下〉篇說：

> 天道大數，相反之物也，不得俱出，陰陽是也。……陰出則陽入，陽出則陰入，……，並行而不相亂，澆滑而各持分。此之謂天之意。

〈基義〉篇說：

> 陽兼於陰，陰兼於陽，夫兼於妻，妻兼於夫，父兼於子，子兼於父，

推陰陽，為儒者宗。」

君兼於臣，臣兼於君。君臣、父子、夫婦之義，皆取之於陰陽之道。

就符瑞部分而言，董仲舒以爲符瑞乃是當天意有所指時必然出現的一種徵兆，他以爲日蝕星隕之類的天文現象，其實都是一種未來現象的象徵，或許是代表悖亂，也或許是代表改制，但無論其意義如何，這種認知符瑞能夠預示未來的觀點，正是讖緯思想中最主要的一部分，緯書中對於符瑞的例子委實太多，如《尚書緯・璇璣鈐》說：「湯受金符帝籙，白狼銜鉤入殷朝」；《中候・洛予命》說：「湯觀於洛，沉璧，而黑龜與之書，黃魚雙躍」之類。而對於五行之說，緯書的發揚其實已遠超過董仲舒，董仲舒將五行附會於人倫之上，又與五色五味等相結合，其所有的目標都是以推展儒家思想爲主，所以雖然說他的觀念，促使儒學轉化爲神學，但畢竟不是離經叛道；但緯書談五行則與發揚儒學毫無關係，而都是出自於政治上的訴求，如《春秋・潛潭巴》中說：

> 爲國家者，亂五行之度，失五常之性，則填星爲動而地震矣。地震則陰類應之，人心恐懼，當爲寇至，臣專女橫，其災大喪，而社稷憂也。

當這些原屬於哲學思考的觀念，都被簡化爲政治的目的時，所有的學術價值都要大打折扣了，而董仲舒雖然不是始作俑者，但是他的思想卻對後期的讖緯有著提示的作用。

在陰陽的觀念上，董仲舒由事物的簡單對比說起，一直比附上三綱五常，只要是世上的任何事物，都會有一陰一陽，而這兩者之間彼此相兼相容，所以成就萬物。緯書對於董仲舒的陰陽觀也有所繼承，如《春秋緯・感精符》說：

> 人合天氣、五行、陰陽，極陰反陽，極陽生陰，故應人行，以災不祥，在所以感之萌應轉旋，從殊逆心也。

大體而言，讖緯也將人事都簡單地分別爲陰陽兩個部分，正面、高尚、明亮、雄性、善等等都被歸爲陽，而負面、低賤、黑暗、雌性、惡等等則都被歸爲陰，但董仲強調「陽尊陰卑」，以爲「惡之屬盡爲陰，善之屬盡爲陽」、「陽氣暖而陰氣寒，陽氣予而陰氣奪，陽氣仁而陰氣戾，陽氣寬而陰氣急，陽氣愛而陰氣惡，陽氣生而陰氣殺，是故陽常居實位而行於盛，陰常居空位而行於末。……先經而後權，貴陽而賤陰也。」，〔註15〕而這一種陰陽高低的對比，

〔註15〕《春秋繁露・王道通》。

最後也表現在男尊女卑之上，據說他在江南求雨時，便說無雨的原因是陰盛陽衰，所以「求雨之方，損陰益陽」，於是「乃禁婦女不得行入市」，這種性別上的歧視，則是來自於傳統父系社會的陰影所影響，但在緯書中則罕有這種比較性的言論存在。

　　根據史料上的記錄來看，董仲舒雖然是一代大儒，但是其本身對於判斷陰陽災異還有巫覡方士的儀式頗爲熟悉，而且他曾經主持過幾次的求雨儀式，「行之一國，未嘗不得其所」，〔註16〕其行爲頗爲類似巫祝，且是一個兼具有理論基礎的巫祝。但無論如何，總體來說，有部分的緯書時代早於董仲舒，所以董仲舒的思想不能被歸類爲讖緯觀念的全部源頭，但在另一方面的事實上，他的觀念又確實給了某些後期緯書的一些啓示，在他的思想中，我們雖無法找到「詭爲隱語，預決吉凶」的實例，但是他推度陰陽災變，提倡天人相感、君命神授等理念，則一直在讖緯思想中重覆出現，所以與其一定要找出何者影響對方，倒不如認同這是一個相互啓發的事實。

第二節　白虎觀經學論爭

　　由於政治上的需求以及時代的變化，讖緯的發展逐步有不受控制的趨勢，面對相同的讖緯現象，卻有著許多不同的解釋，加上東漢光武帝是靠讖緯起家，而其過程也受到不同讖緯解釋的挑戰，所以後代繼位者對此現象更加敏感。同時雖然光武帝已宣布定本讖緯於天下，但是這種情況並未明顯改善，而且讖緯思想也未能取得名正言順的學術地位，有鑒於這種種的事實，東漢章帝建初四年（西元 79 年）時終於決定召集學者討論如何使儒學諸說定於一尊，希望能藉由政治力量來控制讖緯思想的再創造，以免危及自己好不容易所建立的政權，此爲召集學者論爭儒學正統的政治背景；而在學術上由於劉歆曾將古文經學列於學官，所以引發今古文學者互相攻詰，也使得學術無法趨於一統，就學術發展的角度來看，多方面的討論有益於眞相的呈現，但是對於當政者而言，這卻是一個隱憂，由於漢代獨尊儒術，是著眼於儒家的思想有助政治的穩定，但是如果思想指導原則產生分歧的話，則對於政權的賡續可能有著致命的打擊，所以召集學者討論學術思想，以便繼續鞏固政權，此爲召集學者與會的學術背景。

〔註16〕同註2。

事實上以這種政治性的命令以決定學術思想的標準內容，在漢代並非是第一次發生，早在西漢宣帝時便曾有過一次先例，史稱爲石渠閣經學論爭；根據史載，西漢宣帝時：

> 詔諸儒講五經同異，太子太傅蕭望之等平奏其議，上親稱制臨決。

〔註17〕

此處所謂的「上親稱制臨決」，便是一個明顯以政治干涉學術的實例。而白虎觀儒學論爭的精神與目的，其實便是繼承自石渠閣而來，兩者並無二致。

在進行的形式上，白虎觀之會也採取前述模式，也就是由學者參與討論，若遇有爭議，則由皇帝決定其中的對錯，而此後所得的結果，便是以後學術唯一的眞理所在，任何人都不能違背改變；也因此與會者多爲一時之學術代表人物，可以說是當時文化界的一大盛事。但是文化知識的爭議原就不是也不該由政治來決定，雖然集思廣益有助於眞相，但當見解不同，不能以學術來加以解決，反而要以政治來定於一尊，如此所得出的學術眞理，勢必要大打折扣。

從史料上來看，有關白虎觀經學論爭的過程如下：

> （建初十一年）壬戌，詔曰：「蓋三代導人，教學爲本，漢承暴秦，
> 褒顯儒術，建立五經，爲置博士。其後學者精進，雖曰承師，亦別
> 名家。孝宣皇帝以爲去聖久遠，學不厭博，故遂立大、小夏候尚書，
> 後又立京氏易。至建武中，復置顏氏、嚴氏春秋、大、小戴禮博士，
> 此皆所以扶進微學，尊廣道藝也。中元元年詔書，五經章句煩多，
> 議欲減省。至永平元年，長水校尉儵奏言，先帝大業，當以時施行，
> 欲使諸儒共正經義，頗令學者得以自助。……於是，下太常、將、
> 大夫、博士、議郎、郎官及諸生諸儒，會白虎觀，使五官中郎將魏
> 應承制問，使侍中淳于恭奏，帝親稱制臨決，如孝宣甘露石渠故事，
> 作《白虎奏議》。〔註18〕

而在所謂的《白虎奏議》完成後，又「命史臣著爲通義」，〔註19〕也就是今日所見的《白虎通義》，又稱《白虎通德論》。根據《後漢書・班固傳》的說法，此史臣就是班固。此書總計討論近三百種相關於禮制、文化、社會制

〔註17〕《漢書・宣帝紀》。
〔註18〕《後漢書・章帝紀》。
〔註19〕同註2。

度、天人關係、服儀、宗教、思想、軍事等方面的學術議題，而這些議題又以讖緯思想將其聯貫一起，構成了一個學術爲名，而以神異思想爲主導的政治學術結構體系。

參與這次經學論爭的人很多，包含有今文學家與古文學家，也有官方的貴族，例如魯恭、丁鴻、楊終、陳敬王劉羨、魏應等人，今古文兩派雖然在平時是針鋒相對，但是在這次論爭中，彼此所持的立場倒是一政，也就是一致相信以讖解經才是思想的正統。這些學者引用讖緯的說法，認爲孔子是「爲漢制法」，所有經書都是爲了替漢代法統建立合理性而立，而讖緯又是爲了要解釋經文而作，因而便成爲在統一解釋經典疑義時的最好依據。

舉例而言，如賈逵他是此次經學論爭中的重要人物，在他的思想中，讖緯之學說便是一切經學的最後答案，《後漢書・賈逵傳》中闡明他的觀念說：

> 昔武王終父之業，鶯鶯在岐，宣帝威懷戎狄，神雀仍集，此胡降之徵也。……五經家皆無以證圖讖，明劉氏爲堯後者，而左氏獨有明文，左氏以爲少昊代黃帝，即圖讖所謂孝宣也。如令堯不得爲火，則漢不得爲赤，其所發明，補益實多。陛下通天然之明，建大聖之本，改元正曆，垂萬世則，麟鳳百數，嘉瑞雜嘿。

此人非常善於以祥瑞之說來取悅帝王，史書中評斷他「附會文致，最差貴顯」，可以看出其人的行徑與思想。又如李育，他曾與賈逵在白虎觀爲《春秋》之義辯論，而〈儒林列傳〉中說他「多引圖讖，不據理體。」最有名莫如班固，他是總結白虎觀經學論爭的總主筆，在《後漢書・班固傳》提到有關他總結白虎觀經學論爭之事，他自己認爲：

> 夫圖書亮章，天哲也，孔猷先命，聖孚也。體行德本，正行也，逢吉丁辰，景命也。順命以創制，定性以和神，荅三靈之繁祉，展放唐之明文。……是時聖上固已垂精游神，包舉藝文，屢訪群儒，諭咨故老，與之乎斟酌道德之淵源，肴覈仁義之林藪，以望元符之甄焉。既成群后之讖辭，又悉經五緯之碩慮矣。汪汪乎丕天之大律，其疇能亘之哉。

班固在此文中談到漢章帝能夠「包舉藝文，屢訪群儒」，所以必能得到「元符之甄」，也就是祥瑞之兆，然後將「讖辭五緯」結合起來，而成爲「丕天之大律」。班固極其簡單地將政治上的政策，與某些非必然性的祥瑞加以結合，成爲他總結經學論爭結果的精神依據。

　　在瞭解了主導、參與、總結經學論爭的人物之觀念後，我們可以看出，白虎觀經學論爭其主要精神，其實並非在於要總結學術的論爭，它真正的目的，是要將讖緯思想的觀念建立成為一種政權天授的原則與規範，所有的思想都不能逾越此線，否則就會遭到天意的責罰。這其實是一種思想的箝制，但卻被美化為一個學術思想的研究與共識，由此也可看出讖緯對於政治的影響之大，使得政治力量也不得不承認它存在的事實而加以規範。

　　清代莊述祖《白虎通義考》對於《白虎通義》一書的內容作了極佳的詮釋：

> 《論語》、《孝經》、六藝並錄，傳以讖記，援緯證經。自光武以赤伏符即位，其後靈臺郊祀，皆以讖決之，風尚所趨然也。故是書之論郊祀、社稷、靈臺、明堂、封禪，悉隸括緯候，兼綜圖書，附世主之好，以緄道真，違失六藝之本。

在此莊氏提出《白虎通義》書中在「郊祀」等幾個部份以讖緯之觀念來解釋禮制，但事實上此書多篇內容都雜有讖緯思想，誠如學者所指出：「它是今文經學、古文經學、讖緯神學由紛歧鬥爭走向統一融合的產物，適應了東漢時期加強君父統治的需要，標誌著統一經學建立的完成。」[註20]

　　在此必須再強調的是，《白虎通義》的思想結論是總結當時學者的意見，並且由政治力量承認，公諸天下的思想定本，也因此不應只將它視為少部份學者的思想理論，而是反映了當時整個漢代學術的思考方向。以下試著從《白虎通義》的君命神授觀、符瑞和倫理觀等三方面，來分析《白虎通義》中的讖緯思想。

　　基本上整部《白虎通義》的思想是建立在以天子為中心的架構之上，它大力宣揚君主是世上唯一且合法的統治者，只有遵循天子的意圖，才能夠得到庇佑，但是天子的地位又是自何而來的呢？這就推導出君命神授的觀念。例如〈封禪〉篇中說：「王者易姓而起，必封泰山何？報告之義也。始受命之日，改制應天，天下太平，功成封禪，以告太平也。」這則簡單的敘述，卻給我們一個重要的啟示，也就是不管透過何種手段取得政權，國君都應封禪泰山，以向天神表示此人已得到天意垂憐而取得政權，這其中的政權宣示意味，遠遠大於其宗教精神。又如〈巡狩〉篇說：「巡狩必祭天何？本巡狩為天，祭天，所以告至也。」也都是基於同樣的心態而為之。

〔註20〕《中國哲學發展史》，頁474。

　　而這種觀念正是來自於緯書，《春秋緯‧元命苞》說：「王不承於天以制號令，則無法。天不得正其元，則不能成其化也。」又如《春秋緯‧說題辭》指出：「天之為言鎮也，居高理下，為人鎮也。」也因此，王位必是由天意所賦予，天子行事必須要能上體天意，如此「天子所以昭察，以從斗樞，禁令天下，繼體守文，宿思以合，神保久長。」〔註21〕而天意的呈現又是如何呢？此處《白虎通義》的說法主要承襲自董仲舒的「譴告論」，〈災變〉篇說：「天所以有災變何？所以譴告人君，覺悟其行，欲令悔過修德，深思慮也。」當天意與君主的行為之間有落差時，上天便會降下各種災禍，以警示君主要修正政策，書中並且引用《孝經緯‧援神契》之說：「行有點缺，氣逆干天，情感變出，以戒人也。」而相對地，如果國君的行為確實掌握了天意，則：

> 德至天則斗極明，日月光，甘露降。德至地則嘉禾生，蓂莢起，秬鬯出，太平感。德至八表則景星見，五緯順軌。德至鳥獸則鳳凰翔，鸞鳥舞，麒麟甄，白虎到，狐九尾，白雉降，白鹿見，白鳥下。

即一切的天象都會顯示出政治措施的得當與否，這就是《白虎通義》中將讖緯思想的譴告觀念，與政治行為結合的明證，《白虎通義》希望藉由這種觀念的建立，使得政權與天意的結合更加緊密，進而使政權能夠得到保障。總體而言，《白虎通義》中的君命神授觀，乃是以董仲舒的譴告論與天人合一的思想為主軸，然後以國君為二者的連接點，進而將讖緯思想與學術理論結合為一。

　　而接續於天人相感觀念之後，《白虎通義》將讖緯觀念中極重要的符瑞觀念也加入，由於自東漢以來，以符瑞為表現手法的徵兆時常出現，對於主政者而言，造成相當大的心理威脅，所以在君命與天意相結合後，《白虎通義》進一步將代表天意所向的符瑞之說，也與當權者的現實相互結合：〈符瑞〉篇說：

> 天下太平，符瑞所以來至者，以為王者承天統理，調和陰陽，陰陽和，萬事序，休氣充塞，故符瑞並臻，皆應德而至。……德至淵泉，則黃龍見，醴泉涌，河出龍圖，洛出龜書，江出大貝，海出明珠。

在此《白虎通義》舉出這些符瑞的最主要意義，並非是要定義何種徵兆才是祥瑞之兆，或是徵兆發生的理由，它最主要是要說明這些徵兆是必須有德者方能當之，正所謂「上有明王，太平乃來」，於是只要發生任何祥瑞之兆，都應該是應驗在位者身上，也就是只有在位者是明君之時，才會出現這些徵兆，

〔註21〕《春秋緯‧漢含孳》。

也因此其他人便無從利用這些徵兆附會於自己身上，如此則對於政權之鞏固又多了一層保障。緯書之中對於各種的符瑞之說眾多，這原就是讖緯觀念中最為重要的一個表現手法，《白虎通義》既然以統一思想為目標，以解釋經典為方法，而以讖緯為解經之依據，則對於影響讖緯最甚的符瑞兆應，自然不能不加以留意並為規範。

　　而當政權的地位穩固，對於符瑞也有所節制後，學者仍然發現使得民眾在思想上重禮守義，知所進退，才是使政權永保最具體有效的方法，再加上這畢竟是一次經學討論，如果只是一昧地比附神異，也不能彰顯在位者崇文好儒的形象，而且緯書之中，對於經學的闡釋也所在多有，所以以發揚儒家倫理道德觀的解釋，也出現在《白虎通義》之中，但要注意的是，其觀念和解釋仍有多數是來自於緯書中的說法。《白虎通義》一書中所發明的倫理道德主要為三綱之說，此說起於韓非，而董仲舒繼而發展之，到了《白虎通義》時，更將其明列為學術思想中必須遵守的規則，在〈三綱六紀〉篇中指出：

　　　　三綱者，何謂也？謂君臣、父子、夫婦也。六紀者，謂諸父、兄弟、
　　　　族人、諸舅、師長、朋友也。故《含文嘉》曰：「君為臣綱，父為子
　　　　綱。」又曰：「敬諸父兄，六紀道行，諸舅有義，族人有序，昆弟有
　　　　親，師長有尊，朋友有舊。」何謂綱紀？綱者，張也；紀者，理也。
　　　　大者為綱，小者為紀。所以張理上下，整齊人道也。人皆懷五常之
　　　　性，有親愛之心，是以綱紀為化，若羅網之有紀綱而萬目張也。

在此文字中，最主要說明了綱紀與人倫的關聯性，而且強調綱紀人倫是「張理上下，整齊人道」的基本法則，也就是從根本上將人際關係，以綱紀串連在一起；而在文中又引用讖緯的說法，一方面說明了這種說法有所根據，二方面以「君為臣綱，父為子綱，夫為妻綱」的觀念為標準，建立起一個不可顛撲的人際倫理，以提供在位者一個彼此尊卑關係的說詞；同時書中再加以引申：「君臣、父子、夫婦，六人也。所以稱三綱何也？一陰一陽謂之道，陽得陰而成，陰得陽而序，故六人為三綱。」也就是三綱的關係要依靠陰陽調合來組成，地位低者屬陰，高者屬陽，陰陽之間的關係正如天與地、君與臣的關係一般，一經確認就不得更動；正如《易緯・乾鑿度》所說：「明陰陽之職，定君臣之位也。」而當這些彼此關係得到確認後，則統治者無論是在法理、政治、人倫等方面都得到了思想理論的支持，而這也是白虎觀經學論爭的目的所在。

自整體影響來看，此次經學論爭的召開具有以下幾個文化意義：第一是藉由統一學術觀念以達到箝制自由思想，尤其是政治方面思想的目的；第二是藉由政治的力量，確認讖緯思想在正統學術思想的指導及法典地位；第三則是繼承董仲舒的天人感應說，並且將其具象化成爲一個思想標準，而影響許多人日後的政治態度；第四則是加強以人倫綱常爲政治的指導原則，建立起一個封建式的國家宗教，使得政治的發展趨向非理性化的盲目崇拜。

白虎觀經學論爭在讖緯思想的發展上具有承先啓後的地位，先前王莽頒定符命、光武帝宣布圖讖於天下，都只是一種政治性的宣告，並不具有一定的學術地位，但是白虎觀經學論爭之後，以及《白虎通義》的完成，卻標誌著一個緯學新時代的來臨，當讖緯思想取得正統學術的認同後，一個新的思想觀念正在逐步建立之中。

第三節　學者對於讖緯的批判

讖緯雖然在白虎觀經學論爭中，取得指導解釋經典的學術地位，但是並非每個學者都會認同此種觀念，對於讖緯的批判，幾乎是與讖緯同時發生，《論語》中說：「子不語，怪力亂神」，既然是不語，證明當時「語」的人可能還是不少，所以逼孔子要表態「不語」。雖然孔子本身對於祥瑞之說並不全然抱持著反對的態度，但是基本上應是「敬鬼神而遠之」的成分居多。在先秦時代，「讖」「緯」二字未見有「預言吉凶」之意，但是在許多學者的作品中對於這種詭言之說，則多有所批判，例如《管子‧法禁》篇說：

　　詭俗異禮，大言法行，難其所爲，而高自錯者，聖王之禁也。……

　　行辟而堅，言詭而辯，術非而博，順惡而澤者，聖王之禁也。

此處所言的「詭俗異禮，言詭而辯」，基本上與讖緯的內容接近，只是爲聖王所禁，是否便能禁絕，似乎是頗有問題的。

其他較有名的學者，對於只依附鬼神，不謀求實際的異說也有不少的批評，例如《荀子‧天論》篇認爲：「天行有常，不爲堯存，不爲桀亡」，他的觀念中，天體的存在並不是爲了有其好惡或者吉凶的意義存在，他認爲：

　　治亂，天邪？曰：日月星辰瑞厤，是禹桀之所同也，禹以治，桀以
　　亂；治亂非天也。時邪？曰：繁啓蕃長於春夏，畜積收藏於秋冬，
　　是又禹桀之所同也，禹以治，桀以亂；治亂非時也。地邪？曰：得

地則生，失地則死，是又禹桀之所同也，禹以治，桀以亂；治亂非
地也。《詩》曰：「天作高山，大王荒之。彼作矣，文王康之。」此
之謂也。〔註22〕

這與讖緯思想以天爲主體的天人感應之說，可說是極大之對比；韓非接續荀
子的思想，他也認爲「非天時，雖十堯不能冬生一穗」〔註23〕從根本將讖緯
思想的瑞應之說打破；前面所提到的幾位先秦學者，雖然在他們的時代中並
未有讖緯之名流行，但是相信有讖緯之實的說法必定不在少數，只是或許尙
未成一種如後代的風尚而已。而從他們批判這些詭異思想的角度來看，則足
以爲後世挑戰讖緯思想者之先驅。

　　漢代是讖緯的黃金年代，由於秦末已有單則簡短的讖語流傳，許多學者
已觀察到這種現象，並對之提出個人的意見，他們的時代或略早於緯書或略
晚出，但是對於這些徒以陰陽說解欲迷亂人心的學說，其抱持的批判態度則
是非常一致的。尤其在兩漢之際讖緯風行，此時反而有些學者敢於對讖緯提
出批評，確實是能發人省思，在這階段中有不少人提出了個人的看法，以下
舉列五家爲代表，依時代先後分敘於下。

一、司馬遷

　　首先要提到的是兼具有史學家和儒學學者身分的司馬遷，在我國的文學
史上，司馬遷的《史記》無疑地是佔有一定的學術地位，雖然在書中他並未
建立一套有系統的理論，但是從他對於史實的評析、人物的臧否、敘述學術
的流變之中，我們可以看出他確實有許多獨到見解。在司馬遷的時代，緯書
之類尙未大量流行，但是相類似的讖語則時有所見，司馬遷作爲一個史書的
記載者，對於這些現象，他並不直接地加以批判，而只是記錄這些事實，在
《史記・太史公自序》中他自述作《史記》的目的是：

　　以拾遺補藝，成一家之言，厥協六經異傳，整齊百家雜語，藏之名
　　山，副在京師，俟後世聖人君子。

在此司馬遷表現出進步的史學觀，也就是存眞歷史不作取捨，所以不論是「六
經異傳」，或是「百家雜語」都是他收錄的範圍；但這並不是說，司馬遷沒有
個人的見解，只是因爲他的史學家身份，使得他在記錄這些史料時，必然要

〔註22〕《荀子・天論》篇。
〔註23〕《韓非子・功名》篇。

小心避免一些情緒性的批判言辭。

司馬遷曾自述過他的父親司馬談之所學是：「學天官於唐都，受易於楊何，習道論於黃子」，而司馬遷本人則「請悉論先人所次舊聞，弗敢闕」，司馬氏父子之學術觀點在〈自序〉中的「論六家要旨」明白地表示出來，尤其是對於一些神異不經或是徒言空泛的唯心論，都有所批判：

> 嘗竊觀陰陽之術，大祥而眾忌諱，使人拘而多所畏。然其序四時之大順，不可失也。……夫陰陽，四時八位十二度二十四節，各有教令，順之者昌，逆之者不死則亡，未必然也。故曰：使人拘而多畏。夫春生夏長，秋收冬藏，此天道之大經也。……凡人所生者神也，所託者形也，神大用則竭，形大勞則敝，形神離則死，死者不可復生，離者不可復反，故聖人重之。由是觀之，神者生之本也，形者生之具也。

在這一段話中，《史記》提到了兩個重要的觀念，首先他認為「陰陽之術」是「大祥而眾忌諱」，證明此時述說陰陽已經成為一種流行，只是人們對此不甚瞭解，所以又愛又怕，而司馬遷站在理性的態度來分析陰陽學說的事實，他認為講陰陽有其必要，但是否會達到順生逆亡的地步，則未必如此；第二他又談到形與神的問題，這是一個爭議已久的哲學問題，究竟人的思想是來自於何處？而思想與肉體的關係為何？也是人所關切的問題，在此司馬遷的立場則比較屬於唯物主義，他認為形與神之間的關係，就如根本與工具的關係，有了指導的根本，則工具才能發揮其用途，當指導的根本消失之後，工具也就失去了存在的用處；當然在讖緯思想中，對於形與神這一類複雜的哲學問題，是不會去觸及的，但這並不是說讖緯思想不討論之，而是因為讖緯認為凡事都是由天意在主導，所以個人的想法與肉體存在的事實，其實並不需要思考或懷疑，人只要能符合天命的要求去作，則自然可以水到渠成、事半功倍。

事實上陰陽之說在讖緯思想中佔了相當大的一部份，而其表現也如前文所言是「大祥而眾忌諱」，《春秋緯‧感精符》說：「人合天氣五行陰陽，極陰反陽，極陽生陰，故應人行以災不祥，在所以感之，萌應轉旋，從逆殊心也。」《春秋緯‧元命包》也說：「陰陽散忤，暴氣雷至，滅日動地，天絕人命，沙鹿襲邑也。」陰陽的協調對於讖緯而言，是一個判斷人是否能與天意相配合的重要標準，但是司馬遷在此則將陰陽配合與人的行為之間的絕對關

係打破，他不以爲這二者之間，存在有一個邏輯上的必然條件，也因此讖緯陰陽之說是否成立，便大有問題了。而有關形與神的問題，在讖緯中未見討論，但其原因則如前述，是因爲在讖緯思想的邏輯中，人必然是要跟隨天意前進的，所以不需要考慮個人的存在價值問題，而《史記》提出此一觀念，針對個人的價值問題加以討論，也使得讖緯的天人觀念相當程度地受到挑戰，因爲如果個人存在價值得到認可，則天意的存在便成爲一種可有可無的存在，對於以倡君權優先的神學體系思想而言，使人們對於自身存在價值有所覺悟，絕對不是其所樂見的，也因此司馬遷的思想相對地顯示出其可貴與重要。

司馬遷的寫作目標是「欲以究天人之際，通古今之變，成一家之言」，他的思想中對於文化現象的態度是尊重但有所抉擇，舉例來說，《史記》有〈天官書〉、〈曆書〉、〈封禪書〉、〈龜策列傳〉，這些在緯書中都是可以大加發揮討論的，但是司馬遷只是以忠於歷史的態度，記錄了這些文化現象存在的事實；然而作爲一個有自我主見的學者，他仍然委婉地表達出自己的看法，例如在〈龜策列傳〉中他指出武帝重用卜者，以預決定兵攻伐匈奴、大宛、百越之吉凶，最後由於「猛將推鋒執節，獲勝於彼」，所以兵到功成，而司馬遷也諷刺地寫上「而蓍龜時日，亦有力於此」，而此後龜卜之說大盛，結果「素有睚眦不快，因公行誅，恣意所傷，以破族滅門者，不可勝數。百僚蕩恐，皆曰：龜策能言，後事覺姦窮，亦誅三族。」此處他並不否認「巫蠱時或頗中」的事實，但是當這種預決吉凶之法，成爲政治鬥爭的工具時，他便不得不明白指出：

> 夫撻策定數，灼龜觀兆，變化無窮，是以擇賢而用占焉，可謂聖人重事者乎？周公卜三龜，而武王有瘳；紂爲暴虐，而元龜不占；晉文將定襄王之位，卜得黃帝之兆，卒受彤弓之命；獻公貪驪姬之色，卜而兆，有口象，其禍竟流五世；楚靈將背周室，卜而龜逆，終被乾谿之敗。兆應信誠於內，而時人明察，見之於外，可不謂兩合者哉？

在此他舉出歷史上許多以龜策預卜吉凶之例，以說明占卜的巧中只是偶合，並非是事物的必然規律，否則這些禍事早就可避免了。但是司馬遷的態度並不是與這些讖緯思想勢不兩立，他也認爲「夫輕卜筮無神明者，悖背人道」，也就是強調人心中，仍應該有天的存在，只是天意的存在不該凌駕於人的價值之上，而且「信禎祥者，鬼神不得其正」，如果只深信吉祥瑞徵，則眞正

的鬼神之義難明。由此可以看出司馬遷對於這些以讖緯思想爲手段的預卜手法之態度，是以尊重但不鼓勵的態度處之，而他在《史記》中仍願大費篇幅來加以記錄，則又可見到他身爲一個宏觀的文化史學家之獨到眼光。

二、揚　雄

揚雄是西漢末年的一個重要思想家，他的生平根據《後漢書‧揚雄傳》的說法如下：

> 雄年四十餘，自蜀來至游京師，大司馬車騎將軍王音奇其文雅，召以爲門下史，荐雄待詔。歲餘，奏〈羽獵賦〉，除爲郎，給黃事門，與王莽、劉歆並。哀帝之初，又與董賢同官。當成、哀、平間，莽、賢皆爲三公，權傾人主，所荐莫不拔擢，而雄三世不徙官。及莽篡位，談說之士用符命稱功德，獲封爵者甚衆，雄復不侯，以耆老久次轉爲大夫，恬於勢利乃如是。

從這段記載中，可以見到揚雄是一個不慕名利的學者，尤其在新莽建國之際，他原有機會飛黃騰達，但是他不肯用「符命功德」之說，所以升不了官。也因此顯示出他的情操。

揚雄的代表作品主要爲《太玄》以及《法言》，「是揚雄在理論上的代表作，集中表現了揚雄的宇宙觀、人生觀和政治態度。」〔註24〕揚雄一生由於在宦途上失意，所以加力於其作品的寫作之上，而他的時代處於兩漢交替，正是讖緯思想發展如火如荼之際，但他對於讖緯思想卻與當代趨炎附勢的眾多學者有著截然不同的觀點，他深受儒家思想薰陶，所以對於孔子極爲尊重，在《法言‧吾子》篇中他說：

> 好書而不要諸仲尼，書肆也；好說而不要諸仲尼，說鈴也。

〈君子〉篇中則說：

> 仲尼之道猶四瀆也，經營中國，終入大海；他人之道者，西北之流也，綱紀夷貉，或入於沱，或淪於漢。

由他對於孔子的推崇，可以看出儒家思想對他的影響，而也因此，在儒學神學化的西漢末年，他見到尊崇的儒學導師被改頭換面成爲神教教主，而儒學的精神蕩然無存，於是在他的作品中對此現象加以反駁：

〔註24〕《中國哲學發展史》，頁366。

> 或問聖人占天乎？曰：占天地。若此，則史也何異？曰：史以天占
> 人，聖人以人占天。或問星有甘石何如？曰：在德不在星，德隆則
> 晷星，星隆則晷德也。

他認為真正占卜的意義應該以人為主導，是由人來決定天意之所示，而非以
天意來決定人的行為，所以他認為雖然有占星之術，但是其實人間的禍福休
咎，其判斷標準是在於人的道德本身；由於讖緯思想中對於人的一切禍福都
認為是天意決之，揚雄的觀念，無異於將人與天的地位對調，使得人的價值
意義提升，這是以人本主義反駁讖緯思想的重要觀念。同時揚雄又以為天是
自然而成，並無目的，如〈問道〉篇中說：

> 或問天，曰：吾於天與，見無為之為矣。或問雕刻眾形者，匪天與？
> 曰：以其不雕刻也。如物刻而雕之，焉得力而給諸？

他以為天生萬物之形都是自然而來，並非是天意所雕刻創造出來的。這是對
於天意說的正面挑戰，也是揚雄對於天意思想的明確態度。但是揚雄的思想
中，對於天人地位的關係，則見解時有動搖，例如〈重黎〉篇中他說：「天不
人不因，人不天不成」，又將天人的關係置於平等，甚至於是人無天不成的屈
從地位；但在同一篇中他又指出：

> 或問：楚敗垓下，方死，曰：天也。諒乎？曰：漢屈群策，群策屈
> 群力。楚群策，而自屈其力。屈人者克，自屈者負。天曷故焉？

他以楚漢相爭為例，說明天助自助者，項羽之敗在於不能群策群力，所以終
敗垓下，與天何干？也藉由此批判了神化儒學所說的天命論，但是他自己又
無法堅持其說，他在〈問明〉篇中又承認：「或問命，曰：命者，天之命也，
非人為也。人為不為命，請問人為？曰：可以存亡，可以死生，非命也。命
不可避也。」這是他個人思想中的矛盾之處。

　　另外他對於鬼神的存在與否，也抱著模擬兩可的態度，在〈重黎〉篇中
他說：「或問趙世多神，何也？曰：神怪茫茫，若存若亡，聖人曼云。」但他
對於主張陰陽五行終始的鄒衍，以及改化儒學為神學的董仲舒則有所批評，
他以為「鄒衍迂而不信」（〈五百〉篇），而董仲舒則是「欲為而不可得者」（〈淵
騫〉篇），這或許也是他對於讖緯思想不滿的另一種表現。

　　整體來說，揚雄可以說是在讖緯盛行的時代中，第一個對於讖緯思想
提出不同看法的學者，雖然說由於立場不堅定，所以對於自己的說法有時
無法持論，但他所提出批判天命論的謬誤，則無疑是在讖緯熱潮之外的一

股清流。

三、桓　譚

　　桓譚的時代大致和揚雄同時，他是西漢末年重要的思想家，也是天文學家，其代表作爲《新論》一書，其書已佚，清人別有輯本。根據《後漢書・桓譚傳》說，在王莽統治階段：

> 天下之士，莫不竸褒稱德美，作符命以求容媚，譚獨自守，默然無言。

可見他的確是一個頗有操守的知識份子；後來東漢光武帝即位，桓譚也時常上書反對讖緯：

> 是時（光武）帝方信讖，多以決定嫌疑。……譚復上書曰：「今諸巧慧小才伎數之人，增益圖書，矯稱讖記，以欺惑貪邪，詿誤人主，爲可不抑遠之哉！臣譚伏聞陛下窮折方士黃白之術，甚爲明矣，而乃欲聽讖記，又何誤也！其事雖有時合，譬猶卜數隻偶之類。」

> 其後有詔會議靈臺所處，帝謂譚曰：「吾欲以讖決之，何如？」譚默然良久，曰：「臣不讀讖」。帝問其故，譚復極言讖之非經。帝大怒曰：「桓譚非聖無法，將下斬之。」譚叩頭流血，良久乃得解。出爲安六安郡丞，意忽忽不樂，道病卒。

桓譚可以算是爲了反對讖緯而下場最爲悲慘者，在他的作品中對於讖緯之說頗有批評，如〈啓寤〉篇說：

> 讖出河圖洛書，但有兆朕而不可知。後人妄復加增依托，稱是孔丘，誤之甚矣。

在此他並不否認河圖洛書的存在，但他認爲這些讖書本身只有「兆朕」（圖形？）而無文字，其後後人才加上解說之文，並且將作者指爲孔子，這是完全謬誤的說法。同時他也對於天志的觀念有所批判，在〈袪蔽〉篇中，他指出：

> 天生殺人藥，必有生人藥也。……鉤吻不與人相宜，故食則死，非爲殺人生也。譬若巴豆毒魚，矾石賊鼠，桂害獺，杏核殺豬，天非故爲作也。

此處他舉出一些傳統上認爲有害於生的植物，來說明天意產生這些植物並非爲了殘殺生命，動物吃了之所以會死，只是因爲「不相宜」，而不是天有意爲

之。他又認為：

> 災異變怪者，天下所常有，無世而不然。逢明主賢臣，智士仁人，
>
> 則修德善政，省職慎行以應之，故咎殃消亡而禍轉為福焉。〔註25〕

這種說法與讖緯的天人感應說並無二致，所以雖然認為災異是常有之事，但只要行仁依禮，又能逢凶化吉；但基本上還是受限於天人感應的思想。

四、王　充

王充是漢代最富盛名的批判學者，他的作品《論衡》更是兩漢階段最具實證主義精神的代表作品。他出生於東漢光武帝建武三年（27），在他的成長階段，正是讖緯風行之際，相信讖緯盛行給他的影響是頗為深遠的。

王充的《論衡》一書，對於讖緯神學的各種現象多有所批判，以下略分為天道自然說、譴告災異說的反駁、無鬼論以及對於神化儒學的批判四方面來討論。

（一）天道自然說

對王充而言，在他的思想中，天只是一個完全自然現象的存在，他用「元氣」之說作為他的宇宙生成理論，他認為「元氣」是一種物質，只是構成天地的一個基礎元素，本身並無所謂的意志存在，〈談天〉篇說：「天地，含氣之自然也」，〈自然〉篇也說：

> 何以（知）天之自然也？以天無口目也。案有為者，口目之類也，
>
> 口欲食而目欲視，有嗜欲於內，發之於外。口目求之，得以為利欲
>
> 之為也。今無口目之欲，於物無所求索。夫何為乎？

在此王充以人的欲望為出發點，舉例證明，天是自然而無意識者，因為人是有自主的生物，所以有口目之欲，對於外界有所需索，但是天為自然，所以天無口目，也因此不對外界有所求，如此怎可說天有意志者乎？王充因此認為天志其實只是虛幻，也因此天人相感之說也是不實的說法。而如果天志是不實的，人究竟是因何而來？王充認為：

> 夫天合氣，人偶自生也。猶夫婦合氣，子則自生也。夫婦合氣，非
>
> 當時欲得生子，情欲動而合，合而生子矣。且夫婦不故生子，以知
>
> 天地不故生人也。然則人生於天地也，猶魚之生於淵，蚤蝨之生於

〔註25〕《新論‧譴非》篇。

人也，因氣而生，種類相產，萬物生天地之間，皆一實也。」〔註26〕

也就是說。人的發生其實是由人自行決定的，正如夫婦相交所以生子，但是其始則未必欲生子，於人為情欲，於天地萬物則為氣，都是因為有所求而生，並非是天有意為之。在此王充以自生之說，以對抗緯書中的故生之說，他並進而提出緯書聖王賢人感生之說的謬誤：

> 說聖者以為稟天精微之氣，故其為有殊絕之知，今三家之生，以草以鳥以土，可謂精微乎？天地之性唯人為貴，則物賤矣，今貴人之氣，更稟賤物之精，安能精微乎？

感生之說是讖緯思想中非常重要的一環，讖緯認為聖王賢人為聖為賢都早有徵兆，而自其誕生便可見天意垂憐，所以將來必然有所成就，這是緯書君命神授觀的思想基礎，統治者一定要與庶民百姓有所不同，才能顯示出其尊貴，以維護其統治天下的合理性與必然性，所以由神異感生便是一個製造合理藉口的好方法，但是王充則不如此認為，他以為這些聖王之生，都是秉自然界其他生物之氣，而這些生物又非尊貴者，則何足以顯示出這些聖王的與眾不同呢？即便是感龍鳳之類而生，王充也加以反駁，他認為：

> 堯（與）高祖審龍之子，子性類父，龍能乘雲，堯與高祖亦宜能焉。
> 萬物生於土，各似本種，不類土者，生不出於土，土徒養育之也。
> 母之懷子，猶土之育物也。堯（與）高祖之母，受龍之施，猶土受物之播也，物生自類本種，夫二帝宜似龍也。〔註27〕

王充以遺傳學的觀念出發，認為如果聖王都是這些神異靈物所感而生，則應該都要遺傳到其父系之特質，應能乘雲飛翔，而既然不能，則適足以證明非龍所感生，也因此他反對感生之說，這是王充以科學性的眼光以分析緯書中感生說的謬誤，確實頗有見地。但是他對於這些聖王的出生雖然有著科學化的反對理由，但是他個人的看法卻不能跳離封建的傳統觀念：

> 實者，聖人自有種世族，仁如文武各有類，孔子吹律自知殷後；項羽重瞳，自知虞舜苗裔也。五帝三王皆祖黃帝，黃帝聖人，本稟貴命，故其子孫皆為帝王。帝王之生必有怪奇，不見於物，則效於夢也。〔註28〕

〔註26〕《論衡・物勢》篇。
〔註27〕《論衡・奇怪》篇。
〔註28〕同註27。

也就是雖然聖人並非外感神異之物而生，但是仍然有著帝王之家的良好血統，所以「其子孫皆爲帝王」，這是囿於封建制度家天下的觀念，也是王充進步思想中的一個盲點。

（二）譴告災異說的反駁

在破解了天意以及天人相感的錯誤之後，則君權由天授的觀念也不攻自破，王充又接著對於譴告災異說提出挑戰，自從董仲舒提出所謂的「譴告論」之後，「天垂象，見吉凶」的觀念，便成爲緯書預決吉凶的主要依據，在〈譴告〉篇中，他對於董仲舒的說法大加撻伐：

> 夫國之有災異也，猶家人之有變怪也。有災異謂天譴人君，有變怪，天復譴告家人乎？家人既明，人之身中亦將可以喻：身中病猶天有災異也，血脈不調，人生疾病，風氣不和，歲生災異，災異謂天譴告國政，疾病天復譴告人乎？

他以經驗法則爲說明，反對譴告論是天意所示，他以爲如果天降災異譴告國君，則猶如人之疾病爲天欲譴告於人一樣，但是血脈不調以致疾病，爲眾所週知，則天又何預焉？所以譴告之說不得成立。同時他又認爲「天人同道，大人與天合德，聖賢以善反惡，皇天以惡隨非，豈道同之效，合德之驗乎？」〔註29〕如果天意爲與人爲善，則爲何反而「以惡隨非」，降毒百姓，此又不通之理，所以「堯遭洪水，湯遭大旱，如謂政治所致，堯、湯惡君。如非政治，是運氣也，運氣有時，安可請求？」〔註30〕

同時他又指出「微小之感不能動大巨也」，〔註31〕否則「洪水之時，流濫中國，而民大害，堯何不推精誠射而除之？……世稱桀紂之惡，射天而毆地；譽高宗之德，政消桑穀，今堯不能以德滅十日而射之，是德不若高宗，惡與桀紂同也，安能以精誠獲天之應也？」，〔註32〕亦即天所表現的各種異象與天意毫無相關，而人也不可能以修正自己的行爲去改變天災的事實。

但是王充雖然反對譴告之說，但並不代表他反對天與物之間仍有相關，只是此相關乃是出自於自然之理，而非人事之說：

> 故天且雨，商羊起舞，使天雨也，商羊者知雨之物也。天且雨，屈

〔註29〕《論衡・譴告》篇。
〔註30〕《論衡・明雩》篇。
〔註31〕《論衡・感虛》篇。
〔註32〕同註31。

> 其一足起舞矣。故天且雨，螻蟻徙。丘蚓出，琴絃緩，固疾發，此
> 物爲天所動之驗也。故天且風，巢居之蟲動；且雨，穴處之物擾，
> 風雨之氣感蟲物也。〔註33〕

王充以科學性的觀察，證明天象與物種之間彼此存在有一定的關係，就現代
科學眼光來看，他所提出的動物與大自然的感應，正是長期觀測自然的實際
記錄，也因此更足以反駁譴告災異諸說的不實與浮誇。

（三）無鬼論

鬼神之存在，是緯書中用以確立思想之基本，由於有鬼神在背後監督人
的行爲，所以君主才不會胡作非爲，以民爲芻狗，如《春秋緯・文曜鉤》說：
「人以施德，神以效靈，四時不改度，五行乃成。」但是王充則以爲世上並
無鬼神的存在：

> 世能別人物不能爲鬼，則鬼不爲鬼，尚難分明，如不能別，則亦無
> 以知其能爲鬼也。人之所以生者，精氣也；死而精氣滅。能爲精氣
> 者，血脈也；人死血脈竭，竭而精氣滅，滅而形體朽，朽而成灰土，
> 何用爲鬼？……今人死皮毛朽敗，雖精氣尚在，神安能復假此形而
> 以行見乎？夫死人不能假生人之形以見，猶生人不能假死人之魂以
> 亡矣。〔註34〕

王充對於鬼的存在與否，完全以唯物主義的觀點來解釋，他認爲人死之後，
一切血脈精氣都已消散不復存在，所以根本就無從有鬼的出現，就算是還有
精氣尚存，但是外在的軀殼已壞，又根據什麼來變化人形，使人們得見呢？
所以鬼是不可能存在的。同時他又進一步論證：「天地開闢，人皇以來，隨壽
而死。若中年夭亡，以億萬數。計今人之數不若死者多，如人死輒爲鬼，則
道路之上一步一鬼也。人且死見鬼，宜見數百千萬，滿堂盈廷，塡塞巷路，
不宜徒見一兩人也。」，〔註35〕這是一個頗有趣的論證，如果人死皆爲鬼，則
的確由古到今，鬼必比人多，則臨死時見鬼不應只有一二人矣，在〈訂鬼〉
篇中，王充又對自古以來對於鬼的異說一一加以反駁，以說明世上確實無鬼
神，文長不再具引。

基本上王充的無鬼論，是著眼於形與神之間的關係，他認爲鬼之不存，

〔註33〕《論衡・變動》篇。
〔註34〕《論衡・論死》篇。
〔註35〕同註34。

是由於無形體得以依附，而且死後一切精氣盡失，所以不可能出現，這與緯書中認爲物各有靈，能夠表現意志的觀點正好相抗衡。而之所以人會認爲有鬼的存在，或能夠見到鬼，只是因爲疾病而使血氣衰落，因而得見。王充的無鬼論，是對於一般俗世信仰，以及讖緯思想的鬼神主導觀之一大打擊，但是他自己對於鬼神的存在與否，有時又抱著模稜兩可的態度，但整體而言，他反對人們迷懼鬼神，還是有其積極的正面意義。

（四）神化儒學的批判

　　王充的時代正是今文經學改換內質，由儒學走向神學的重要過渡階段，王充對於這些今文學者不追求經義之正統，只徒以說迂怪記神異來博取榮華富貴，表現了極大的不滿，他首先提出反對將聖賢視爲神仙的看法：

> 儒書稱堯舜之德，至優至大，天下太平，一人不刑。又言文武之隆，遺在成康，刑錯不用，四十餘年。是欲稱堯舜襃文武也。夫爲言不益，則美不足稱；爲文不渥，則事不足襃。堯舜雖優，不能使一人不刑；文武雖盛，不能使刑不用；言其犯刑者少，用刑希疏，可也；言其一人不刑，刑錯不用，增之也。……書說孔子不能容於世，周流游說七十餘國，未嘗得安。夫言周流不遇可也，言干七十國，增之也。案《論語》之篇，諸子之書，孔子自衛反魯，在陳絕糧，削迹於衛，忘味於齊，伐樹於宋，並費與頓牟，至不能十國。傳言七十國，非其實也。〔註36〕

他以爲堯舜孔子等聖人明君，或許眞的有許多超過常人的能力品行，但是後世「俗好襃遠稱古，講瑞上世爲美，論治則古王爲賢，……儒者稱聖太隆，使聖卓而無迹；稱治太盛，使太平絕而無續也。」，〔註37〕由於過份神化儒家的代表人物，反而使得後世之人望而不及。

　　繼承前說，王充繼而對當時學者的求學態度也有所批評：

> 儒者說五經，多失其實。前儒不見本末，空生虛說；後儒信前師之言，隨舊述故，滑習辭語。苟名一師之學，趨爲師教授。及時蚤仕，汲汲競進，不暇留精用心，考實根核。故虛說傳而不絕，實事沒而不見，五經並失其實。〔註38〕

〔註36〕《論衡・儒增》篇。
〔註37〕《論衡・宣漢》篇。
〔註38〕《論衡・正說》篇。

他以為這些儒家學者只是為了「及時趨仕，汲汲競進，不暇留精用心，考實根核」，所以對於儒學的真諦未能實予探究。也因此，他對於改換儒家經典附以神異的今文學派更是不滿，舉例而言，在〈正說〉篇中，他舉出兩個對於妄解《春秋》的批評：

> 說事者好神道恢義，不肯以遭禍，是故經傳篇皆有所法。考實根本，論其文義，與彼賢者作書詩，無以異也。故聖人作經，賢作書，義窮理竟，文辭備足，則為篇矣。其立篇也，種類相從，科條相附，殊種異類，論說不同，更別為篇。意異則文殊，事改則篇更，據事意作，安得法象之義乎？

> 若夫公羊穀梁之傳，日月不具，輒為意使，失平常之事，有曲折之義，非孔子之心。

這些都是王充對於將儒學神學化的批評，只是或許是囿於政治局勢之故，王充對於主導儒學神化的董仲舒反而批評甚微，甚至替他解釋，如〈案書〉篇中言：

> 仲舒之言雩祭可以應天，土龍可以致雨，頗難曉以。……源材巨識，第兩疑也。

> 讖書云：董仲舒亂我書，蓋孔子言也。讀之者或為亂我書者，煩亂孔子之書也；或以為亂者理也，理孔子之書也。共一亂字，理之與亂，相去甚遠，然而讀者用心不同，不省本實，故說誤也。夫言煩亂孔子之書，才高之語也；其言理孔子之書，亦知奇之語也。出入聖人之門，亂理孔子之書。……孔子終論，定於仲舒之言，其修雩始龍，必將有義，未可怪也。

> 仲舒之言道德政治，可嘉美也。質定世事，論說世疑，桓君山莫上也。故仲舒之文可及，而君山之論難追也。驥與眾馬絕跡，或蹋驥哉，有馬於此，足行千里，終不名驥者，與驥毛色異也。有人於此，文偶仲舒，論次君山，終不同於二子者。故馬效千里，不必驥騄，人期賢知，不必孔墨。何以驗之，君山之論難追也？兩刃相割，利鈍乃知；二論相訂，是非乃見。

對於董仲舒的批評，可以看出王充對於他的獨尊之處，只是以王充對於儒學神化的不滿，卻又對董仲舒推崇備至，實在是使人心生疑竇。且同時他又對

「不讀讖」的桓譚也加以讚美，這或許只能說是王充個人獨特的見解了。

五、張　衡

　　張衡爲漢代著名的科學家及文學家，基本上而言，他對於讖緯的批評，是針對讖緯本身僞造的部分，但他並不認爲卜筮、卦候之說是不可能的，在《後漢書・張衡傳》中他說：

> 臣聞聖人明審律歷以定吉凶，重之以卜筮，雜之以九宮，經天驗道，本盡於此。或觀星辰逆順，寒燠所由，或察龜策之占，巫覡之言，其所因者，非一術也。

> 而陰陽未和，災眚屢見，神明幽遠，冥鑒在茲。福仁禍淫，景響而應，因德降休，乘失致咎，天道雖遠，吉凶可見。

由這兩段文字可以知道，他以爲國家政治的清明與否，確實會藉由天象呈現，聖人用卜筮諸法來預決吉凶，則是合理的行爲，而所用的方法與緯書所載並無二致；他主要批評讖緯之處，是以爲讖緯內容多爲僞造，他指出，讖造「一卷之書，互異數事，聖人之言，勢無若是，殆必虛僞之徒，以要世取資。……或者至於棄家業，入山林。後皆無效，而復采前世成事，以爲證驗。」〔註39〕在此張衡明白地指出讖緯不合理的部分，但這也正是讖緯的特色所在。張衡在遍舉緯書中與史料不合，或是自相矛盾之處後，他認爲：

> 律歷、卦候、風角，數有徵效，世莫肯學，而競稱不占之書。譬猶畫工惡圖犬馬而好作鬼魅，誠以實事難形，而虛僞不窮也。宜收藏圖讖，一禁絕之，則朱紫無所眩，典籍無玷污矣。〔註40〕

他希望皇帝能夠下令將緯書永遠禁絕，但是在當時讖緯之風大盛的條件下，他的觀念自然無法接受，但雖然如此，他對於讖緯的本質的明確認知，以及他對於讖書所下的定義：「立言於前，有徵於後」，也是歷來界定緯書的重要準則，對於後世學者之研究，提供了明確的方向。

　　在兩漢之後，由於讖緯之學爲官方所明定查禁，因此漸漸沒落，但仍有一些學者對於讖緯提出批評，宋代歐陽修〈乞校正九經箚子〉希望能「悉取九經之疏，刪去讖緯之文」，〔註41〕此要求當時並未獲實施，但其後魏了翁著

〔註39〕《後漢書・張衡傳》。
〔註40〕同上。
〔註41〕《歐陽修集》，卷一二○。

《九經要義》一書時，果然盡去緯書之文字；明代趙俶也「請頒定十三經於天下，摒《戰國策》及陰陽讖卜之書」，〔註42〕這些是歷來學者對於讖緯的大致批判概況。

讖緯之說確實有其迷人之處，善於用者可以處世為政，不善於用者則可能因此招致禍端，但學者則於此利害之外，以個人對於時事之見解，加上對於人性之考察以及學術的剖析，對於讖緯思想提出許多不同程度的反駁與再造；本節討論學者的各種論據，除了可以看出對於儒學改造爭議蓬勃之外，也反映了漢代文化思想論爭的一個縮影。

〔註42〕《明史·趙俶傳》。

第七章　讖緯學的週邊問題

第一節　讖緯書歷代禁絕概況

　　讖緯雖然在政治上有其推波助瀾的效果，但是對於依靠其內容而取得帝位的領導者，仍然有潛在性的威脅；對於不依靠讖緯的領導者，則害怕會因此而失去帝位；至於一般大臣則怕因此而被領導者所猜忌，或是為同僚所構陷；而具有實證精神的學者則認為讖緯詭為隱語，誤導思想，甚至使政策畸形發展，所以對之深惡痛絕。結合以上這幾個理由，造成了讖緯自西漢極盛約達兩百七十多年後，為各朝各代追索查禁的命運。

　　事實上對於讖緯的利用，自其運用伊始，也相對受到一定程度的箝制，西漢末年，王莽以符命之說代漢後，就曾經「欲絕其原以神其事」，﹝註1﹞其後再有獻圖讖者，「辭所連及，便收不請」（不必請命，便即收押），當時有人仍然獻上圖讖，果然為王莽所殺，連大儒揚雄亦為之受累而跳樓自盡，幾瀕於死。

　　其後東漢光武帝劉秀登基，有一部份是藉助讖緯的力量，他即位後對於讖緯的力量仍有所忌諱，但畢竟是靠讖緯起家，自然不能輕言推翻，於是他首先下令尹敏、薛漢等人「校定圖讖」，﹝註2﹞這是控制讖緯思想的前聲，其時大約為建武二年左右（西元 26 年），而在經過約三十年後，他終於在中元元年（西元 56 年）下詔「宣布圖讖於天下」，﹝註3﹞表面看來似乎是對於讖緯

﹝註1﹞《漢書・揚雄列傳》下。
﹝註2﹞《後漢書・儒林列傳・尹敏傳》、《後漢書・儒林列傳・薛漢傳》。
﹝註3﹞《後漢書・光武帝紀》下。

的大力發揚，但實際上卻是正式開始控制讖緯思想；所謂「校定」，其意義明顯包含了「校正」以及「確定」兩部分，由於讖緯是有心人士為特定目的所造作，因此眾人各取所需，導致許多紛雜不一的說法，更重要的是如天命所授的這種讖語，其影響茲事體大，更是不能輕忽，所以要確保帝位，就一定要將流傳的思想定於一尊，但當時受命的尹敏對於讖緯頗有成見，他曾向光武帝說：

> 讖書非聖人所作，其中多近鄙別字，頗類世俗之辭，恐疑誤後生。

〔註4〕

不過光武帝並未接受他的看法，事實上並非光武帝不理解他說的是事實，只是礙於現實不得不繼續，尹敏迫不得已只好繼續工作，但他擅自在緯書闕文中加上「君無口，為漢輔」一句，意謂自己也是應天命來輔佐漢帝，後來光武帝發現而責問他時，尹敏坦然答道：「臣見前人增損圖書，敢不自量，竊幸萬一。」光武帝雖未因此處罰他，但尹敏「亦以此沈滯」。〔註5〕在這個事件中，可以看出當時的領導者以及有識之士，對於讖緯的本質認識其實頗深，尤其「非聖人之作」以及「頗類世俗之辭」、「增損圖書」諸語，更是明白地指出讖緯的創作本質，但是當時的政治氣候已成，不重視圖讖之說是不可能的，只是此後歷代運用讖緯之說的人，對於讖緯確實頗為忌憚，因此往往在利用後，就要加以限制；而除了尹敏之外，桓譚對於讖緯之說也極其鄙薄，據《後漢書・桓譚列傳》所記：

> 是時（光武）帝方信讖，多以決定嫌疑。……譚復上書曰：「今諸巧慧小才伎數之人，增益圖書，矯稱讖記，以欺惑貪邪，詿誤人主，焉可不抑遠之哉！臣譚伏聞陛下窮折方士黃白之術，甚為明矣，而乃欲聽讖記，又何誤也！其事雖有時合，譬猶卜數隻偶之類。」

> 其後有詔會議靈臺所處，帝謂譚曰：「吾欲以讖決之，何如？」譚默然良久，曰：「臣不讀讖」。帝問其故，譚復極言讖之非經。帝大怒曰：「桓譚非聖無法，將下斬之。」譚叩頭流血，良久乃得解。出為六安郡丞，意忽忽不樂，道病卒。

其實桓譚「非聖」是未必，但「無法」才是被貶的主因，就是因為他破壞了光武帝賴以即位的「天法」，所以才遭此命運。

〔註4〕《後漢書・儒林列傳・尹敏傳》。
〔註5〕同註4。

對於讖緯有著同樣看法，也有類似命運的人是鄭興，但他較聰明，在光武帝怒曰：「卿之不爲讖，非之邪？」時，他很快地技巧迴避：「臣於書有所未學，而無所非也。」雖逃過一死，不過終究還是「以不善讖故不能任」。〔註6〕

在此之後，第一個正式建議要禁絕讖緯的是東漢張衡，他上書漢順帝指出，讖緯之說「譬猶畫工，惡圖犬馬而好作鬼魅，誠以實事難行，而虛僞不窮也。宜收藏圖讖，一禁絕之，則朱紫無所眩，典籍無瑕玷矣。」，〔註7〕不過這種建議自然不可能爲皇帝所接受，但是他的勇氣確實是值得人們欽佩的。

在前一章中所提到學者對於讖緯思想的批判是屬於學術性的反讖緯，而在政治上則是由當權者直接以法律加以禁絕，其所收實效自然比起學者們聲嘶力竭的排斥，其成果來得大，相對地對於讖緯思想的傳布產生了極大的打擊。

歷代以來的君主都號稱以仁義文禮治國，尊奉儉孝愛民的理念爲職志，但在實際上對於各家學派思想性的典籍，都抱有相當程度的戒心，尤其對如讖緯這一種具有煽惑人心作用的觀念更是擔心，對這些君主而言，讖緯猶如雙面利刃，隨時有可傷人復傷己，所以在一定政治條件下的利用後，隨之而來的往往是更無情的打壓。誠如《韓非子‧說疑》篇所語：

> 禁奸之法，太上禁其心，其次禁其言，其次禁其事。

這正是歷代禁絕讖緯的主要心態：但是要作到「禁其心」，有其事實上的困難，所以既然無法「禁其心」，只好從「禁其言」、「禁其事」來做起，所以查禁相關的書籍、符瑞，以及追索作者、私藏者、刊刻者，或者將這些觀念說法以政治的力量定於一尊等手段紛紛出現，而這些治標鋸箭的作法，所期待的亦不過就是希望能用其利而不受其害而已，但也由於這樣的心態，所以對於讖緯的發展終究是屢禁而難絕的。

自從西漢末年讖緯開始大爲流行以來，其間多數朝代對於讖緯是又愛又恨，在史上明確禁止者首推曹操，據史書所載，曹魏時「科禁內學、兵書」，凡是「匿不送官」者皆要論罪；〔註8〕而讖緯書籍遭到官方第一次以法律明確禁止，已距西漢末年約二百七十餘年，在西晉武帝泰始三年（西元 267 年）十二月，皇帝下詔明令禁止讖緯書籍之流傳：

〔註6〕　《後漢書‧鄭范陳賈張列傳》。
〔註7〕　《後漢書‧張衡列傳》。
〔註8〕　《三國志‧魏書‧常林傳》注中魚豢《魏略》。

禁星氣、讖緯之學。〔註9〕

到了次年正月，晉代的法律條文《泰始律》正式公告施行，武帝的行政命令，至此也列入正式的法律條款之中，並且明確規定未遵守者，判徒刑二年。這一次的禁書命令，對於讖緯之流傳可以說是一大打擊：由於政治上的力量干涉，因此對於意圖利用讖緯以爲晉身之階者，可以說具有相當大的嚇阻力；同時也成爲後世當政者禁絕讖緯的一個典範。值得一提的是，在此次禁書令中，與讖緯同時被禁的還有「星氣」之書，也就是有關天文占候方面的書，就目前所見的讖緯書籍內容來看，有一大部分都是與星占候有關，因此當初晉武帝之所以將星氣與讖緯之書同時查禁，相信其著眼點也是在於這兩類書籍有其思想與內容體裁上的共通處，所以才會同遭查禁。至後趙建武二年（西元 336 年），石季龍下令：

禁郡國不得私學星讖，敢有犯者誅。〔註10〕

雖然在此並未明確禁止讖緯之學，但一般郡國不得私學，則大約也略同於秦代之挾書令，只能由中央所藏而已。同時應注意的是，對於私學圖讖者的處罰，已由兩年徒刑而加重至死刑，這除了說明當政者對讖緯影響力的認知不同之外，也可解讀爲即使是透過法律，當時習讀圖讖的行爲必然還很盛行，所以逼使領導者要科以極刑，以求能阻遏此風。其後前秦符堅於建元十一年（西元 375 年）下令：

禁老、莊、圖讖之學，違者棄市。〔註11〕

其觸法者刑度也是死刑，據史載在同年：

尚書郎王佩讀讖，（符）堅殺之，學讖者遂絕。〔註12〕

王佩之死，自然帶給人極大之震撼，一時之間再也無人敢公開討論讖緯。但是讖緯由於具有神秘的預言色彩，與人們趨吉避凶的心態不謀而合，所以終究是屢禁難絕；此後據《隋書‧經籍志》指出，劉宋孝文帝劉駿曾「禁圖讖」，而《南史‧阮孝緒傳》也說梁武帝蕭衍下令「禁畜讖緯」。

其實歷代當政者禁絕讖緯，其主因仍在於唯恐讖緯爲他人所用，但若於己身有益時，則仍舊是趨之若鶩，如北魏太武帝拓跋燾便是如此，他曾於太

〔註 9〕 《晉書‧武帝本紀》。
〔註10〕 《晉書‧石季龍載紀》上。
〔註11〕 《晉書‧符堅載紀》上。
〔註12〕 《資治通鑑》卷 103。

延元年（435）下詔：

> 去春小旱，東作不茂，憂勤剋已，祈請靈祇。豈朕精誠有感，何報
> 應之速。雲雨震灑，流澤霑渥。有鄙婦人持方寸玉印詣澤縣侯孫家，
> 既而亡去，莫知所在。印有三字，爲龍鳥之形，要妙奇巧，不類人
> 跡，文曰：「旱疫平」。推尋其理，概神靈之報應也。比者以來，禎
> 瑞仍臻，甘露流液，降於殿內，嘉瓜合蔕，生于中山，野木連理，
> 殖于魏都。〔註13〕

這一些明顯的巧合或是騙局，只因爲有利於自身政權的鞏固，於是得到當政
者大力的宣揚，但面對這種神秘力量時，他最後仍然下令：「不得隱藏讖記圖
緯」，〔註14〕適足以說明當政者對於讖緯又愛又恨的矛盾心態。至北魏太和九
年（西元 485 年）正月，孝文帝拓跋宏再次下令明禁圖讖：

> 詔禁圖讖秘緯及名《孔子閉房記》，留者以大辟論。又諸巫覡假稱神
> 鬼，妄說吉凶，及委巷諸非墳典所載者，嚴加禁斷。〔註15〕

在這則禁令中，明白指出除了一般的讖書之外，還有一本稱爲《孔子閉房記》
之書也在禁絕之列，此書今已不得見，但能在詔書中被直接指名，相信應是
流傳頗廣的一本書，而書名來看，大概也不脫「詭爲隱語，預決吉凶」之流；
禁令中同時又指出凡是「諸巫覡假稱神鬼，妄說吉凶，及委巷諸非墳典所載
者，嚴加禁斷。」可見當時除了記錄讖緯之說的書籍外，可能還有爲數不少
的神異書籍流傳著。北魏一代，除了對於讖緯有所禁絕外，對於天文書籍也
曾下令毀棄，分別爲宣武帝永平四年（西元 511 年）以及孝明帝熙平二年（西
元 517 年），其處罰皆極嚴格，都是「以大辟論」，而其禁絕的原因，相信與
禁絕讖緯的心態是一致的。

　　歷經南北分治後，中國終於統一於隋文帝之手，在此之前，由於時局板
蕩，人心惶惶，難以自安，在這樣的時代背景下想要完全以政治力量來禁絕
讖緯，有其先天執行上的困難，再加上當政者對於讖緯的態度曖昧，所以其
屢禁不絕，自然是可以理解的。但到了隋代以後，由於國土的統一以及政局
的漸趨安定，讖緯思想的黑暗時代終於來臨。隋代禁讖緯自開皇十三年（西
元 593 年）起，隋文帝楊堅下令：「私家不得藏緯候、圖讖」，據此所有的讖

〔註13〕《北史・魏世祖太武帝本紀》。
〔註14〕《魏書・世祖本紀》下。
〔註15〕《北史・魏高祖孝文帝本紀》。

緯書籍只能歸於國家圖書館，私人不得藏有，但這並未能完全消滅讖緯的流傳，因此楊廣繼位後，更加大力掃蕩，據《隋書·經籍志》指出：

> 至宋大明中，始禁圖讖。梁天監以後，又重其制。及高祖受禪，禁
> 之愈切。煬帝即位，乃發使四出，搜天下書籍，與讖緯相涉者皆焚
> 之。爲吏所糾者，至死。自是無復其學，秘府之內，亦多散亡。

這段記錄中認爲禁絕讖緯是自劉宋大明年間起（西元 457 至 464 年），時間上明顯錯誤；但其中談到有關文帝、煬帝的禁絕實況，則已接近全盤之事實，今日檢諸於《隋書經籍志》所錄有關讖緯之書，僅餘十三種，計九十二卷，與先前之盛況，相去何止以道里計，亦可見當時對於讖緯查禁之密，而到最後，連「秘府」之內亦難得見，可以說是讖緯文獻的一大浩劫。

隋後繼唐，爲我國史上有名的一統王朝，也出現了多位有名的英明君主，但在面對讖緯此一問題上時，似乎仍然著眼於其政治功用，所以利用歸利用，但查禁的腳步仍未放緩，在太宗貞觀二十年（西元 646 年），發生了「三皇經」事件，〔註 16〕由於《三皇經》一書的內容與預言式的讖緯書頗爲類似，所以在此事告一段落後，唐朝便針對相關書籍加以明確規範，在高宗永徽四年公布的《唐律疏議》中，便明白地規定：

> 諸玄象器物、天文、圖書、讖書、兵書、七曜曆、太一、雷公式、
> 私家不得有，違者徒二年。私習天文者亦同。其緯、候及《論語讖》，
> 不在禁限。

這一條禁令中，有一些重要的訊息：首先是它所查禁的對象，幾乎是略關於讖緯者皆難逃其列，甚至如所謂「玄象器物」也是；其次是私藏或私學者的刑罰降低；其三則是明白指出有些關於緯、候及《論語讖》不在查禁之列。由此令可以看出，到唐代時雖然讖緯之書已所存無幾，但類似的神異書籍或事物卻仍層出不窮，所以要一體查禁；而刑罰的降低，則可以視爲唐王朝的自信程度頗高，所以雖然禁絕民眾學習讖緯，但並不認爲罪已至死；而對於一些讖緯書籍未加查禁，可以說是今日尚能見到這些書籍的主因，否則以當時唐之國力來看，大力查禁之下，這些重要的文化遺產，可能早已成爲歷史灰燼了。

唐代由於是一個開放的國際社會，所以有許多外來的宗教傳入中國，加上佛、道兩教的盛行以及眾多的民間信仰，使得宗教對於人民的影響極大，當政者對此不無忌憚，所以在法律中加以限制，《唐律疏議》中便規定：

〔註16〕關於「三皇經」事件，請參見《中國禁書大觀》，頁 26、27。

> 諸造妖書妖言者，絞。傳用以惑衆者，亦如之。傳，謂傳言。用，
> 謂用書。其不滿衆者，流三千里；言理無害者，杖一百；即私有妖
> 書，雖不行用，徒二年；言理無害者，杖六十。

這裡所謂的妖書妖言，只是一種自由心證，由於有了這樣的法律，對於各種不同信仰或是宗教，有著一定程度的限制，同時讖緯之說大概也被歸納於此內，但是唐律只對於「造者」處以極刑，其他運用或私有者之刑度並不高，也可見唐代對於開放思想的容忍程度。到了開元二十七年（西元739年），唐玄宗又以敕令的形式補充了另一則禁令，規定：「諸陰陽術數，自非婚喪卜擇，皆禁之。」這則禁令一方面說明了在唐代時，婚喪卜擇等民間信仰行為已極為發達，所以政府也必須接受此一現實；另一方面也指出必然有人將這類書籍用於某些為當政者所不容的用途之上，才會遭禁絕。至唐代宗大歷二年（西元767年）時，又再次下令：

> 讖緯不經，蠹深於疑衆，蓋有國之禁，非私家所藏。〔註17〕

要求天下州府查禁，「敕到十日內送官，本處長吏集衆焚毀」；無論如何，歷經隋唐兩個承平時代的禁止之後，至此漢末讖緯文獻已多散佚殘破不復得見了。

　　唐亡之後，五代十國繼起，由於國祚極短，對於此類書籍似乎並無明確可見之禁令，只有在後周廣順三年（西元953年），周太祖郭威曾下過一道禁令：

> 所有玄象器物、天文、圖書、讖書、七曜曆、太一、雷公式，私家
> 不得有及衷私傳習。如有者，並需焚毀。其司天監、翰林院人員不
> 得將前件圖書等，于外邊令人觀覽。其諸陰陽、卜筮、古算之書，
> 不在禁限，所有每年曆日，候朝廷頒行後，方許雕印傳寫。〔註18〕

基本上而言，此令為承襲唐律而來，所不同的在於如有查獲這些書籍，「並需焚毀」；同時又放寬有關於陰陽卜筮等類書籍的禁令；至於民間不得私自推算曆日，主要在於傳統「奉正朔」的觀念，在此再次形諸文字而已，而這也是史上第一次明文規定，對於曆書的出版與流傳之限制。

　　北宋自趙匡胤「黃橋兵變，龍袍加身」後，便一直以「重文輕武，強幹弱枝」為國家政策，但是「重文」的原因在於「輕武」，所以對於文化思想，仍然有所箝制。宋太祖建隆四年（西元963年），宋朝公布了繼承自《唐律》及《大周刑統》的《宋刑統》，其中對於禁止天文圖讖流傳諸法條與前二者無

〔註17〕《舊唐書‧代宗本紀》。
〔註18〕《宋刑統》卷九「禁玄象器物」條。

異，但到了開寶五年（西元 972 年）九月，太祖又重下敕令：

> 禁玄象器物、天文、圖讖、七曜曆、太一、雷公、六壬遁甲等，不
> 得藏于私家，有者并送官。

兩個月後，又再次下令補充：

> 禁釋、道私習天文、地理。〔註19〕

此處較具特色爲增加了六任遁甲此類陰陽占卜之書，以及禁學地理之書，若
深究其原因，大概不出爲鞏固政權之私心而已。太宗即位，對於讖緯、天文
等書籍查禁愈密，太平興國元年（開寶九年，西元 976 年），太宗下詔：

> 令諸州大索明知天文術數者傳送闕下，敢藏匿者棄市，募告者賞錢
> 三十萬。〔註20〕

此次禁令之特殊處在於逮捕熟悉天文術數的人，告密者甚至有賞金，這可說
是斬草除根的嚴法了。而這些被補的術士，在次年被解送首都，太宗又下詔：

> 兩京諸道陰陽卜筮人等，向令傳送至闕，詢其所習，皆懵昧無所取，
> 蓋矯言福禍，誑耀流俗，以取貲耳。自今除二宅及易筮外，其天文、
> 相術、六壬遁甲、三命及其陽書，限詔到一月送宮。〔註21〕

書籍被入宮中，而總數計三百五十一人的術士，被迫參加一次資格檢定考試，
通過者留於宮中之司天台，而未過者則「黥面流海島」。太宗對於習天文術數
者之作法頗爲嚴苛，傳言與其繼承太祖帝位有關，〔註22〕姑且不論事實如何，
但出自於保護帝位的心態則是不變。

其後眞宗即位，文網愈密，景德元年（西元 1004 年）正月，眞宗下詔：

> 圖緯、推步之書，舊章所禁，私習尚多，其嚴申之。自今民間應有
> 天象器物、讖、候、禁，并令首納，所在焚毀。匿而不言者，論以
> 死。募告者，賞錢十萬。星算伎算之人，并送闕下。〔註23〕

其後到仁宗時，果然有人因被舉發而坐罪，「上（仁宗）慮愚民或多抵冒，定
合禁書名揭示之，復詔學士院詳定。」〔註24〕寶元二年春（西元 1039 年）正

〔註19〕兩法條並見《續資治通鑑》卷七。
〔註20〕《續資治通鑑長編》卷十七。
〔註21〕《續資治通鑑長編》卷十八。
〔註22〕此事見宋釋文瑩《續湘山野錄》，大意爲記錄太祖聽術士之言，自忖必死，於
是召太宗入宮密談，是晚即駕崩，而太宗即位當年，立刻大索天下，追捕術
士事。
〔註23〕《續資治通鑑長編》卷五十六。
〔註24〕《續資治通鑑長編》卷一百二十三。

月，學士院上書言：

> 奉詔詳定陰陽禁書，請除《孫子》、歷代史、天文、律曆、五行志，
> 並《通典》所引諸家兵法外，餘悉爲禁書。〔註25〕

奉天子之命，中國第一部禁書目錄於是出現，在此之前禁書多僅有範圍而無實目，至此則詳列其名，分爲十四門類，惜今已不得見。

趙構南渡之後，南宋對於讖緯書籍之查禁態度大抵同於北宋，但技術上則更進一步，孝宗淳熙七年（西元 1180 年）五月，政府直接下令，限制民間書坊不得擅刻書籍，〔註26〕從根本斬斷了禁書的流傳管道，其用心之深亦可見一斑了。

元滅南宋，入主中國，由於本爲蠻野鄙俗之邦，所以對於文學藝術之重視程度原就不足，但是對於鞏固領導，則與歷代並無不同，就史料記載來看，元代主要禁絕讖緯書籍者爲元世祖忽必烈，分別於至元三年（西元 1266 年）禁天文、圖書、太乙、雷公式、七曜曆、推背圖；至元九年（西元 1272 年）禁四教經；至元十年（西元 1273 年）禁陰陽等書；至元十八年（西元 1281 年）禁五公符、推背圖、血盆經，及應合禁斷天文、圖書等；至元二十一年（西元 1284 年）收天下私藏天文、圖讖、太一、雷公式、七曜曆、推背圖等書，若有私自研習收藏者，一律判罪；至元二十三年（西元 1286 年）禁陰陽僞書、顯明曆；以上這些禁書多數都爲一般民間宗教藉以爲教義的神異書籍，與讖緯的性質雖接近，內容卻粗鄙得多，但由於其內容的關係，或是有人藉以謀反，所以才遭到查禁的命運。後泰定帝也孫鐵木兒於泰定二年（西元 1325 年）十二月，又再次下令「申禁圖讖，私藏不獻者罪之。」〔註27〕大體而言，元代查禁讖緯書不如查禁佛、道經籍來得用心，此應爲時代狀況不同之考量。

有明滅元，建立最後一個漢人王朝，然而其開國君主朱元璋乃是一不學無術之人，所以對於文化發展之用心，只表現於箝制，卻未見獎掖，加上理學思想盛行，對於讖緯此類的異說更是無法容忍，所以查禁文網亦愈加嚴密，但是文網雖密，卻不是由法律來決定，而純粹由人主來決定，所以造成了許許多多莫名其妙的文字獄；據《大明律》：「凡私家收藏玄象器物、天文圖讖、應禁之書及歷代帝王圖像、金玉符璽等物者，杖一百。」表面看來，其刑罰

〔註25〕《玉海》卷五十二。
〔註26〕《宋史‧孝宗本紀》三。
〔註27〕《元史‧泰定帝本紀》一。

並不重，但若深究其內文，便可發現「應禁之書」便已含括全部，究竟何者應禁，法無明定，於是只要不合上意，自然就觸法坐罪，而連「帝王圖象」這些物品都在禁制之列，除了說明統治者的顢頇以外，實在無以形容之；倒是對於「金玉符璽」的查禁，是對控制讖緯思想發展的重要一步，之前的歷代查禁對象或及於書籍本身，或及於作者、私藏、刊刻者，但對於符瑞並未明文限制，明代特別將此加入法例，想必是有其所考量之處。至於明代文獄之盛，其實較清代未遑多讓，但因無關於讖緯書籍，不多贅言。

至清朝入關，文獄大興，許多文人學士遭羅織入罪，此為清廷控制自由學術思想的作法，也因此導致考據樸學興盛，雖然政治上仍不許邪說異端流傳，但反而使許多學者投入輯佚考證之工作，相對亦使許多斷簡殘編，復見完璧，對於後代研究讖緯者，實是功不可沒。在清代法律中有關查禁讖緯的條文見於《大清律例》：

> 凡造讖緯妖書妖言及傳用惑眾者皆斬。被惑人不坐。不及眾者流三
> 千里，合依量情分坐。若私有妖書隱藏不送官者，杖一百，徒三年。
> 〔註28〕

由此看來，清代對於這些「讖緯妖書」的處罰相當嚴重，但是其所概括的範圍則不如明代來得大，只是有清一代幾乎專門於各種思想文字獄上著力，對於文化的斲傷，又非只是輕忽任何一部份所可以彌補的。

綜觀自曹魏開始以迄清代禁絕讖緯的歷史，可以發現讖緯的發展過程極為坎坷，但也相對表現出堅韌的生命力，在被查禁的過程中，由書人到物，卻又歷代屢禁不絕，而且刑罰有輕有重，依此可以歸納得到以下幾個結論：

首先是讖緯的查禁與否，與帝王是否靠讖緯起家並無絕對之關係，運用者知其利用而用之，也因知其利而禁之；不運用者則因懼其利而禁之，但追根究底，終究都是因為保衛政權而已。

其次讖緯的查禁與其表現方法的發展有關，書籍的查禁是避免其流傳，但是由於讖緯的表現方法不僅限於書籍，於是接著查禁所謂「玄象器物」，雖然不能說所有的這些器物都是與讖緯有關，但也不可能毫無關係，至明代則更直接點名查禁「金玉符璽」，這是對於讖緯思想外延予以正視的明白表示，而這些查禁方向的擴大、查禁書目的變化，在在都呈現出讖緯思想在歷代發展變化的縮影。

〔註28〕《大清律例》卷二十三「刑律賊盜」條上。

其三是歷代對於查禁讖緯的刑罰嚴緩不一，似乎也說明了不同的朝代在不同的文化背景之下，不同的自信考量，在時代動盪，或是君主威權較重的時代，處罰相對也重，但若是對於本身之統治較有信心的朝代，其罰則相對也較輕，這雖不能全盤說明讖緯的發展與時代間的絕對關係，但是有一定程度的反映，則是無庸諱言的。

其四則是查禁者的心態，並不是想要讓讖緯永絕，而是希望能夠加以控制運用，因為畢竟這一種發於人性的基本需求，是無法連根鏟滅的，所以如何化阻力為助力，可以說才是查禁讖緯的真正目的。

第二節　讖緯輯佚書目及篇目

由於歷代以來對於讖緯的觀點，處於又想利用又唯恐其害的微妙平衡下，再加上有不少人為遂其個人目的而自創緯書，導致其內容頗為混亂，並有許多互見互引的情況產生；再加以政治上對於讖緯多以查禁之法加以處理，流傳至今，使得讖緯書籍多已為短簡殘篇，蒐羅匪易。對於讖緯文獻之輯佚與整理，自元代陶宗儀《說郛》首開其端，明代孫瑴《古微書》則承其緒，但是《說郛》並非專以蒐集緯集為主，而《古微書》則是第一部完整且全面性輯佚緯書的著作，雖然仍有些漏輯、誤輯的情況，但其能注意到緯書的價值並進行輯佚，則是作者獨到的識見，誠如《四庫全書總目提要》所言：

> 其採摭編綴，使學者學於千百年後，猶見東京以上之遺文，以資考證，其功亦不可沒。

而自考據之學發達的清代開始，有更多的學者投入讖緯輯佚與整理的工作，如朱彝尊、趙在翰、馬國翰、黃奭、王仁俊等人，近代則以日本學者安居香山與中村璋八所合編的《重修緯書集成》，以及大陸上海古籍出版社所編之《緯書集成》二書最為完備，以下即以上述諸家的整理結果為基礎，並依類分別表列，以窺見目前讖緯書籍之現存概況。

以下簡述所見讖緯佚書籍之版本概況：

《易緯》：為乾隆中期編輯《四庫全書》發現《永樂大典》中所殘存的八種《易緯》佚文，此為文淵閣本。

《說郛》：元陶宗儀編。此處為明宛委山堂本所收緯書三十五種，及民國排印本所收十三種。

　　《古微書》：明孫瑴編。此處爲文淵閣本，及清對山問月樓刊本。

　　《緯書》：明楊喬嶽編。此處爲日本內閣文庫所藏明刊本。

　　《緯書》：一名《集緯》（本書表格內用此名，以與楊氏版本分別），清殷元正輯，陸明睿增訂。此處爲上海圖書館藏寫本，及日本京都大學圖書館藏平江蘇氏鈔本。

　　《七緯》：清趙在翰輯。此處爲上海圖書館藏小積石山房嘉慶十四年序刊本。

　　《諸經緯遺》：清劉學寵輯。此處爲青照堂叢書本。

　　《七緯拾遺》：清顧觀光輯。此處爲上海圖書館藏寫本。

　　《詩緯集證》：清陳喬樅輯。道光二十六刊本。

　　《玉函山房輯佚書》：清馬國翰輯。此處爲清同治十三年刊本。

　　《緯攟》：清喬松年輯。此處爲光緒四年強恕堂初刊本。

　　《通緯》：清黃奭輯。此處爲光緒年間印本。

　　《玉函山房輯佚書續編》：清王仁俊輯。此處爲上海圖書館藏稿本。

　　《古書拾遺》：清林春溥編。此處爲道光二十四年竹柏山房本。

　　《重修緯書集成》：中村璋八、安居香山編，昭和五十二年出版。

　　《緯書集成》：上海古籍出版社，1994 年六月初版。

　　在這些輯佚的書籍之中，有不少爲孤本難得一見，在此統一以大陸《緯書集成》及《重修緯書集成》所引諸書爲本。

　　緯書今日流傳之版本混亂，內文時有互見或是闕文、錯文等情況，而書名也大同小異，追究其因，約有以下幾個理由：其一爲流傳日久，傳鈔之中造成混亂。其二爲官方查禁追索，益使其內容短缺難全。其三由於讖緯爲自由創作之書，所以相互因襲鈔用的情況在所難免。

　　幸而清代考據學者名家輩出，今日雖然已無從考訂緯書之原始內容，但至少大勢已定，不再有版本上的錯置問題。目前經前人輯佚之書皆詳見於以下分類諸表，唯書名上時有同音或缺字、多字的情形，遇此情形，原則上以檢覈其內文爲判別標準，若內文相差甚微，則以之爲同書，若皆爲斷簡殘編，雖題名接近，但內文無相同者，則暫從其分。

　　表中概以◎符號表示該輯佚書收有此本緯書，若有異名同實之書，除◎符號外，並略作文字解釋或附註。又本文內所引起之輯佚書計十五種，其中十二種皆收錄於《緯書集成》，故不另列《緯書集成》於表格中。

讖緯書目輯佚 —— 孝經緯

緯書輯佚書	易緯	說郛	古微書	集緯	七緯	諸經緯遺	七緯拾遺	詩緯集證	玉函山房輯佚書	緯攟	通緯	玉函山房輯佚書續編	緯書	古書拾遺	重修緯書集成
中契			◎				◎		◎	◎	◎		◎		◎
中黃											◎	◎多讖字			◎多讖字
內事		◎	◎多圖字			◎	◎		◎多圖字	◎				◎	
內記							◎					◎多圖字		◎	
古秘							◎	◎				◎古作右			◎
右契		◎				◎	◎		◎		◎				
左契		◎				◎	◎		◎		◎				
河圖									◎		◎				
孝經契											◎				
威嬉拒			◎							◎	◎				
章句									◎		◎				
援神契		◎			◎	◎			◎	◎	◎		◎		
鉤命決		◎	◎決作訣		◎	◎			◎決作訣	◎	◎	◎決作訣	◎		◎
雌雄圖							◎		◎		◎				◎多光三三占字
孝經緯		◎								◎	◎		◎		
孝經讖							◎	◎							

讖緯書目輯佚 —— 尚書緯（含中侯）

緯書輯佚書	易緯	說郛	古微書	集緯	七緯	諸經緯遺	七緯拾遺	詩緯集證	玉函山房輯佚書	緯攟	通緯	玉函山房輯佚書續編	緯書	古書拾遺	重修緯書集成
璇璣鈐	◎	◎	◎	◎	◎	◎			◎	◎	◎		◎		◎
帝命期	◎					◎									
考靈耀		◎	◎曜作耀	◎	◎	◎			◎曜作耀	◎曜作耀		◎曜作耀		◎	◎曜作耀
帝驗期			◎								◎		◎		

	1	2	3	4	5	6	7	8	9	10	11	12	13
帝命驗			◎	◎	◎		◎	◎	◎	◎	◎	◎	◎
五行傳		◎											
刑德放			◎	◎	◎		◎	◎	◎	◎		◎放作仿	◎
運期授			◎	◎	◎		◎	◎	◎			◎	◎
洪範記										◎紀作緯			◎
尚書緯				◎								◎	◎
尚書緯		◎記作緯											◎
日　角													◎
合符后						◎	◎	◎					◎
考河命		◎				◎	◎	◎					◎
我　應						◎	◎	◎					◎
契　握						◎	◎	◎					◎
洛予命		◎				◎洛作雒	◎	◎洛作雒					◎洛作雒
苗　興						◎	◎	◎					◎
救省圖		◎				◎	◎敕作勅	◎					◎
握河紀		◎				◎	◎	◎				◎	◎
準讖哲		◎				◎	◎	◎					◎
義　明		◎				◎	◎	◎義作儀					◎義作儀
運　衡		◎衡作行				◎	◎	◎					
摘洛戒		◎註(1)				◎		◎摘作攎					◎洛作雒
摘雒貳		◎						◎摘作摘					
雒師謀						◎	◎	◎					◎洛作雒
雜　篇		◎					◎						◎
稷　起						◎	◎	◎				◎	◎
覬　期						◎	◎						◎
亶　甫													◎
中　候	◎			◎				◎			◎		◎
立　象						◎有目無文(2)	◎有目無文						
題　期						◎有目無文	◎有目無文						
赤雀命								◎					◎
霸　免						◎	◎						

讖緯書目輯佚 —— 易緯

緯書輯佚書	易緯	說郛	古微書	集緯	七緯	諸經緯遺	七緯拾遺	詩緯集證	玉函山房輯佚書	緯攟	通緯	續編玉函山房輯佚書	緯書	古書拾遺	重修緯書集成
乾坤鑿度	◎註(3)	◎			◎		◎			◎	◎註(4)		◎	◎	◎註(5)
稽覽圖	◎	◎	◎	◎	◎		◎			◎			◎	◎	
辨終備	◎		◎	◎辨作辯	◎		◎			◎				◎	◎
通卦驗	◎	◎	◎	◎	◎	◎				◎					◎
乾元序制記	◎			◎							◎				◎
是類謀	◎		◎	◎	◎		◎			◎	◎			◎	◎
坤靈圖	◎	◎坤作巛	◎	◎	◎		◎				◎				◎
河圖數			◎												◎
九厄讖			◎								◎				◎厄作戹
萌氣樞			◎				◎			◎	◎				◎
中孚傳			◎							◎				◎	◎
運期			◎				◎			◎				◎	◎
天人應				◎						◎					
中備							◎								
通統圖							◎			◎	◎		有目無文		
內傳										◎					
易傳太初篇										◎					◎傳作緯
通卦驗玄圖							◎註(4)				◎				◎前多易統二字
易經備												◎			
禮觀書															◎
易紀 註(7)															◎作易緯紀
易紀表															◎作易緯紀表
易決象															◎作易緯決象
筮謀類			◎註(8)												

讖緯書目輯佚 —— 河圖緯

緯書輯佚書	易緯	說郛	古微書	集緯	七緯	諸經緯遺	七緯拾遺	詩緯集證	玉函山房輯佚書	緯攟	通緯	續編玉函山房輯佚書	緯書	古書拾遺	重修緯書集成
八　丈				◎											
說徵示															◎
玉　版			◎版作板	◎			◎			◎			◎		◎
合古篇				◎						◎	◎				
考　鉤				◎											
考靈曜			◎曜作耀	◎							◎				
赤伏符				◎						◎	◎				◎
龍魚河圖	◎	◎				◎	◎			◎			◎	◎	
河　圖		◎											◎	◎	
天　靈										◎					
令占篇										◎					
汁光篇				◎汁作叶			◎			◎汁作汴	◎作協光紀				◎作叶光紀
玉　英															◎
始開圖	◎	◎		◎		◎	◎			◎	◎		◎		◎
舍占篇							◎								
表　紀															◎
帝通紀			◎	◎			◎			◎	◎		◎		◎
帝視萌			◎	◎						◎					
帝覽嬉			◎	◎			◎			◎嬉作禧	◎		◎	◎	
括地象	◎			◎		◎	◎			◎					◎
皇參持				◎			◎			◎持作待	◎				◎作皇持參
紀命符															◎
要元篇			◎				◎				◎	◎無篇字		◎	◎
挺佐輔			◎				◎					◎		◎	◎
眞紀鉤										◎	◎無紀字				
秘　徵			◎	◎多篇字			◎			◎			◎作帝秘徵		◎
揆命篇										◎					◎
提劉篇			◎	◎多篇字			◎作提劉子			◎					◎

緯書輯佚書	易緯	說郭	古微書	集緯	七緯	諸經緯遺	七緯拾遺	詩緯集證	玉函山房輯佚書	緯攟	通緯	玉函山房輯佚書續編	緯書	古書拾遺	重修緯書集成
握矩記		◎	◎記作紀			◎			◎記作起				◎作握拒		◎
絡象		◎	◎												◎
圖緯絡象									◎						◎
蓍命		◎							◎				◎多苞字		◎
會昌符		◎	◎			◎			◎	◎					◎
聖洽符			◎少符字			◎			◎						◎
錄運期		◎多識字	◎												
說徵									◎	◎	◎				◎
說徵祥									◎註(9)						◎註(10)
稽命徵	◎	◎	◎			◎			◎	◎				◎	◎
稽紀鉤															◎
稽耀鉤	◎	◎	◎		◎	◎			◎耀作曜					◎	◎
河圖緯						◎									
錄運法			◎			◎			◎		◎				◎
龍文			◎			◎			◎					◎	◎
龍表															◎
龍帝紀															◎
河圖讖									◎						
靈武帝篇															
闓苞受				◎		◎			◎受作授						◎
帝系譜			◎												

讖緯書目輯佚 —— 洛書緯

緯書輯佚書	易緯	說郭	古微書	集緯	七緯	諸經緯遺	七緯拾遺	詩緯集證	玉函山房輯佚書	緯攟	通緯	玉函山房輯佚書續編	緯書	古書拾遺	重修緯書集成
兵鈐				◎											
兵鈐勢						◎									◎
斗中圖															
洛書紀															◎洛作雒
摘亡辟			◎亡作六	◎			◎		◎亡作六			◎亡作六			◎亡作六
甄曜度		◎	◎曜作耀	◎曜作耀			◎		◎曜作耀		◎	◎		◎	
甄耀度讖		◎										◎			
說徵示							◎								◎
離罪級							◎				◎				◎

洛書			◎	◎			◎								◎
寶予命				◎			◎			◎予作號					◎予作號
靈準聽		◎準作准					◎			◎準作准		◎準作准			◎
洛圖三光占															◎
錄運		◎多讖字								◎					◎
說禾				◎						◎					
錄運法			◎							◎					◎
孔子河洛讖			◎				◎								◎

讖緯書目輯佚 —— 詩緯

緯書輯佚書	易緯	說郛	古微書	集緯	七緯	諸經緯遺	七緯拾遺	詩緯集證	玉函山房輯佚書	緯攟	通緯	玉函山房輯佚書續編	緯書	古書拾遺	重修緯書集成
含神霧	◎	◎	◎	◎		◎		◎	◎	◎	◎	◎	◎	◎	◎
紀曆日		◎	◎			◎作紀歷圖									
推度災			◎		◎			◎	◎	◎	◎	◎	◎		◎
汛歷樞			◎		◎			◎汜作氾	◎汜作氾		◎	◎汜作氾		◎汜作氾	
含文候			◎												
詩緯			◎					◎			◎				◎

讖緯書目輯佚 —— 樂緯

緯書輯佚書	易緯	說郛	古微書	集緯	七緯	諸經緯遺	七緯拾遺	詩緯集證	玉函山房輯佚書	緯攟	通緯	玉函山房輯佚書續編	緯書	古書拾遺	重修緯書集成
叶圖徵			◎叶作葉	◎	◎				◎	◎	◎叶作協		◎	◎	◎
動聲儀			◎	◎	◎	◎			◎	◎	◎	◎	◎	◎	◎
稽耀嘉	◎		◎	◎	◎	◎	◎		◎	◎		◎耀作曜	◎	◎	◎
樂緯				◎							◎			◎	◎

讖緯書目輯佚 —— 論語緯

緯書輯佚書	易緯	說郛	古微書	集緯	七緯	諸經緯遺	七緯拾遺	詩緯集證	玉函山房輯佚書	緯捃	通緯	續編玉函山房輯佚書	緯書	古書拾遺	重修緯書集成
比考			◎多識字				◎多識字		◎	◎	◎			◎多識字	◎
糾滑讖						◎			◎	◎	◎糾作紀				◎
素王受命讖							◎		◎	◎	◎				◎
崇爵讖							◎								◎
陰嬉讖			◎				◎		◎	◎				◎	◎
摘衰聖			◎				◎		◎多承進三識字					◎衰作襄	◎
摘輔象			◎				◎		◎				◎		◎
撰考讖			◎無識字				◎		◎無識字		◎無識字	◎	◎		◎
論語讖							◎		◎		◎	◎	◎		◎

讖緯書目輯佚 —— 禮緯

緯書輯佚書	易緯	說郛	古微書	集緯	七緯	諸經緯遺	七緯拾遺	詩緯集證	玉函山房輯佚書	緯捃	通緯	續編玉函山房輯佚書	緯書	古書拾遺	重修緯書集成
斗威儀	◎	◎	◎	◎	◎	◎			◎	◎			◎	◎	◎
含文嘉	◎	◎	◎	◎	◎	◎			◎	◎	◎		◎		◎
稽命徵	◎	◎	◎	◎	◎	◎			◎	◎			◎	◎	◎
元命包				◎											
大戴禮逸						◎									
稽命曜														◎	
禮緯				◎									◎		

讖緯書目輯佚 —— 春秋緯

緯書輯佚書	易緯	說郛	古微書	集緯	七緯	諸經緯遺	七緯拾遺	詩緯集證	玉函山房輯佚書	緯捃	通緯	玉函山房輯佚書續編	緯書	古書拾遺	重修緯書集成
元命苞		◎	◎苞作包	◎	◎	◎			◎	◎苞作包	◎	◎	◎	◎	◎
運斗樞		◎	◎		◎	◎			◎	◎	◎	◎	◎	◎	◎
文曜鉤		◎	◎曜作耀		◎曜作耀	◎			◎	◎		◎曜作耀	◎曜作耀	◎	◎
合誠圖		◎	◎		◎	◎			◎	◎	◎	◎	◎註（11）	◎	◎
孔演圖		◎	◎作演孔圖		◎作演孔圖	◎			◎作演孔圖	◎作演孔圖	◎作演孔圖	◎作演孔圖	◎	◎	◎
說題辭		◎註（12）	◎		◎辭作解	◎			◎	◎	◎	◎	◎	◎	◎
感精符		◎	◎		◎	◎			◎	◎	◎	◎	◎	◎	◎
潛潭巴		◎	◎		◎	◎			◎	◎	◎	◎	◎	◎	◎
左助期		◎	◎作佐期助		◎	◎			◎	◎	◎	◎	◎	◎	◎
考異圖												◎			
瑞應傳									◎						◎
考異郵		◎無郵字	◎		◎				◎	◎	◎	◎		◎	◎
漢含孳		◎無孳字	◎		◎				◎	◎	◎	◎		◎	◎
保乾圖			◎		◎				◎	◎	◎	◎	◎保作寶	◎	◎一作保乾寶
握誠圖			◎誠作成	◎					◎	◎	◎	◎		◎	◎
內事			◎				◎		◎	◎	◎			◎	◎
命歷序			◎				◎		◎	◎		◎歷作厤		◎	◎作命曆敘
春秋圖							◎								◎
河圖揆命篇							◎			◎註（13）					◎
少陽篇							◎								
孔錄法							◎			◎	◎				◎

錄　圖				◎		◎				◎
錄運法						◎				◎
甄耀度										◎
璇璣樞						◎				◎
揆命篇						◎				◎
玉　版						◎		◎多識字		◎多識字
春秋符	◎									
說命徵								◎		
春秋緯	◎	◎	◎				◎	◎	◎	◎	◎
春秋讖				◎						
感應圖										◎
考靈曜										◎
聖洽符										◎

註釋：（1）《古微書》分爲《摘洛戒》與《摘雒貳》，所輯引內容不同，但《七緯拾遺》與《緯捃》所引相同，在此暫從其分。

（2）《後漢書・曹襃傳》注引言：「堯得圖書舜禪，後演以考河命、題期、立象三篇。」《七緯拾遺》與《玉函山房輯佚書續編》，僅收其名，並無內容。

（3）某些輯佚書將《乾坤鑿度》一書分爲《乾鑿度》與《坤鑿度》，唯僅分卷之別，究其內容則多不分，在此暫從其合。

（4）《通緯》將其分爲《乾鑿度》、《坤鑿度》。

（5）《重修緯書集成》收有《乾鑿度》二書。

（6）《通緯》所引之《通卦驗玄圖》之內文，僅與《七緯拾遺》相同，而與其他標爲《通卦驗》者不同，在此暫從其分。

（7）《緯書集成》自行自古籍中節錄出《易緯紀》、《易緯紀表》、《易緯決象》三書。參見該書頁2070。

（8）《古微書》所引《筮謀類》，其內文與《易緯》、《七緯》所引《是類謀》內文全不同，僅與《集緯》輯佚文部分相同，在此暫從其分。

（9）《緯捃》分爲《河圖說徵》與《河圖說徵祥》二書，而《通緯》所輯之《河圖說徵》，則並有兩書之佚文，未見他證，不知何者孰是，在此暫從其分。

（10）《緯書集成》中有輯自古書中《說徵示》，而《新編緯書集成》則分爲《說徵祥》與《說徵示》二書，在此從其分。

（11）《玉函山房輯佚書續編》分爲《合誠圖》與《合讖圖》，唯據他書所輯引之內文，則應爲同書，在此從其合。

（12）《說郛》明宛委山堂本作《說題辭》，民國排印本作《說題》爲同書異名。

（13）《緯捃》分爲《春秋揆命篇》與《春秋河圖揆命篇》，其他諸書未見輯佚，在此暫從其分。

第三節 讖緯書籍命名意義之探討

雖然就讖緯書籍的書名來看，其命名有些怪異，但是若以中國傳統書籍的命名原則來看，讖緯的書名命名方式則並不能歸類於難以理解之列。大體而言，緯書命名的結構方法大體不離以主語（名詞）＋動詞或形容詞，或是主語（名詞）＋附語（名詞）所組成，其實與多數書籍的命名方式無二，之所以使人們感覺怪異，主要是由於它所習用的字，多爲字義上罕爲連用，所以予人神異艱澀的感覺，但這或許正是當初作者爲緯書命名時所刻意期待的。依目前可見之讖緯書名加以分析，大體可將其歸納爲三個大類：其一爲主語依附七經者，此類型書如《易緯》、《詩緯》、《春秋緯》等；其二爲主語依附於《河圖》與《洛書》者，如《河圖龍文》、《洛書寶予命》等；其三爲依附於《河圖》與《洛書》，但未在書名表現者，如《圖緯絳象》等，此類型嚴格來說也是屬於《河圖》《洛書》一類，但因題名關係，在此將其獨立一類。

在此需說明者爲：原則上本書所有引用的讖緯資料，全部都以獨立書籍視之，亦即不論其資料多寡，都不以單篇視之，而是以書爲其單位，理由是因爲有許多的讖緯書籍，往往書名極爲接近，甚至於完全相同，但內容則或互有出入，如果是因輯佚資料所見不同，就認定爲同一本書，或是同一書的其他篇目，則一方面可能有未見之佚失部份，其實未必全然相同；另一方面讖緯的內容往往互爲鈔襲引用，難以斷定何者爲原本，未經深究即加以定論，必有所錯失，故在此原則上從其分而不從其合，但若是內文僅是少許字句上的誤差，則直接判定爲同一本書。基本而言，讖緯由於依附經書，所以其名稱多以經書爲書名之主語，而以其引申之內容爲附語。本節對於書名中主語依附古書或是聖人名者之主語部份不多加討論，因爲這些書以此命名之原因，明顯地是託古人以自重，或只是依主語所指稱之書來加以發揮，與所依附之書的真正內容未必皆有相關，因此除非有特別必要，否則不多加說明，整體的討論重點將放在附語的用法之上。

經歸納後，讖緯書名的附語部份依詞性分別大致有兩部份，亦即形容詞加動詞類，以及名詞類，由於後者較爲單純，所以先加以討論。

名詞類

就目前可見的讖緯書名資料，其中屬於名詞的常用字如下（許多書名其附語之中雖有屬於名詞者，但無法與另一附語分割者，亦列入此類，作爲互見）：

讖：《孝經中黃讖》、《河圖讖》

緯：《易緯》、《詩緯》、《書緯》、《春秋緯》

圖：《河圖始開圖》、《左契圖》、《河圖挺命圖》

符：《河圖會昌符》、《河圖赤伏符》

契：《孝經中契》、《孝經右契》、《孝經左契》

說：《易說》、《說徵》、《說題辭》、《說禾》

記：《河圖記》、《河圖握矩記》

紀：《師曠紀》、《河圖叶光紀》

徵：《河圖稽命徵》

驗：《帝命驗》、《帝驗期》

　　歸納上面引用的幾個主要附語，可以觀察到如下幾個現象：首先是稱「讖」與「緯」者，其內容並不一定全都符合「詭爲隱語，預決吉凶」的標準，反而包含有許多不同的內容。至於稱「圖」者，由於版本流傳以及屢經禁絕的關係，今日已無可見的圖流傳下來，但若以讖緯書多記神異及星象運行的特質來看，則原先有附圖的機會是很大的，《春秋·運斗樞》中曾有下記載：

> 舜以太尉之號即天子，五年二月東巡狩至於中州，與三公諸侯臨觀于河，黃龍五采負圖出，至置舜前去，入水而前去。黃玉爲匣，長三尺，廣八寸，有戶，白玉爲檢，黃金爲繩，紫芝爲泥，封兩端曰：「天皇帝符璽」，鳥文。舜與大司空禹、臨侯博望等三十人集發圖，玄色，綈長三十二尺，中有七十二帝、地形之制、天文位度之差，藏之大麓。

證明緯書《河圖》之中，是有附圖的。陳槃〈古讖緯全佚書存目解題〉中也說：

> 古讖緯書故多有附圖者，凡書名之繫以「圖」者，大抵有圖。〔註29〕
> 讖緯書之所謂「圖」，或指文理，或指圖寫，或指書錄，不必圖繪也，以此推之，書之以「圖」爲名者，似亦不定是圖繪，可也。然讖緯之附圖繪，即就讖緯遺文尋繹之，故亦可得其端緒。余考讖緯書之言圖繪者有兩類：一者，書以圖爲飾。二者，隨文附圖，因圖見義。
> 〔註30〕

〔註29〕《古讖緯研討及其錄解題》，頁 755。

〔註30〕同註 40，頁 756。

就陳氏的這段話來看，他認爲「圖」字之所以被用來作爲讖緯書名，是因爲緯書的確是有圖搭配的，對於「圖」字的定義，他認爲一種可能爲「隨文附圖」，另一可能則是以「以圖爲飾」。基本而言，陳氏此說大體能夠忠實地說明以「圖」爲名的情況，但其中提到「以圖爲飾」則似有爭議，今日可見的古書版面設計中極罕見有圖飾者，由於古人以爲書與文字都有其正大光明的目標，所以運用裝飾性的圖形於書本，根本是舍本逐末，幾乎是不可能的。

而陳氏的第二種說法則比較接近於可接受的事實，推繹其說之內容又可分爲兩類：第一類就是所謂的「隨文附圖，因圖見義」，亦即如星象或是地圖、器物圖、人物圖等，東晉陶潛〈讀山海經〉詩中有：「流觀山海圖」句，證明這一類的書籍配合圖形是於史有據的（論證請見第二章第三節），同時《隋書·經籍志》一「讖緯」類中，《孝經內事》條下注云：「梁有《孝經內事星宿講堂七十二弟子圖》一卷，亡。」此書今日雖已不得見，但從其書名來看，此書又有「星宿」又有「圖」，應有配合前所言及的星象或人物圖之可能性。

另一類圖形意義之解釋，依筆者看法有可能是指符文，因今日所見的讖緯書籍產生的年代不一，但以東漢時代爲多，東漢道教已興，早期道教對於符籙也已早有運用，且當時五斗米教造反，其領袖亦曾作符以迷亂人心：

> （張）魯，字公旗。初，祖父陵，順帝時客蜀，學道鶴鳴山中，造作符書，以惑百姓。受其道者，輒出五斗米，故謂之米賊。陵傳衡，衡傳于魯。〔註31〕

這些符文的造型特殊，凡人莫解，所以視之爲圖是很自然的，也因此若以符文入讖緯書，除了可以增加其神異性外，也能夠藉以傳播，這是頗有可能的，同時以「圖」字名書，亦能配合書籍內容的事實。

至於以「符」字爲名的讖緯書，雖然可能是由於散佚的關係，並未能見到有符文的讖緯書，但是仍有內容敘述到「符」文的書籍，如《赤伏符》便是，因此不能排除是因此而命名。此外「符」字的另一個解釋是「配合、契合」，也就是「上符天命」之意，亦即暗喻此書的內容是配合天意行事的，這與「契」字的用法相同。

至於以「說」、「記」、「紀」等字爲名的書，則大體不離「說明」或是「記錄」內容的意思。而以「驗」、「徵」爲名則更爲明白：一方面說明期待書中所言的事件能成眞，而另一面則強調其達成的可能性。

〔註31〕《後漢書·劉焉傳》。

動詞與形容詞類

附語中的動詞與形容詞部份所用的字多有「啓發」、「尋找」或是「推究」、「分析」、「配合」等義，比較常見的字如下：

合：《合符后》、《合古篇》

含：《漢含孳》、《含文嘉》

協：《協圖徵》

考：《考異郵》、《考靈曜》、《論語比考》

摘：《摘洛戒》、《摘衰聖》、《摘輔象》

稽：《稽命徵》

推：《推度災》

甄：《甄曜嘉》

演：《演孔圖》

授：《運期授》、《闓苞受》

應：《天人應》、《我應》

辨：《辨終備》

這些字詞的用法在一般書籍的命名現象中並不常出現，然而尋繹這些用字的背後意義，可以看出它們都有一個共同點，就是都承認讖緯觀念存在的現實，所以書名的命名重點只在於接受讖緯觀念並加以闡揚，而不在於詢問其內容眞實與否，也因此所用之詞都以「解說、呈現、推闡、發揚、傳授」這些讖緯觀念爲命名之考慮。

歷來有一些研究讖緯的學者，曾經對於緯書的命名原則作過討論，但由於緯書的名稱多爲罕於連用的字詞，故多數都以字面意義來加以解釋，就筆者將《緯書集成》所收讖緯書目排比後，發現以下幾組名稱最爲讖緯作者所習用：

運期授

以此爲書名的有《尚書緯・運期授》，但是就陳槃所言，「運期」、「錄運」、「錄運期」、「錄運法」、「運期」、「運法」、「運期讖」等諸名，其實意義皆相近，故尚有《易》、《雒書》、《河圖》、《春秋》等書引用此一類似名稱，在這一組名異實近的書名中，「錄」字通「籙」，又通「祿」，前者見《後漢書・公孫述傳》下注：「籙運，河圖書名也」，而《河圖》有《河圖祿運法》一書；後者則見《禮記・王制》正義引《孝經緯・授神契》云：「祿者，錄也。」

其二字皆可通解，若爲「錄」字，可以解釋爲「記錄」之意，若爲「籙」字，可以解釋爲登錄帝王命運之圖籍，三字在此意義頗爲接近；而「運」字則指「帝王命運」殆無疑義；「期」字當與「運」字連讀，同樣解爲「命運」；「授」、「受」古字相同，可以視爲「接受」意，因此此一名稱可以引申解釋爲：「帝王接受天命之命運」，或是「記錄帝王受天命的命運」，趙在翰《七緯·尚書叙錄》亦云：「《帝命驗》、《運期授》則明五行相代之期，異姓而興之理。」至於「法」字當爲指書籍「內容所載」之意，而《古微書》所引《錄運期讖》，陳槃以爲「讖字蓋妄加，非舊也」。〔註32〕檢諸以此類爲題名之書籍內容，亦多爲記錄帝王受命之說，如：

> 廢昌帝，立公孫。(《河圖錄運法》)

> 白帝之十四世，其亡也枉矢射參。(《尚書緯·運期授》)

> 河圖云：倉帝之治八百二十歲。(《尚書緯·運期授》)

> 考靈曜（耀）

以此爲篇名的有《尚書緯·考靈耀（曜）》與《河圖考靈耀（曜）》，但是仔細查考書名後，可以發現「甄耀（曜）度」、「稽耀（曜）鉤」、「甄耀（曜）度」、「文耀（曜）鉤」等名，也都屬於同一類型。

在此一類型名稱中，「耀」與「曜」兩字相通，都是指天上日月星辰，「文」字是指文章本身（在此指《春秋》一書），「鉤」字是指鉤沈疏略之處，而其它無論是「稽」、「甄」或是「考」，都只是指出此書的命名主旨在於「考察、探求」天上日月星象的變化，據鄭玄《河圖稽耀鉤》注云：

> 「稽」，有所考察；「耀」，有所光輝；「鉤」，疏其略也。考其所見，
> 著是簡册。

同書宋均《注》云：

> 「稽耀鉤」者，考古赫弈之文，數其往而以察其來也。耀三才之光
> 輝，並星辰於人事，紀日月於運會，明明可鑒，融融可憑焉者，鉤
> 射之也。

由此可見此書之命名的確是以記錄日月星辰的變化爲主，以說明人事與天象的相應情況。例如：

> 通天文者明，審地理者昌。明者，天之時也；昌者，地之財也；明

〔註32〕同註40，頁 500。

> 王之治，鳳凰下之。（《尚書緯·考靈曜》）
>
> 日月兩重暉者，璣之祥也。（《河圖·稽耀鈎》）
>
> 流星入軒轅，后妃有亂。女主有逆謀，天子宜防之。（《洛書·甄耀度》）

但在以「耀」（曜）字為書名之中，有一個較特殊的例子為《樂緯稽耀（曜）嘉》，若就字面來看，此書的命名原則應同於前列諸書，但事實上卻非如此，趙在翰《七緯·樂緯敘錄》云：

> 《稽耀嘉》言器良製備，功成事舉，光耀永嘉也。

孫瑴《古微書·樂緯稽耀嘉敘錄》云：

> 不必耑（專）述樂事，但於天地人物各把其光大而嫩淑者，以為禮義立標，故其稱如是。

就趙、孫二氏的說法，則《樂緯》此書，只是因為其內容足以光耀天地而已，並非與天文星象有直接明確的牽涉，檢諸原文，大體亦可認同此說，其內容大致如下：

> 天效以景，地效以響，律也。天有五音，所以司日；地有六律，所以司辰。
>
> 風氣者，禮樂之始，萬物之首也。物非風不能熟也，風順則歲美，風惡則歲惡。

其餘各讖緯書之書名亦多有如前述二組名稱一般，時有意義相近者，限於能力無法一一作詳細之分析，以下臚列數本較具特色之讖緯書名，並略為說明其命名原則：

刑德放

趙在翰釋為：「書道政事，是放天行，陰刑陽德，六合化成。」蓋「刑」者，殺罰也，「德」者，恩惠也，「放」與「倣」相通，倣天之道而行也，故此書命名之意，殆為無論是刑賞殺罰，皆應配合天命之運行，以茲配天。

佐助期

所謂「佐助」者，輔助也，《易乾鑿度》下云：「此天地神靈佐助之期，吉凶之應。」是以為天意輔助人主，其一說也；孫瑴則以為是：「此主為炎漢佐命，豫識其籙，故蕭何之狀現于圖文，當時必併及諸傑，後不傳耳。」（《古微書·春秋佐期助敘錄》），另一說也。二說皆有其理暢之處，未辨孰是，但

其命在於有天意（或賢臣）輔佐君主，則無疑義矣。

援神契

「援」者，引也，取也，「契」字可解爲「書契」、「符信」，但其最後則多被引申爲「契合」之意，因此此名應爲「援取天神之意以契合人事」之意，《古微書‧孝經援神契敘錄》云：「此言孝道之至，行乎陰陽，通乎鬼神，上下古今，若執符契也。」可爲此證。

摘六辟（摘亡辟）

「摘」者，舉發、闡發也；「辟」者，君也，主也。〔註33〕此二字學者多無疑義，但《七緯拾遺》及《緯書》所收之書名作「摘亡辟」，而《古微書》、《緯捃》、《通緯》則作「摘六辟」，「亡」、「六」二字明顯爲字形相近，必有一誤，《古微書‧洛書摘六辟敘錄》云：「此蓋洮諸帝也，而常於茫渺之代，間取其道德尤元者，靳於六君云。」此六君爲「六皇」，〔註34〕孫氏認爲此書之命名，殆爲記錄渺茫之代中，道德特出的六位君主之事跡，但檢其內文雖有「六皇」一詞，但實際上只討論到「辰次」一人，其餘五皇並未見列，若不考慮散佚之可能性，則「六」字之說頗有疑義；而陳槃則主張爲「亡」字，他以書名意爲「表著亡國之君也」有，〔註35〕並舉出《易緯‧是類謀》：「乙錄摘亡，去惡降災。」鄭玄注云：「摘其辟君，爲惡君之名。」爲證，若就「摘亡」一詞已爲讖緯常詞來看，則此字作「亡」之可能性頗大，再以輯佚所得此書之內容而觀，其內容多爲敘述日月星辰運行不時，予國家或人主之傷害，如云：「日暈明，人主有陰伏之謀」、「月暈而生芒，后黨結納且害其主」、「塡星逆守黃帝座，君亡地」等，則似與陳氏之見解較爲接近，此從其說。

綜合以上有關讖緯書名之實例討論後，對於緯書之命名可以得出以下幾個結論，其一：由於讖緯屢經禁絕，故書名中有「符」、「圖」等字者，今日雖已不見其圖，但仍可斷定命名伊始，應都爲圖文並存者；其二：讖緯書之內容龐雜，命名各異，但或由於形近音似而有多種異名，其內容則多無二致；其三：讖緯書籍命名慣用許多罕爲連用之字詞，主因應是爲增加其神秘性，以玄妙難解之名，突顯其內容之可貴，同時亦賦予對內容解釋的廣大空間，以含混其詞，以爭取可驗證性之提高。

〔註33〕同註40，頁 322、323、325、326 之說明。

〔註34〕參見《春秋緯‧命歷序》。

〔註35〕同註40，頁 322。

　　至於緯書內容都不解釋其命名之原則或原因，可以推想的理由應是由於其內容以依附經文爲主，所以自然省略解釋主語此一部分，而附語則以罕爲串接之字構成，以強調其神秘性，故不作解釋；而附語多以三字爲主，似乎是意有所指，日本學者安居香山曾提出兩種說法：其一爲緯書命名是受了傳說中星神名字多爲三字而有所啓發，〔註 36〕其二是認爲儒家書籍多命篇名爲二字，如〈學而〉、〈爲政〉、〈八佾〉等，而道家的典籍則以三字居多，如〈德充符〉、〈大宗師〉、〈逍遙遊〉等，所以「各書篇名字數的不同，恐怕就是因爲二者對立意識所引起的。」，〔註37〕對於緯書爲何多以三字命名，筆者並無特別見解，（或許只是爲了音韻上的和諧及節奏感），但對於前引安居香山之解釋，個人卻以爲並不合理：首先中國星神的名字有時是受了外來語音音譯之影響，所以有一些罕用字連在一起，並非特意去運用這些怪字，也非特意定爲三字，而且亦有許多星神的名字是二字的，這在許多的天文占卜書中多見，無需多舉，則爲何只以少數來代替全體？此說法有些許草率；至於認爲緯書命名是受了儒、道二家對立的影響所致，則是更不通情理，因爲緯書依附於經書，其原意是爲了借助經書的威名以使其廣爲人知，而不是爲此得以打擊經書之價值，若以爲這是兩者對立之結果，則何不直接依附於道家之書籍即可，更何況在讖緯文獻中，有關於道派的無爲之治、小國寡民、遁世忘俗等思想罕爲出現，既然讖緯文獻中的道家思想已如此少，則只是在書名以三個字來命名，便能在儒道的爭議中取得任何優勢嗎？因此這兩種說法都不足取，然至於眞實的成因，亦非妄加揣測即可，在此姑且從略，以待來者。

〔註36〕參見《緯書與中國神秘思想》，頁 144。
〔註37〕同註 47，頁 145。

第八章　結論：讖緯學研究的文化意義

　　當我們深究讖緯思想之內質時，可以發現它其實是一種理想性高於邏輯性、講求自由心證遠勝過理性推演的心理狀態，它比較傾向於一種信仰而非宗教。而就現實意義來說，它又處於真實人生層次而非想像層次，所以它的表現模式以及運用條件，在在都混雜著既矛盾又互補的概念，而這些概念在一些具有特定意識者的推動下，與生活的現實，產生了密切而不可分割的關係，而這就是研究文化現象的重要指標。

　　知識的累積與心理趨向是不可分解的事實，我們可以由許多的信仰現象觀察中得知，當一種觀念產生時，有所相信的人們便會在此一基礎上，盡所有的可能去強化它、信任它。而在這種心理的建構過程中，各種可見的（如儀式、書籍、符咒、聖物等）及不可見的（信仰、祈求等），都成為深化此一心理的土壤，這種土壤就是知識的根源，且不論這種知識對於真實生活的助益為何，但卻是文化累積中不能不面對的真實。

　　學者曾經指出，在人類思想發展的早期過程中，思想主體本身並未進行主客的嚴格分化，也就是說，對於思想中主體與客體的區別並不明顯，〔註1〕此意味著，人們對於自身所信仰的對象，或是所信任的事實，其實往往是自我心理狀態的重現，這種心態正是蒙昧思想提供的環境所造成的。讖緯在發展過程中，一直避免成為一種宗教，但是由於它本身所依附的對象儒家，是一個理性化、充滿理想主義色彩的學派，本身就與宗教有著相同的內質，同

〔註1〕 參見《原始思維》，第一章〈原始人的思維中的集體表象及其神秘的性質〉、第十章〈神秘的和看不見的力量〉、第十一章〈原始思維的基本特徵〉等之論述。

樣在追求一個美好的世界，所以對於儒家學派，在一定的意義上，不妨將其
認知爲一種學術宗教，而這一學術宗教的權力來源，一部份就是由讖緯所提
供的。讖緯的觀念最終還是成爲一種「準宗教現象」，雖然這並非讖緯思想發
展的目的，但是不能否認的，這卻是它得以生存的重要因素。社會學者韋伯
指出：

> 當宗教與政治學之間的對抗性最小時，宗教與鬼神信仰或單純巫術
> 信仰是相等的，而且其倫理學也不過是受教育的人巧妙地應俗世而
> 已。〔註2〕

由此我們可以得知，宗教或是巫術信仰與政治之間的關係；而讖緯現象在提
供政治鬥爭的權力來源之際，其地位卻已被定位在政治的層次；只是在剝除
了政治或是宗教的外衣之後，讖緯到底還有些什麼內容？它的本質現象是否
只是權力鬥爭的副產品呢？

　　這個答案自然是否定的，在除去了這些政治生態提供給讖緯思想的外衣
後，讖緯現象顯露出一個單純的本質，也就是一種追求寬容、相互配合、與
生活契合的思想，而這才是讖緯的文化內在；但在運用讖緯的過程中，它不
斷被異化爲一種人事上的技巧與手段，人們透過它來取得權利與好處，但這
並不是讖緯思想的眞正全部，當現象模糊了事實之際，讖緯思想又成爲政治
鬥爭的背書工具，如何找出讖緯思想的本質，便是本文所期待的目標。

　　文化是思考與實踐的綜合呈現，讖緯恰如其分地反映了這兩個部分，它
的內容爲思考過程的重現，而它的理論又成爲實踐的指標與道路，也因此當
掌握到讖緯的內容與理論時，則文化的眞貌便可呼之而出了。

　　在本文中，首先透過學者對於讖緯名目的爭議，以體現讖緯發展開端的
理由；其次對於讖緯的發展背景，也以原始思維爲本的巫術、神話、宗教三
點切入，並且對於時代因素中的政權爭奪，和儒學本質的轉化三方面加以探
討，以確實釐清讖緯現象的眞實成因。同時在此也指出讖緯的傳播媒介以及
方法，並非僅侷限於透過文字本身，它往往可以擴展至各種的天象、物體、
事件等等，這對於了解讖緯觀念的傳播途徑，具有重要的意義。

　　讖緯本身是一種文化現象，但文化現象並不是一個獨立的個體，它與其
他文化的交涉互動，不但決定了其本身的可能發展，也往往由於此，使得其
他類型的文化模式也隨之轉化，成爲整體民族文化中的一個構成基礎，雖然

〔註2〕《宗教社會學》，頁293。

讖緯思想不可能是我國民族思想的最基本根源，但是它對於其他文化現象的影響則是不容置疑，尤其接續其本身預示特色的預言書，更是明顯地受到讖緯觀念的左右，而這些預言書又連帶地影響到現實的政治情況，這是不容小覷的事實。另外科學思維的發展是我國思想中較弱的一環，由於強調人與自然的和平相處，所以一切超越天意的科學知識，都要冒著被批判的危險來傳佈，但是讖緯挾其神秘色彩，在科學知識的傳播方面有著不小的推進作用，雖然受限於時代的知識水準，我們不能否認讖緯所提供的科學概念往往有些言過其實，或者只是想當然爾，但是在最低程度上，它至少使得人們開始接納到一部分的科學真相，這對於科學的發展也算是一種貢獻。

同時讖緯由於人性的需求相結合，所以不止是官方習用，民眾也都對此有興趣，在讖緯資料中便反映了許多民間文化的現象，像是一些民間的祭儀、節慶、風俗習慣等等，這些都保存在今日可見的緯書之中，雖然其中的記錄並不完備，但是這是早期民間文化觀點的真實體現，值得研究文化者深入追尋。而讖緯中紀錄了這麼多的文化現象，對於後代民間文學的寫作方向，也提供了不少的資料，這則是研究俗文學的寶貴材料。

在本文中一再強調，讖緯雖不是為了政治而產生，但是政治的力量卻是讖緯發展的最大助力與阻力，政治一方面希望藉由讖緯預示未來的特性以奪取或保衛政權，但另一方面又怕其他人也一樣利用之，所以只好效法「狡兔死，走狗烹；飛鳥盡，良弓藏；敵國破，謀臣亡」的作法，回過來對於讖緯思想進行改造與箝制，甚至於是迫害與戕滅。但是由於其特性在民智未開的社會中，確實具有極強的煽惑力，只要是略有智識者在為逐政治目的時，都會不時引用讖緯，所以許多民變之中，讖緯式的口號，成為一種心理戰不可或缺的催化劑，這也是讖緯發展中的一個明顯事實。

而在政治之外，讖緯由於與儒學相依傍，所以干涉到儒家思想的地方很多，讖緯對於儒學的依附可以說是無所不至的，它首先將儒家的代表人物孔子提昇到與諸聖主明帝同等之地位，接著進行人為的造神運動，將儒家一派有名的學者都編排上演，構成一個新的「儒家封神榜」，雖說這些人並沒有因此而成為宗教的一部分，但對於讖緯思想地位的提昇，其實已達到目的。而在讖緯的思想結構方面，由於其本身的語言及理論模式的特性，所以其思考路線的發展，主要以哲學性的方面為主，其中最明確地，自然是與《易》、「數」及陰陽五行的連結關係，對於這些觀念與讖緯結合情況，也是一個討論的重

點所在。

由於讖緯在文化結構中扮演的是一個爭議性的角色，所以對於讖緯思想持贊成與反對者，彼此之間涇渭分明，但是在這些論爭之中，往往讖緯思想又會有些模糊化，這也是讖緯觀念的一個特色：使人沒有辦法用簡單的辯證法，將其一分爲二，在學者爭議黑白分明的學術立場中，讖緯可以說是保持在灰色地帶游走，而這也是爲何歷來屢禁難絕的重要因素。但是即使如此，理解歷來學者各自表述的立場，也仍然是掌握讖緯思想的重要法門。

最後牽涉到的是讖緯學的一些週邊問題，諸如歷來被查禁追索的經過、流傳讖緯書籍的數量與內容，以及對於讖緯怪異命名方法的檢討，這些結果都使得對於讖緯思想的研究可以更加完備與全面化。

綜合以上的分析結果，以及在研究讖緯思想的過程中對於讖緯本體、現象、影響等方向之探討與分析，本文得出以下四個有關此議題的文化層次結論：

一、尋找主流文化的母題來源

今日對於文化現象的研究已蔚爲大宗，對於正統主流文化追尋也已是學術界的顯學，但是正統文化的發展並非一蹴而成的，就先民思想發展的歷程來看，所謂的正統文化，其發展與開拓多是接續在一般的通俗文化之後，而讖緯現象正是許多正統文化的母題來源。舉例而言，讖緯的發展主要有兩個方向，其一爲預測一般生活上的需求，其一則爲政治上的訴求；但無論是何者，它的表現形式都以預示未來爲主，而希望預知未來的心態是人盡皆有的，但是在主流文化中，這種看來不勞而獲的事，其實是爲正統所不容的，但在面臨到觀念與現實的衝突點上，讖緯提供了一個極佳的解決之道：它一方面可以滿足人們想要趨吉避凶的心理，而另一方面又依附在正統學術思想之上，使得任何研讀之人都有一個可以託聖自重的藉口，這一種作法所反映出的，並不僅僅只是讖緯本身的可塑性而已，它更表現出主流文化中的人性心態；同時讖緯由古巫術逐步發展而來，之後透過依附經典以及政治力量的幫助而取得學術地位，再藉由此一地位予讖緯更大的發展空間，使得文化現象的讖緯與政治結構、學術思想結合在一起，成爲一種交互影響的循環，而由於政治與學術原就是我國文化的重要構成部分，因此當我們觀察到讖緯現象的重要性及其變化之同時，探討正統文化發展的過程，其實也已進入到研究的討論範疇之中了。

二、建立次文化現象研究的新道路

　　次文化為接續主流文化的一個文化現象，傳統上對於文化的研究，不外乎是對於典籍進行重組與解釋，有學者曾經指出：「十九世紀及其以前的傳統語言基本上是經典詮釋學。〔註3〕此處所說的雖然是語言學，可是其情況同樣適用於讖緯學之研究上，早期的學者對於文獻字句的爬梳整理，功不可沒，但這是將文化現象僵化為文獻經典的作法，未必可取；在這種功夫之外，對於文化現象的研究，有必要更加深入其深層結構之中。但是文化的層次有別（不在於評斷實用價值，而在評斷定位），所以掌握正確的文化層次面，是研究文化時所應具備的重要判斷能力，如果只以正統文化觀點作「價值」判斷以分析讖緯現象，則讖緯思想其實只是一個不值一哂的話題，充作茶餘談笑則可，難登大雅之堂；但是次文化的地位，卻不應由此決定：文化沒有價值性的差異，更沒有優劣的等級區別，而只有適用性與否的分別，文化在不同的時代中發展，能適應者則長存，但其發展過程必然會逐步修正，而不能適應者則遭到淘汰，但即便是遭到淘汰者，在它所屬的時代文化背景下，其所產生的影響意義仍然值得注意，而這並非只有主流文化可以作到。因此讖緯思想研究的主要重點，是在於建立一條次文化研究的重要道路，對於文化史的研究，這具有極其重要的指標意義。

三、歸結於文化研究下的科際整合

　　傳統學術研究中除了對於經典的解釋外，也著重對於學者的專業成就加以評量，這些構成了文化研究的基礎，這些專業的成就使人敬佩，可是文化研究的前提下，專業有時也是一種見樹不見林的困擾；但是當我們將研究的目標轉向對於讖緯思想的觀察與注意時，卻有機會使我們跳離傳統主流文化研究所設下的藩籬，進入一個海闊天空的境界，當然這一個境界，決不是沒有分寸地引用不相干的學理來強作解人，而是使我們有更多的機會，更開闊的視野，以更多的學科知識，不同的認知角度，去解析一個原就是多層面多樣化的文化現象。

　　根據這樣的觀點來解析讖緯多元文化基礎的特色便表露無遺：從讖緯預言文字的感知與聯想來說，這是心理學研究的主要範疇，同時也牽涉到文化

〔註3〕《符號——語言與藝術》，頁5。

語言學的理解問題，我們知道：

> 某些情況下語言的不同，可能導致關於世界的感知方式的不同。〔註4〕

> 語言是人類認識世界、把握世界的媒介。只有通過語言，人類才能明確地感知世界。語言使人類感覺世界所具有的形象、印象或表象得以抽象化、主體化，而只有抽象化和主體化了的感知，即通過語言形式存在感知，才能既被自己、也被他人所接受，並且最終成為人類世界共同擁有的知識。〔註5〕

許慎的《說文解字・敘》中也曾經指出：

> 蓋文字者，經藝之本，王政之始，前人所垂後，後人所以識古。

這其實已是一種素樸的文化語言學概念，許慎同意當透過對於語言文字的認知與了解時，我們可以繼承先民知識的經驗。這可以說是讖緯思想研究的多學科表現之一例。

而就讖緯思想中運用的巫術神話精神來說，又與宗教學緊密結合，讖緯本身雖非宗教，但是它卻具有相當程度的宗教要素，諸如一個信仰的主體（預言能力），也有神系譜的建立，同時也加入了一些儀式，雖然它依附在以「不語怪力亂神」為思考主軸的儒家之上，但是當漢代儒學質變為神學時，讖緯也隨之轉換為一種準宗教現象，也因此欲了解讖緯思想，就不能不對於宗教學有所討論。

而讖緯思想後延所發展出的民俗現象或是影響到宗教的符籙咒語，又牽涉到民俗學與符號學的範疇，前者表現在於文化思想的延續性上，而後者則必須追究並理解符號系統在文化架構中所佔有的地位，才能對整體的讖緯現象加以掌握。

而與讖緯最為密切關聯的政治，則又是政治學中應當討論的議題；讖緯所呈現的哲學思考是哲學的問題；讖緯所記錄的天文星象地理，則屬於自然科學的範疇；對於讖緯預言的信任，則是精神分析學的任務。面對這麼多的學科組合，事實上歸結而言，還是只有兩個字 —— 文化。當我們面臨文化研究的挑戰之際，只依賴對於典籍現象的解釋已不足以擔大任，雖然多學科的科際整合，將是一個極大的挑戰，但這也是從事文化研究上不可逃避的責任。

〔註4〕 《社會語言學導論》，頁15。
〔註5〕 《文化的深層撰擇 —— 漢語意合語法論》，頁20。

四、當今讖緯現象的省思

在上個世紀末時，人類開始面對一個新的心理壓力，當時心理學的角度來看，時間和空間的意義賦予，是由人類文明來加以決定：當文明的發展越進步，則對於時間及空間的敏感程度也會加強，亦即當面臨一個時空的節點之時，人往往會有許多不同於以往的行為表現，這些行為表現，這些行為反映了人對於外在時空變遷的不確定以及不安。在當時的臺灣，人們開始有了這種徵兆出現，從 1994 年出版的一本《一九九五閏八月》開始，到後出的《聖經密碼》等，整個社會似乎進入了一個世紀末的陰暗狂潮之中。一本預言臺海兩岸將在 1995 年閏八月被捲入戰爭的預言式作品，使得整個社會陷入一種恐慌的氛圍之中，對此有人批判，有人呼籲，但也有人抱著較正面樂觀的角度來看：

> 實際上，預言也是一種教育，首先讓我們意識到科學不是萬能的，它無法完全解決人類精神文化的問題。科技的物化傾向反而造成人對精神文明的期待，但是各種精神文明的萎縮，卻讓宗教大行其道。
>
> 〔註6〕

事實上這一種末日的預言在我國的古預言書中多有所見（請參見第三章第一節），但是從來未造成過如今日這般的壓力，推究其原因，目前臺灣的政治現實固然是一個理由，正所謂承平日久，民厭於戰；其次則是由於知識教育的推廣與傳播媒體的散佈；早在這些古預言書的流行時代，書的內容必須要有一定的文化背景才能理解，所以雖然當政者畏懼三分，但是只要掌握住少部份的知識份子，則其流傳便可以受到控制，但是時至今日，由於傳播知識的管道既多且快，任何一種訊息在短時間內便可以傳遍各地，所以才會造成這種風潮。

而在這種社會背景下，臺灣又發生了幾則以宗教詐則的社會事件，一時之間人聲鼎沸，似乎所有的人都同時搭上了末日預言的列車，一起面對這些無端的恐懼，於是預備坐飛碟升天者有之、集體自殺者有之、捐出全部家則者有之，所有近似瘋狂的舉動，卻只說明了整個社會觀念走向的偏移，以及文化教育中對於不可預知事件缺乏教育與省思能力的事實；回顧在讖緯發展的黃金年代——漢朝，當時雖然文化不如今日進步，但是面對這一種預言現

〔註 6〕　〈末世預言與卯劫觀音〉，頁 68。

象，多數人還能理性地去面對，也未曾創造出所謂的末日宗教。但是今日的社會文化，由於缺少對於危機的應變能力，加上物質慾望掩蓋精神文明，使得人們被整體的世紀末恐慌所淹沒，理性的思考失去意義，只有非邏輯的思維反而大行其道。

基本上而言，末日預言是一種新造神運動，而參與其中的人不再如過去是統治者、政客、官員、文人等，而是所有有能力傳播思想的任何人；它的經典也不再隱晦，它的媒介也跨越所有傳播媒體；它的教主不再是明君聖人，只要能尋找到跟隨者，新的「大師」隨處可見；新一代的造神運動，藉由這種預言吉凶模式的再起，儼然成為一種未來的思想新主流。它成為一種嶄新的全民運動，而其紮根就在於一個不確定時代的人際疏離之中。

其實造神運動的再度復活未必是件壞事，但是這個現象背後所代表的文化思考意義為何，卻是我們所不能忽視的，如果藉由這一種世紀末預言現象的衝擊，可以使得人們再次正視並找回塵封已久的精神文化，不再只由物質來決定一切，那麼當前的危機又何嘗不是一個新的轉機呢？

對於讖緯思想的研究，由於著眼於其本質的複雜與多樣，在研究的過程中也有著許多力有未逮的遺憾，但誠如戴東原所說：

> 就事物言，非事物之外別有理義也，有物必有則，以其則正其物，如是而已矣。就人心也，非別有理以予之，而具于心也，心之神明于事物，咸足以知其不易之則。譬有光皆能照，而中理者乃其光盛，其照不謬也。〔註7〕

在面對現今主客觀價值認知不明的文化混沌中，如何尋繹一個「不易之則」使「照不謬」，將是此研究的最終目標。

〔註7〕《孟子字義疏證》卷上。

參考書目

一、清代以前作品（依作者姓名筆畫爲序）

1. 《二十五史》，中華書局。
2. 《十三經注疏》，藝文印書館。
3. 《黃帝內經素問》，（《二十二子》本），上海古籍，1985 年 3 月。
4. 《經學歷史》，皮錫瑞，莊嚴，民國 73 年 10 月。
5. 《呂氏春秋》，（《二十二子》本），呂不韋，上海古籍，1985 年 3 月。
6. 《中國預言七種》，李淳風等，武陵，民國 81 年 10 月。
7. 《古謠諺》，杜文瀾，中華，1984 年 9 月。
8. 《癸巳存稿》，俞正燮，四庫全書本。
9. 《四庫全書總目》，紀昀，商務。
10. 《七修類稿》，郎瑛，明清筆記叢刊本。
11. 《新論》，桓譚，叢書集成初編本。
12. 《白虎通》，班固，四庫全書本。
13. 《申鑒》，荀悅，四庫全書本。
14. 《十七史商榷》，張鳴盛，叢書集成初編本。
15. 《白虎通義疏證》，陳立，中華書局。
16. 《法言》，（《二十二子》本），揚雄，上海古籍，1985 年 3 月。
17. 《華氏中藏經》，華佗，叢書集成初編本。
18. 《春秋繁露》，（《二十二子》本），董仲舒，上海古籍，1985 年 3 月。
19. 《論衡集解》，劉盼遂，世界，民國 65 年 4 月。
20. 《集古錄》，歐陽修，四庫全書本。

21. 《孟子字義疏證》，戴震，戴東原先生全集。

22. 《蘇東坡全集》，蘇軾，中國書店，1992 年 10 月。

23. 《春秋繁露義證》，蘇輿，中華，1996 年 9 月。

二、民國以後作品（依作者姓名筆畫爲序）

（一）專　書

1. 《宗教生活的基本形式》，Emile Durkheim，（涂爾幹），芮傳明、趙學元譯，桂冠，民國 81 年 9 月。

2. 《人論》，Ernst Cassirer，（恩斯特・卡西勒），甘陽譯，民國 83 年 10 月。

3. 《語言與神話》，Ernst Cassirer，（恩斯特・卡西勒），于曉等譯，三聯，1988 年 6 月。

4. 《文字與書寫・思想的符號》，Georges Jean，（無中譯名），曹錦章、馬振騁譯，時報，民國 83 年 5 月。

5. 《心的概念》，Gilbert Ryle，（吉爾伯特・萊爾），劉建榮譯，桂冠，民國 82 年 7 月。

6. 《金枝》，J.G.Frazer，（弗雷澤），汪培基譯，久大桂冠，民國 80 年 2 月。

7. 《宗教社會學》，Max Weber，（馬克斯・韋伯），劉援、王予文譯，桂冠，83 年 3 月。

8. 《語言遊戲》，Peter Frab，（無中譯名），龔淑芳譯，遠流，民國 83 年 8 月。

9. 《社會語言學導論》，Peter Trudgill，（彼得・特拉吉爾），周紹珩等譯，商務，1992 年 9 月。

10. 《時間簡史》，Stephen W. Hawking，（史蒂芬.W.霍金），許明賢、吳忠超譯，藝文，民國 84 年 2 月。

11. 《結構主義和符號學》，Terence Hawkes，（特倫斯・霍克斯），瞿鐵鵬譯，上海譯文，1987 年 3 月。

12. 《宗教社會學》，Thomas F.O'Dea，（托馬斯・奧戴），胡榮、樂愛國譯，寧夏人民，1989 年 11 月。

13. 《原始思維》，列維・布留爾，丁由譯，商務，1995 年 3 月。

14. 《古今占星術》，荒木俊馬，沈英甲、呂萍萍譯，山東友誼書社，1988 年 7 月。

15. 《中國古代鬼神文化大觀》，尹飛舟等，百花洲文藝，1992 年 5 月。

16. 《中國無神論史》，牙含章、王友三編，中國社會科學，1992 年 5 月。

17. 《中國宗教史》，王友三編，齊魯書社，1991 年 11 月。

18. 《緯學探原》，王令樾，幼獅，民國 73 年。

19. 《神秘的術數》，王玉德、林立平，廣西人民，1994 年 12 月。

20. 《中華神秘文化》，王玉德等，湖南，1993 年 6 月。

21. 《神秘文化》，王步貴，中國社會科學，1993 年 1 月。

22. 《太平經合校》，王明編，中華，1992 年 3 月。

23. 《生活中的神妙數字》，王紅旗，中國對外翻譯，1993 年 11 月。

24. 《生活中的神秘符號》，王紅旗，中國華僑，1992 年 6 月。

25. 《民俗文化與中醫學》，王致譜，福建科學技術，1996 年 9 月。

26. 《道教論稿》，王家祐，巴蜀書社，1991 年 2 月。

27. 《禁書‧文字獄》，王彬，中國工人，1992 年 9 月。

28. 《民間文化學新論》，王焰安、戴劍平，黃山書社，1993 年 10 月。

29. 《太平天國詞語匯釋》，史式，四川人民，1984 年 10 月。

30. 《文化語言學》，申小龍，江西教育，1993 年 4 月。

31. 《漢字人文精神論》，申小龍，江西教育，1995 年 8 月。

32. 《語文的闡釋》，申小龍，遼寧教育，1992 年 6 月。

33. 《語言的文化闡釋》，申小龍，知識，1992 年 7 月。

34. 《中國哲學發展史》，任繼愈編，人民，1985 年 2 月。

35. 《中國道教史》，任繼愈編，上海人民，1990 年 10 月。

36. 《中國禁書大觀》，安平秋、章培恒，上海文化，1990 年 3 月。

37. 《緯書思想の綜合研究》，安居香山，日本圖書刊行會，1984 年。

38. 《緯書與中國神秘思想》，安居香山，河北人民，1991 年 6 月。

39. 《重修緯書集成》，安居香山、中村璋八，日本明德出版社，1978 年。

40. 《緯書の基礎研究》，安居香山、中村璋八，日本圖書刊行會，1966 年。

41. 《星占學與傳統文化》，江曉原，上海古籍，1992 年 10 月。

42. 《歷史上的星占學》，江曉原，上海科技教育，1995 年 1 月。

43. 《諸神的起源──中國遠古神話與歷史》，何新，木鐸，76 年 6 月。

44. 《中國圖騰文化》，何星亮，中國社會科學，1992 年 11 月。

45. 《走出巫術叢林的中醫》，何裕民、張曄，文匯，1994 年 3 月。

46. 《超越神話：緯書政治神化研究》，冷德熙，東方，1996 年。

47. 《中華神秘文化辭典》，吳康編，海南，1993 年 4 月。

48. 《中國各民族原始宗教資料集成考古卷》，呂大吉、何耀華編，中國社會
    科學，1996 年 3 月。

49. 《宗教學通論》，呂大吉編，中國社會科學，1990 年 10 月。

50. 《鄭玄之讖緯學》，呂凱，商務印書館，民國 71 年。

51. 《巫與民間信仰》，宋兆麟，中國華僑，1990 年 11 月。

52. 《神秘的測字》，宋傳銀、楊昶，廣西人民，1992 年 7 月。

53. 《神秘文化的啓示——緯書與漢代文化》，李中華，新華，1993 年 12 月。

54. 《中國古代神秘文化》，李冬生，安徽人民，1994 年 3 月。

55. 《推背圖點注評析》，李連斌編，北京師範大學，1992 年 10 月。

56. 《先秦兩漢之陰陽五行學說》，李漢三，維新，民國 70 年 4 月。

57. 《巫蠱方術之禍》，李瑤，牧村，民國 85 年 1 月。

58. 《天地生民——中國古代關於人與自然關係的認識》，周尚意、趙世瑜，浙江人民，1994 年 11 月。

59. 《中國人學史》，尚明，對外經濟貿易大學，1995 年 7 月。

60. 《尚書集釋》，屈萬里，聯經，民國 71 年。

61. 《象數易學發展史》，林忠軍，齊魯書社，1994 年 7 月。

62. 《符號：語言與藝術》，俞建章、葉舒憲，久大文化，民國 81 年 3 月。

63. 《數術探秘——數在中國古代的神秘意義》，俞曉群，生活・讀書・新知，1994 年 12 月。

64. 《道家密宗與東方神秘學》，南懷瑾，中國世界語，1994 年 7 月。

65. 《中國方術的大智慧》，洪丕謨，浙江人民，1992 年 8 月。

66. 《魏晉神仙道教》，胡孚琛，人民，1990 年 3 月。

67. 《中國的神秘文化》，唐善純，河海大學，1992 年 10 月。

68. 《河圖洛書解析》，孫國中編，學苑，1990 年 5 月。

69. 《兩漢思想史》，徐復觀，學生，民國 71 年。

70. 《讖緯思想研究》，殷善培，政治大學中研所博士論文，民國 85 年 6 月。

71. 《中國民間宗教史》，馬西沙，上海人民，1992 年 12 月。

72. 《天・神・人——中國傳統文化中的造神運動》，馬曉宏，雲龍，1991 年 3 月。

73. 《符號與神聖世界的建構——宗教語言學導論》，高長江，吉林大學，1993 年 12 月。

74. 《中華巫術》，高華平、曹海東，文津，民國 84 年 3 月。

75. 《神秘的占候》，張家國，廣西人民，1994 年 8 月。

76. 《象數與義理》，張善文，遼寧教育，1995 年 6 月。

77. 《文化的深層選擇——漢語意合語法論》，張黎，吉林教育，1994 年 6

月。

78. 《倉頡造字》，莊涵玉，號角，民國 75 年 9 月。

79. 《三千年來大預言》，莊稼漢編，新鳴遠，民國 84 年 1 月。

80. 《易經八卦》，野鶴老子，四川大學，1993 年 4 月。

81. 《外國岩畫發現史》，陳兆復、邢璉，上海人民，1993 年 6 月。

82. 《中國天文學史》，陳遵嬀，明文，民國 73 年 2 月。

83. 《天文崇拜與文化交融》，陳江風，河南大學，1994 年 9 月。

84. 《語言與文化多學科研究》，陳建明、譚志明編，北京語言學院，1993
年 7 月。

85. 《古讖緯研討及其書錄解題》，陳槃，國立編譯館，民國 80 年 2 月。

86. 《中國數術學綱要》，陳維輝，同濟大學，1994 年 5 月。

87. 《西漢經學與政治》，湯志鈞、華友根、承載、錢杭，上海古籍，1994
年 12 月。

88. 《緯書集成》，湯志鈞等編，上海古籍，1994 年 6 月。

89. 《董仲舒思想研究》，華友根，上海社會科學院，1992 年 3 月。

90. 《中華文化史》，馮天民、何曉明、周積明，上海人民，1991 年 11 月。

91. 《歷史的荒原——古文化的哲學結構》，黃奇逸，巴蜀，1995 年 8 月。

92. 《文化人類學理論方法研究》，黃淑娉、龔佩華，廣東高等教育，1996
年 3 月。

93. 《漢代尚書讖緯學述》，黃復山，輔仁大學中研所博士論文，85 年 6 月。

94. 《中國符咒》，黃意明，香港中華，1992 年 5 月。

95. 《中華測字術》，楊昶，文津，民國 84 年 3 月。

96. 《中國神話哲學》，葉舒憲，中國社會科學，1993 年 3 月。

97. 《中國古代神秘數字》，葉舒憲、田大憲，社會科學文獻，1996 年 2 月。

98. 《說文解字的文化說解》，臧克和，湖北人民，1994 年 12 月。

99. 《蒙昧中的智慧——中國巫術》，臧振，華夏，1995 年 1 月。

100. 《霧師・巫術・秘境》，趙仲明，雲南大學，1999 年 12 月。

101. 《中國民間占卜》，趙杏根、華野，中國華僑，1993 年 10 月。

102. 《四庫術數類大全》，劉波、張文編，海南，1993 年 9 月。

103. 《文明中國的彝族十月曆》，劉堯漢、盧央，雲南人民，1993 年 6 月。

104. 《神秘的擇吉》，劉道超、周榮益，廣西人民，1992 年 11 月。

105. 《公羊學引論》，蔣慶，遼寧教育，1995 年 6 月。

106. 《中國古代占卜術》，衛紹生，中州古籍，1991 年 5 月。

107. 《人類文化語言學》，鄭曉華，廈門大學，1993 年 8 月。

108. 《儺蜡之風・長江流域宗教戲劇文化》，蕭兵，江蘇人民，1992 年 6 月。

109. 《民間宗教與結社》，濮文起，國際文化，1994 年 4 月。

110. 《中國謠諺文化 —— 謠諺與古代社會》，謝貴安，華中理工大學，1994 年 10 月。

111. 《秦漢文化史》，韓養民，陝西人民教育，1986 年 9 月。

112. 《太平天國史事考》，羅爾綱，生活・讀書・新知，1979 年 3 月。

113. 《讖緯論略》，鐘肇鵬，遼寧教育，1991 年 11 月。

114. 《秦漢的方士與儒生》，顧頡剛，里仁，74 年 8 月。

115. 《文化符號學》，龔鵬程，學生，民國 81 年 8 月。

（二）單篇論文

1. 〈西方的宗教預言與末世思想〉，宋光宇，《歷史月刊》，民國 84 年 9 月，69 至 73 頁。

2. 〈閏八月 —— 民間秘密宗教的末劫預言〉，莊吉發，《歷史月刊》，民國 84 年 9 月，61 至 64 頁。

3. 〈漢代的「政治明牌 —— 讖緯」〉，陳文豪，《歷史月刊》，民國 84 年 9 月，49 至 53 頁。

4. 〈漫談符瑞、圖讖與政治〉，陳捷先，《歷史月刊》，民國 84 年 9 月，36 至 43 頁。

5. 〈「讖」「緯」異名同實考辨〉，黃復山，輔仁中文系抽印本，民國 84 年 5 月。

6. 〈末世預言與卯劫觀音〉，鄭志明，《歷史月刊》，民國 84 年 9 月，65 至 68 頁。

7. 〈中華福地，古月還家 —— 蒙古興亡與讖緯〉，蕭啓慶，《歷史月刊》，民國 84 年 9 月，54 至 60 頁。

8. 〈漢代以前的讖語與預言〉，戴晉新，《歷史月刊》，民國 84 年 9 月，44 至 48 頁。

9. 〈讖緯思想與訓詁符號：以白虎通爲例〉，羅肇錦，《北師院學報》，民國 79 年 6 月，85 至 111 頁。